द कॉमन सेंस

"चेतना की वैज्ञानिक व्याख्या"

न्याय दर्शन का आधुनिकतम भाष्य

डॉ भूपेन्द्र सिंह

M.B.B.S., M.D., F.I.C.O.

भूमिका

भारतीय दर्शन के सम्बन्ध में तमाम पुस्तकें, व्याख्यानमालाएं, टीकाएँ, टिप्पणियां आदि पूर्व से उपलब्ध हैं। तमाम विद्वानों ने पहले से ही इन विषयों पर असंख्य पृष्ठों और किताबों में अपनी-अपनी बातों को बड़े गंभीरता, सटीकता, व्यापकता एवं सुंदरता के साथ रखा है, अतः पाठकों के मन में यह बात सहज ही आ सकती है कि मुझ जैसे साधारण व्यक्ति को पुनः एक और किताब लिखने की आवश्यकता क्यों आ पड़ी?

भारतीय दर्शन विशेषतः हिन्दू दर्शनों के मूल आधार वेद रहे हैं, परन्तु वेद तो किसी बात को कह भर देते हैं। उन बातों को तर्क, व्याख्या, उदाहरण, घटनाक्रम आदि के माध्यम से समझने के लिए ऋषियों ने अलग-अलग तरह से अपने सोचने की दृष्टि विकसित की और फिर उस दृष्टि को अपने-अपने बुद्धि से सूत्र रूप में लिख डाला, जिसके आधार पर वेदसम्मत छ प्रकार के मूल दर्शनों की स्थापना हुई। इन षड दर्शनों को हम तीन अलग-अलग जोड़े के रूप में पहचानते हैं जिसमें से प्रथम मीमांसा के अंतर्गत उत्तर एवं पूर्व मीमांसा, द्वितीय सांख्य एवं योग दर्शन एवं तृतीय न्याय एवं वैशेषिक दर्शन है। मीमांसा एवं सांख्य-योग दर्शनों पर भारत एवं भारत के बाहर के विद्वानों ने बहुत कार्य किया और इसके पीछे कुछ आवश्यक कारण भी हैं। दर्शनों के ये प्रथम दो जोड़े बड़े सुस्वादु, आनंददायक एवं आकर्षक हैं लेकिन न्याय एवं वैशेषिक दर्शन पूर्ण रूप से बुद्धि एवं तर्क प्रधान होने से एक आध्यात्मिक एवं धार्मिक व्यक्ति को उतना आकर्षित करने में असफल रहे, जितना बाकी दोनों जोड़े।

लेकिन वास्तविकता यह है कि इन दर्शनों को बुद्धि एवं तर्क प्रधान समझ कर परित्यक्त न किया गया होता और इस पर पूरी निष्ठा के साथ कार्य किया गया होता तो आज आम भारतीय भी इस दर्शन के आनंद में भीग कर स्वयं को सावन के मधुमय झोकें के समान इस ज्ञानगंगा से तरोताज़ा कर पाता। न्याय दर्शन को कुछ एक विद्वानों ने तो यहां तक कह दिया कि यह इतना कठिन दर्शन है कि इसको पढ़ने की क्षमता किसी में नहीं है। वास्तविकता तो यह है कि ऐसा कहने वाले और प्रचारित करने वाले विद्वान् जब इन सब बातों से न्याय दर्शन की जड़ों पर कुठाराघात कर रहे थे तो वह न्याय दर्शन की कमी नहीं गिना रहे थे, बल्कि अपने सीमित बुद्धि के सीमाओं का पूरे ढिठाई के साथ बखान कर रहे थे।

न्याय दर्शन के रचयिता महर्षि अक्षपाद गौतम ने इस महान ग्रन्थ को तर्कों के कसौटी पर इस प्रकार कसा है कि इन तर्कों को आज भी काटना असंभव है। महर्षि गौतम को अक्षपाद कहने के पीछे का कारण भी यही था कि वह किसी बात को इतने तर्कशीलता से कहते थे कि लोगों को लगता था की यह एक-एक कदम इतना फूंक-फूंक कर रख रहे हैं मानों इनके पैरों में आँखें लगी हुई हो। कुछ विद्वानों का यह भी मत है कि महर्षि गौतम ने इस दर्शन के शुरूआती सूत्रों की रचना की, जिसे बाद में अन्य विद्वानों ने विस्तार दिया।

इस दुरूह ग्रन्थ को आसान एवं लोगों को समझने योग्य बनाने का प्रथम प्रयास महर्षि वात्स्यायन ने किया। उन्होंने इसकी एक ऐसी टीका लिखा जिससे एक अच्छे बुद्धि क्षमता का व्यक्ति तर्क शास्त्र और कॉमन सेन्स के आधार पर लिखी इस पुस्तक से ब्रह्मांड के सबसे दुरूह से दुरूह विषयवस्तु को समझ सकता है। महर्षि वात्स्यायन को लोग प्रायः उनके महान ग्रन्थ कामसूत्र के लिए ही याद करते हैं, परन्तु उन्होंने न्याय दर्शन का भाष्य लिखकर जो महान कार्य किया है, उसको स्मरण करना और कराना भी आवश्यक है। बौद्ध धर्म में नागार्जुन जैसे महान विद्वान् ने जब शून्यवाद का डंका बजाना शुरू किया तो न्याय दर्शन से लोगों का विश्वास कुछ समय के लिए हिल गया। जिस तर्क और उससे बढ़कर

कॉमन सेन्स के बल पर न्याय दर्शन ने अपने आपको स्थापित किया था, उसको नागार्जुन ने उसी तर्क और कॉमन सेन्स के बल पर मर्दित कर दिया। लेकिन अंततः वात्स्यायन जैसे आचार्य ने पुनः शून्यवाद, अभाववाद, मिथ्यावाद, अनात्मवाद आदि को अपनी तीक्ष्ण बुद्धि से जब तर्कों पर तौलना शुरू किया तो न्याय दर्शन को पुनः उसी महान सिंहासन पर बिठा दिया, जिसका वह वास्तविक उत्तराधिकारी था।

भारत के इतिहास में न्याय दर्शन उन कुछ एक दर्शनों में से है जो जाति, वर्ण, निम्नता, उच्चता आदि की कोई बात नहीं करता, जिसके पूरे व्याख्यान में कहीं भी वर्ण, समुदाय, स्थानीयता आदि का लेश मात्र भी जिक्र नहीं है। नैयायिक दर्शन के लोग हमेशा से हिन्दू धर्म के भीतर विराजमान उन तत्वों के विरोध में रहे हैं जिन्होंने हिन्दू समाज के भीतर विषमदर्शिता का बीज बोकर इसे बाँटने का काम किया और अपने ही लोगों के बीच भेद करते रहे। ऐसे रूढ़िवादी लोग परिणाम से ज्यादा अपने कार्य के पद्धति पर ध्यान देते थे। कहने का तात्पर्य यह है कि वसुधैव कुटुम्बकम की बात करने वाले महान परंपरा के लोगों में ऐसा अवमूल्यन हुआ कि समाज को खंड खंड में विभाजित कर डाला। नैयायिक मत के लोग हमेशा से इस बात के पक्षधर रहे कि हमें परिणाम पर ज्यादा ध्यान रखने की आवश्यकता है, न की प्रक्रिया पर, क्यूंकि हमारा अथवा हमारे संस्कृति की सनातनता इस बात पर निर्भर है कि अंततः हम सांस्कृतिक लड़ाई में आगे तभी याद किये जाएंगे जब हम अपना अस्तित्व बचाकर रखेंगे। अस्तित्व बचाने के लिए प्रक्रिया बदलनी पड़े, सोचने का तरीका बदलना पड़े, तो उसे बदला जाना चाहिए।

धर्म जिन मूल कारणों के लिए बना है अर्थात अधिक से अधिक लोगों के प्रति धारणा शक्ति उत्पन्न हो, उसे आधार मानकर जो भी उचित परिवर्तन हो उसे करना चाहिए, यही न्याय दर्शन का सामाजिक आयाम है। क्यूंकि न्याय दर्शन तर्क और कॉमन सेन्स से चलता है, अतः बदली हुई परिस्थितियों में बदले हुए तरीके से सोचने की सहज प्रेरणा यह दर्शन देता है।

हमारे मन के भीतर तमाम प्रश्न चलते रहते हैं। इन प्रश्नों में मुख्यतः निम्न प्रश्न होते हैं।

ब्रह्मांड की रचना कैसे हुई?

ब्रह्माण्ड का मूल क्या है?

सबसे मूल कण कौन-कौन से हैं?

समय क्या है?

दिशा क्या है?

ऊर्जा क्या है?

द्रव्य क्या है?

जीवन क्या है?

मृत्यु क्या है?

कर्मफल क्या है?

पुनर्जन्म क्या है? यह सत्य होता भी है अथवा नहीं?

क्या यह ब्रह्माण्ड उत्पन्न हुआ है?

जिससे उत्पन्न हुआ है फिर वह क्या था?

क्या यह नष्ट होगा?

जब नष्ट होगा तब क्या होगा?

ऐसे अनेकानेक प्रश्न हमारे चित्त में नित्य प्रतिदिन आते रहते हैं। इन सब प्रश्नों पर विभिन्न हिन्दू दर्शनों ने बहुत काम किया है, लेकिन न्याय एवं वैशेषिक दर्शन के अतिरिक्त बाकी सभी दर्शन एवं उपनिषद मुख्य रूप से आनुभूतिक ज्ञान पर निर्भर हैं, जबकि न्याय-वैशेषिक पूर्ण रूप से कॉमन सेन्स और तर्क पर आधारित हैं। इसके तर्क गणित एवं भौतिक के नियमों के साथ तारतम्य बिठाकर लिखे गए हैं। इस जगत के किसी भी

सत्य की स्थापना के दो ही तरीके हैं, पहला यह कि सत्य की अनुभूति हो जाय और दूसरा यह कि कोई भी व्यक्ति सत्य को गणित अथवा भौतिक के नियमों के आधार पर साबित कर दे। आनुभूतिक ज्ञान की समस्या यह है कि जिसके पास अनुभूति प्राप्त करने की या तो क्षमता नहीं है अथवा अन्य बाध्यताओं के कारण उसके लिए वह समय नहीं दे सकता, वह या तो उस सत्य से परे रहे अथवा परंपरा के अंतर्गत जो गुरु है उसके ही वचनों को निरपेक्ष भाव से अपनी आस्था और श्रद्धा के कारण स्वीकार कर ले। इस तरह से आस्था अथवा श्रद्धावश गुरु के वचन को सत्य स्वीकार करने में कोई समस्या नहीं है। पर गुरु भी तो कोई न कोई मनुष्य है और मनुष्य के अंदर पाए जाने वाले समस्त दुर्गुण उसमें मिल सकते हैं, अतः कई बार आस्था अथवा श्रद्धावश जिस बात को हम सत्य मान रहे हैं वह जरूरी नहीं की सत्य ही हो अथवा ज्ञान ही हो। इस समस्या से निजात पाने के लिए ही भौतिक एवं गणित सम्मत न्याय दर्शन की आवश्यकता पड़ी। अब जिस तरह के डिबेट का सामना हिन्दू दर्शन को करना पड़ रहा है, ऐसे समय पर शब्द को प्रमाण बताकर प्रत्यक्ष, अनुमान, उपमान आदि से मुँह चुराना वैसे भी उचित नहीं है।

इस पुस्तक की रचना के पीछे का मेरा उद्देश्य यह है कि वे लोग जो आनुभूतिक ज्ञान से वंचित हैं, जो कि समाज का लगभग अधिकांश भाग ही है, वह भी भारतीय दर्शन के इस कठिन विज्ञान को सरल भाषा में समझ सकें। यद्यपि न्याय दर्शन जिसे प्रमाणपरक होने के नाते अत्यधिक कठिन एवं दुरूह कहा भी गया है, उसका कितना भी सरलीकरण किया जाय वह रहेगा तो कुछ न कुछ कठिन ही। खड़ी बोली हिंदी में न्याय दर्शन को प्रस्तुत करने का प्रयास मेरा कोई पहला प्रयास नहीं है। इससे पूर्व 1905 में श्री तुलसीराम स्वामी जी ने वात्स्यायन भाष्य का हिंदी अनुवाद किया था, उसके बाद आर्य समाज के महान विद्वान् स्वामी श्री दर्शनानन्द सरस्वती जी की पुस्तक 1960 में छपकर लोगों के बीच आयी। इसी तरह का एक छोटा सा प्रयास गायत्री परिवार के आचार्य श्री राम शर्मा जी द्वारा किया गया। आचार्य शर्मा ने केवल मन्त्रों का

हिंदी अनुवाद कर दिया था। इसमें से स्वामी दर्शनानन्द सरस्वती जी की पुस्तक मेरे लिए अत्यधिक उपयोगी साबित हुई। समस्या यह भी है कि ये पुस्तकें कहने को तो खड़ी बोली हिंदी में हैं, पर इनकी हिंदी भी इतनी कठिन है कि सामान्य लोगों की बात ही छोड़ दें, एक हिंदी के जानकार पाठक को भी इनका मर्म समझ पाना एक टेढ़ी खीर है। इन लेखकों की एक समस्या यह भी रही कि जब ये न्याय दर्शन के बातों को लोगों तक पहुंचाने का प्रयास कर रहे थे तब तक "थ्यूरी ऑफ़ रिलेटिविटी", "श्रोडिंगर वेव इक्वेशन", "क्वांटम मैकेनिक्स" आदि ने न तो भारत में उतनी प्रसिद्धि प्राप्त की थी और न ही लोगों को इसके बारे में बहुत पता था। अतः इन सब बातों के जानकारी के अभाव में उन्होंने जो वर्णन किया उसको गणितीय और भौतिकी के मॉडल पर अच्छे तरह से उजागर नहीं कर सके।

वास्तविकता तो यह है कि मेरी स्वयं की आध्यात्मिकता में रूचि महान भौतिक विज्ञानी इरविन श्रोडिंगर की पुस्तक "व्हाट इज़ लाइफ" के कारण सर्वप्रथम उत्पन्न हुई, जिसके बाद मैंने नील्स बोहर, ओपनहाइमर, आइंस्टाइन, स्टेफेन हाकिंग आदि को पढ़ना शुरू किया और प्रकृति के मूल को जानने में लग गया। उसी क्रम में मेरे प्रश्नों का उत्तर जब कहीं नहीं मिला तो मैंने यह खोजना शुरू किया कि आखिर भारत का कौन सा दर्शन है जो हमारे समक्ष हमारे अस्तित्व को लेकर उत्पन्न सभी प्रश्नों का उत्तर प्रमाण के माध्यम से देता है। अतः मेरी यात्रा पश्चिम के विद्वानों से शुरू होकर श्रीमद्भागवत गीता, कठोपनिषद से होते हुए न्याय दर्शन पर जा पहुंची। न्याय दर्शन से मुझे इसलिए भी बेहद लगाव उत्पन्न हुआ क्यूंकि प्रथम तो यह भारतीय शोध पीठों में ठुकराया हुआ सा जान पड़ता है, और यह इसलिए नहीं ठुकराया गया कि यह कमतर था, बल्कि इसलिए ठुकराया गया क्यूंकि लोगों ने इसे समझने के लिए उतना प्रयास नहीं किया जितना करना चाहिए था। दूसरा कारण यह था कि इस दर्शन ने लोगों को सर्वप्रथम यह सिखाया कि किताबी मनुष्य बनने के बजाय कालसम्मत मनुष्य बनिए, प्रक्रिया भी परिणाम के लिए है, अतः प्रक्रिया नहीं परिणाम मूल है। तृतीय यह कि इस दर्शन ने

वास्तव में समदर्शिता के पक्ष में और जन्माधारित भेदभाव के खिलाफ एक तार्किक एवं मान्य सैद्धांतिक आधार दिया।

इस ग्रन्थ के माध्यम से मैंने इस ब्रह्माण्ड के समस्त प्रश्नों का तर्कपूर्ण तरीके से भौतिक एवं गणित के मान्य पैमानों पर उत्तर देने का प्रयास किया है। इस पुस्तक को पढ़ने वाले पाठक को न केवल इस दर्शन के बारे में पता चलेगा बल्कि पिछले एक शताब्दी से भौतिक विज्ञानियों में चल रही रस्साकस्सी का क्या परिणाम रहा, उसकी भी झलक मिलेगी। न्यूटन के आने के बाद जैसा भौतिक विज्ञान का स्वरूप था, जिसने दुनिया पर तीन शताब्दी तक राज़ किया, उससे नए भौतिकी के नियम किस प्रकार बिलकुल भिन्न निकल कर आये? जो नया भौतिकी स्वीकार किया गया, उसने किस प्रकार से भारतीय दर्शन के साथ तारतम्य स्थापित कर लिया, इसके बारे में भी जानने को मिलेगा।

आशा है कि इस विषय की कठिनता और गहराई को समझकर पाठक यह अवश्य समझेंगे कि इस विषय को कितना भी आसान बना दिया जाय, यह कुछ न कुछ कठिन निश्चित ही रहेगा। शायद इसी कारण जीवन के इन सत्यों को समझने का सौभाग्य सभी लोग नहीं प्राप्त कर पाते।

मैं बड़ी गंभीरता से यह दावा कर रहा हूँ कि इस पुस्तक को पढ़ने के बाद आप अपने जीवन में पहले से ज्यादा प्रसन्न रहेंगे, जीवन-मृत्यु के धारणाओं और भय से मुक्त रहेंगे, आपकी विश्लेषण क्षमता में अद्भुत वृद्धि होगी, जीवन और समाज के प्रति एक सकारात्मक नजरिया उत्पन्न होगा, आपके अंदर समदर्शिता का विकास होगा, आपमें विज्ञान और गणित को पढ़ने की रूचि उत्पन्न होगी, आपको अपने जीवन का अर्थ पता चलेगा।

इस प्रकार के पुस्तक को सालों साल मेहनत कर लिखने एवं प्रकाशित करने के पीछे का कोई आर्थिक उद्देश्य नहीं है, क्यूंकि यह भी भली प्रकार पता है कि इतने गंभीर विषय को पढ़ने वाले पाठक इस समय हिंदी पट्टी में मुट्ठी भर बचे हैं, पर फिर भी किसी एक के जीवन में भी यह पुस्तक परिवर्तन लाएगी तो मुझे लगेगा की मेरी मेहनत सफल हुई है।

इस अवसर पर मैं अपने आदरणीय माता-पिता, प्रिय धर्मपत्नी, परिवार के सभी स्नेहीजनों, गुरुजनों, अग्रजों एवं अनुजों को हार्दिक धन्यवाद प्रकट करता हूँ जिनके कारण मैं इस पुस्तक की रचना में सफल रहा। मैं अपने पिता जी को विशेष आभार प्रकट करना चाहता हूँ जिन्होंने मुझे तार्किक बनाने में अपनी विशेष भूमिका निभाई है। विभिन्न लेखक मित्रों को भी कोटिशः नमन, जिन्होंने पुस्तक को लिखने और लोगों तक पहुंचाने के लिए मुझे लगातार प्रेरित किया। अपने प्रिय अनुज डॉ विवेक सोनी को भी विशेष धन्यवाद जिन्होंने इस पुस्तक को आकर्षक स्वरुप दिया। विभिन्न विद्वानों को भी हार्दिक धन्यवाद जिन्होंने इस पुस्तक के रचना के दौरान अपना अमूल्य समय देकर इसमें सुधार के लिए मुझे प्रेरित किया। सबसे अंत में उस ईश्वर को नमन जिसके कारण हम सभी हैं।

अनुक्रमणिका

अध्याय - 1

न्याय दर्शन

सर्वप्रथम न्याय दर्शन को समझने से पहले न्याय की परिभाषा जानना अनिवार्य है।

प्रमाण के द्वारा किसी भी प्रमेय अर्थात जानने योग्य वस्तु के बारे में एकदम सटीक निर्णय लेना न्याय है अर्थात 'अर्थ का यथार्थ ज्ञान ही न्याय है'।यथार्थ ज्ञान का अर्थ है कि जो वस्तु या घटना जैसा है, बिलकुल वैसा ही जान लिया जाय, और व्यापक रूप में कहे तो ''जानने की इच्छा रखने वाले'' द्वारा ''जानने योग्य वस्तु अथवा विषय'' में प्रमाणों द्वारा उसके बारे में उपस्थित सम्पूर्ण संशय का निवारण कर, उसके लक्षणों (गुणधर्म) का परीक्षण कर ठीक-ठीक निर्णय लेना ही न्याय है।

जानने की इच्छा रखने वाले के मन में सर्वप्रथम जानने का विचार आया, अतः उसे ''प्रमाता'' कहते हैं। जबकि जिस वस्तु या घटना के बारे में जानना चाहते है उसे ''प्रमेय'' कहा जाता है, जिनके आधार पर उसे जाना जाता है उसे ''प्रमाण'' कहते हैं।

प्रमाण के माध्यम से परीक्षण के उपरान्त जो अर्क निकला, उसे ही हम अर्थ कहते हैं। यदि परीक्षण ठीक-ठीक किया गया तो यथार्थ निकल कर आता है। अर्थ ही 'सुख में सुख' और 'दुःख में दुःख' का कारण है। दूसरे शब्दों में कहें तो यथार्थ के बदले यदि मिथ्या अर्थ मिल जाय तो हमें सुख में दुःख और दुःख में सुख का आभास लगता है। यह बात सुनने में थोड़ी अस्पष्ट लग रही है तो इसे इस प्रकार से समझें, जैसे- किसी को मिथ्या ज्ञान प्राप्त हो गया कि नशे से शरीर को सुख मिलता है, तो

वह नशे रूपी दुःख में सुख को देखने लगेगा और इस मिथ्या अर्थ के कारण अंत में उसको और उसके सम्बन्धियों को महान दुःख प्राप्त होता है। इसीलिए यथार्थ ज्ञान ही आवश्यक है।

न्याय दर्शन में जानने वाले कुल 16 तत्व होते हैं। इन सम्पूर्ण तत्वों के ज्ञान से अंततः तत्वज्ञान और उसके कारण मुक्ति की प्राप्ति होती है, जिससे दुःख के बंधन कट जाते हैं और जीवात्मा को नित्यानंद मिलता है।

1- प्रमाण 2- प्रमेय 3- संशय 4- प्रयोजन 5- दृष्टांत 6- सिद्धांत 7- अवयव 8- तर्क

9- निर्णय 10- वाद 11- जल्प 12- वितंडा 13- हेत्वाभास 14- छल 15- जातिनिग्रह 16- तत्व ज्ञान

इन सभी तत्वों की अंतिम परिणति तत्व ज्ञान है। तत्वज्ञान होते ही हमारे अहंकार से उत्पन्न सारे बंधन कट जाते हैं। मिथ्या ज्ञान के बादल छटने से राग और द्वेष का नाश हो जाता है। राग-द्वेष का नाश होने से किसी को पाने अथवा किसी को छोड़ने की प्रवृत्ति का नाश होता है, प्रवृत्ति के नाश से प्रयत्न का नाश हो जाता है, और जब प्रयत्न करना ही बंद कर दिया तो उसके परिणामस्वरूप कर्म का भी नाश हो जाता है। कर्म का नाश होने से कर्मफल से मुक्ति मिल जाती है और कर्मफल की मुक्ति से जीवन-मरण के चक्कर से। जीवन-मरण के चक्कर से मुक्ति ही मोक्ष और सच्चिदानंद की प्राप्ति है।

सम अथवा सत की स्थिति ही आत्मा की वास्तविक स्थिति समझी जानी चाहिए, क्यूँकि जब इन्द्रियां सुषुप्तावस्था में होती हैं अर्थात जब वह विषयों के राग-द्वेष से अलग शांत पड़ी होती हैं तब मनुष्य सम स्थिति में रहकर आनंद में होता है। अतः आत्मा की वास्तविक स्थिति आनंद की ही है। इन्द्रियां अपने विषयों की आसक्ति में आत्मा को अवश्य ही राग-द्वेष के वशीभूत कर दुःख में खींच ले जाती हैं, पर सम, सत अथवा

नित्यानंद ही आत्मा का वास्तविक और स्वाभाविक धर्म समझा जाना चाहिए।

इन सभी 16 तत्वों की विषद चर्चा से पूर्व इनके सारांश को जानना आवश्यक है ताकि इन शब्दों के प्रति बिलकुल ही अनभिज्ञता न बनी रहे।

1- **प्रमाण** - यह चार प्रकार के होते हैं,

A- प्रत्यक्ष, B- अनुमान, C- उपमान, D- शब्द

A- **प्रत्यक्ष**

हमारे इन्द्रिय और वाह्य जगत में उपस्थित पदार्थ के बीच के सम्बन्ध को प्रत्यक्ष कहते हैं। यह सम्बन्ध पदार्थों के अलग-अलग गुणों के कारण अलग-अलग हो सकता है। दृश्य, श्रव्य, स्पर्श, गंध और स्वाद यह पांच प्रकार के प्रत्यक्ष अनुभव हो सकते हैं अर्थात कोई किसी घटना का प्रत्यक्ष प्रमाण प्रस्तुत करेगा तो वह उसका वर्णन इसी आधार पर करेगा कि उसने क्या देखा, सुना, सूंघा, छुआ या स्वाद लिया?

वह प्रत्येक अनुभव जो हमारी इन्द्रियां प्रत्यक्ष करती हैं, जरुरी नहीं कि वह सही ही हों, अतः इसमें भी भ्रम होना कोई मुश्किल काम नहीं है। मृगतृष्णा इसका उचित उदाहरण है, जहां इन्द्रियां जो देखती हैं वहीं सत्य नहीं होता। रेगिस्तान में कड़े धूप के बीच अपनी आँखों से पानी को प्रत्यक्ष देखता हुआ हिरन दौड़ता रहता है पर उसे कहीं पानी की एक बूँद नहीं मिलती, क्यूँकि वह है ही नहीं, भले इन्द्रियाँ उस पानी की प्रत्यक्षदर्शी हों।

B- **अनुमान**

प्रत्यक्ष में उपस्थित दृश्य को देखकर पूर्ववत अनुभवों से उनके कार्य और कारण में उपस्थित परस्पर अट्रूट सम्बन्धो के आधार पर सम्पूर्ण घटनाक्रम को जान लेना अनुमान है। अनुमान प्रमाण भी पूर्वरत, शेषवत और सामान्यवत तीन प्रकार के होते हैं।

उपरोक्त परिभाषा और विभाजन सुनने में भले ही थोड़ा कठिन लगे, परन्तु बात बहुत आसान है। जैसे- किसी के हाथ में बन्दूक है और झगड़ा बढ़ता जा रहा है, तो बन्दूक और झगड़े के स्तर (कारण) को देखकर घटना घटने से पहले ही गोली चलने (कार्य) वाली है, ऐसा अनुमान लगा लेना पूर्वरत अनुमान है।

जबकि किसी को गोली लगी (कार्य) है तो बन्दूक का उपयोग जरूर हुआ होगा, इस प्रकार का अनुमान शेषवत अनुमान है।

सामान्यवत अनुमान तब होता है जब कार्य और कारण एक दूसरे के साथ ही उपस्थित होते हैं अर्थात धुआँ है तो आग अवश्य ही होगा।

इस प्रकार अनुमान भूत, वर्तमान और भविष्य में कार्य-कारण सम्बन्ध से उत्पन्न होते हैं। वस्तुतः कार्य-कारण सम्बन्ध द्वारा प्रत्यक्ष से अप्रत्यक्ष का पता लगाना ही अनुमान है।

C- उपमान

उपमान प्रमाण में संज्ञा और संज्ञी का सम्बन्ध होता है। जैसे- किसी को गाय पता हो और नीला रंग देखकर संज्ञा के आधार पर नए संज्ञी को नीलगाय के रूप में पहचान ले। वस्तुतः संज्ञा-संज्ञी सम्बन्ध द्वारा अप्रत्यक्ष से प्रत्यक्ष का पता लगाना ही उपमान है।

D- शब्द

शब्द प्रमाण वस्तुतः आप्त व्यक्ति का उपदेश होता है। आप्त व्यक्ति वह है जो किसी विषय का विशेषज्ञ हो और सत्य बोलने वाला भी हो। उदाहरण के लिए कहीं पर कोई गोली चलने की घटना हुई हो, तो न्याय करते वक्त जो फोरेंसिक एक्सपर्ट ऐसे मामलों का जानकार होगा और सत्य बोलने वाला भी होगा, उसी की बात न्यायालय में मानी जायेगी पर कोई सत्यवक्ता तो हो पर जानकार न हो अथवा जानकार तो हो पर सत्यवक्ता न हो, इन दोनों परिस्थितियों में उसका शब्द, प्रमाण के रूप में काम में नहीं लाया जा सकता।

प्रत्यक्ष पदार्थ और इन्द्रिय का परस्पर सम्बन्ध है।

अनुमान कार्य और कारण का परस्पर सम्बन्ध है।

उपमान संज्ञा और संज्ञी का परस्पर सम्बन्ध है।

शब्द सत्यता और विद्वता का परस्पर सम्बन्ध है।

2 - प्रमेय - प्रमाण के उपरान्त अब हम लोग प्रमेय के बारे में समझेंगे। **प्रमेय को महर्षि गौतम ने 12 भागों में विभाजित किया है।**

1- आत्मा 2- शरीर 3- इन्द्रिय 4- पदार्थ / विषय 5- बुद्धि 6- मन 7- प्रवृत्ति 8- दोष 9- प्रेत्यभाव 10- फल 11- दुःख / बंधन और 12- अपवर्ग/ मोक्ष

1- आत्मा वह है जिसमें सुख, दुःख, इच्छा, द्वेष, प्रयत्न और ज्ञान नामक 06 गुण पाए जाते हैं।

अनुकूलता का बोध सुख है जबकि प्रतिकूलता का बोध दुःख है।

सुख को पाने का विचार इच्छा है जबकि दुःख को त्यागने का विचार द्वेष है।

इच्छा और द्वेष के प्रेरणास्वरूप जो क्रिया उत्पन्न होती है, वह प्रयत्न है।

प्रयत्न के द्वारा आत्मा के अनुकूल एवं प्रतिकूल वस्तुओं को पृथक-पृथक जान लेना ही ज्ञान है।

इस प्रकार कर्ता अंततः ज्ञान के द्वारा अकर्ता (साक्षी/द्रष्टा) के भाव में पहुंच कर स्वयं को फल से पृथक कर समभाव में पहुंच जाता है।

2- शरीर वह है जहाँ पर स्थित होकर इन्द्रियाँ अपनी चेष्टाएँ करती हैं। चेष्टा इष्ट और अनिष्ट के त्यागने और पाने का कर्मरूप प्रयत्न है। चेष्टा का सामान्य अर्थ है प्रयास करना।

3- इन्द्रियां वह हैं जो विषयों को ग्रहण करने की क्षमता रखती हैं। इनका निर्माण पञ्चभूतों से होता है। पञ्चभूत वह हैं जिनसे यह सम्पूर्ण ब्रह्माण्ड आच्छादित है। इस ब्रह्माण्ड में जो कुछ भी (प्रकृति) है, वह यहीं पञ्च महाभूत ही हैं जिसमें चेतना पूरित (पुरुष या कॉशियसनेस) है।

4- इस अनंत ब्रह्माण्ड में जो कुछ भी दृष्टिगत है, वह द्रव्य, ऊर्जा और अनंत आकाश का समुच्चय है। यहीं तीनों पञ्च महाभूत हैं। द्रव्य (मास) के तीन रूप क्रमशः ठोस रूपी भूमि, द्रव रूपी जल, गैस रूपी वायु, ऊर्जा (एनर्जी) के रूप में अग्नि और जहाँ पर यह द्रव्य और ऊर्जा स्थित और गतिमान हैं, वह आकाश। यह पञ्चभूत क्रमश: 05 गुणों, गंध, रस, स्पर्श, रूप और शब्द को प्रकट करने वाले हैं। यहीं वह पांच विषय अथवा अर्थ हैं जिनको इन्द्रियां ग्रहण करती हैं।

5- पाचवाँ बुद्धि है। बुद्धि ही ज्ञान और उपलब्धि है। यह तीनों एक ही वस्तु के अलग-अलग नाम हैं। बुद्धि, भूत अर्थात बाह्यजगत में उपस्थित तत्वों अथवा शरीर में उपस्थित इन्द्रिय से उत्पन्न नहीं है। इन्द्रियों के न होने पर भी यह बना रहता है, इन्द्रियां जिन-जिन बाह्य विषयों को मन के द्वारा आत्मा तक पहुँचाती हैं, उन-उन विषयों के विश्लेषण के बाद जो तत्व प्राप्त होता है, वह ज्ञान होता है। पञ्चभूत और इन्द्रिय दोनों के अभाव की स्थिति में भी ज्ञान की सत्ता बनी रहती है। अचानक किसी की आँख ख़राब हो जाए तो बुद्धि में उपस्थित पुराने दृश्य गायब नहीं होते अथवा किसी के मृत्यु के बाद उसके शरीर के न होने पर उसकी यादें समाप्त नहीं होतीं।

6- मन वह है जो एक साथ दो वस्तुओं का ज्ञान नहीं होने देता है। मन वास्तव में एक उपकरण है जो यह प्राथमिकता तय करता है कि किस इन्द्रिय के ज्ञान को विश्लेषण करने के लिए भेजना है और किसको रोक देना है। जैसे- आँखें एक ही समय कोई और दृश्य देख रहीं हैं और कान कुछ मधुर संगीत सुन रहा है, तो जब

मन आँख को प्राथमिकता देगा तो सामने का दृश्य विश्लेषित होगा और गीत को प्राथमिकता देगा तो गीत विश्लेषित होगा। इन्द्रिय और घटना के आमने-सामने होने पर भी मन के अभाव में घटना की उपलब्धि नहीं होती। प्रत्येक इन्द्रिय हर समय कोई न कोई सूचना ग्रहण कर रही है, पर कौन सा एक सूचना विश्लेषण के लिए भेजना है इसका नियंत्रक मन है। जैसे- किसी क्रिकेट मैच को अनेक कैमरों से कैप्चर करते हैं, पर प्रसारण के दौरान एक व्यक्ति यह निर्धारित भी करता है कि उन तमाम वीडियो में से कौन सा वीडियो प्रसारित करना है।

7- इन्द्रियों और शरीर को मन द्वारा किसी एक विषय में लगाकर कर्म करना प्रवृत्ति है। जैसी प्रवृत्ति होगी, वैसे ही विषयों को पाने के लिए मन, शरीर एवं इन्द्रियाँ को काम पर लगा देगी। प्रवृत्ति के तीन पद होते हैं पहला मानसिक, दूसरा वाचक और तीसरा शारीरिक अर्थात जैसी मानसिकता, वैसा वचन और उसके अनुसार कर्म। प्रवृत्ति का परिणाम कर्म होता है और इस कर्म का परिणाम पाप और पुण्य होता है। प्रवृत्ति ही व्यक्ति को पापात्मक या पुण्यात्मक फल प्रदान कराने का साधन है।

वह कर्म जिसका अंतिम फल सुख हो, वह पुण्य है जबकि वह कर्म जिसका अंतिम फल दुःख हो, वह पाप है। प्रवृत्ति का आंकलन शुरूआती फल के आधार पर कदापि नहीं करना चाहिए क्यूँकि अधिकांशतः जो कर्म तुरंत ही सुखदायक फल देते हैं, प्रायः उनका अंतिम फल दुखदायक होता है।

8- प्रवृत्ति में लगाने का कारण दोष कहलाता है। दोष तीन प्रकार के होते हैं राग, द्वेष और मोह। इन्ही त्रिदोषों के अधीन रहकर व्यक्ति कर्म में प्रवृत्त हो जाता है। प्रवृत्ति से बिना मुक्त हुए निवृत्ति नहीं मिल सकती क्यूँकि जब तक प्रवृत्ति होगी तब तक कर्म होगा और जब तक कर्म होगा, कर्म का फल प्राप्त होता रहेगा।

9- कर्मफल के कारण सरलीकरण न होने से जीवात्मा का बार बार शरीर में आना-जाना प्रेत्यभाव है।

10- त्रिदोषों अर्थात राग, द्वेष एवं मोह से उत्पन्न प्रवृत्ति का परिणाम फल है, जो सुख और दुःख दो प्रकार का होता है।

11- किसी ने दोषों के वशीभूत होकर प्रवृत्ति उत्पन्न करके कर्म किया। लेकिन यदि उस कर्म के अभीष्ट फल में बाधा उत्पन्न हो गयी तो यह दुःख है। हम जिस वस्तु को पाना चाहते हैं, उसको पाने में रुकावट आने पर जो भाव उत्पन्न होता है, वह दुःख है।

12- दुःख और बंधन से पूर्ण मुक्ति ही अपवर्ग अथवा मोक्ष है।

3 - संशय - किसी भी वस्तु अथवा विषय में उससे मिलती-जुलती वस्तु या विषय के समानताओं को जान लेने के बाद उसके विशिष्टताओं के खोज की इच्छा संशय है। समानता का ज्ञान होने पर पदार्थ में विशिष्टता के खोज की इच्छा संशय है। किसी भी विषय में जब दो भिन्न-भिन्न पक्ष खड़ा हो जाय तो उस विषय के सम्बन्ध में वह ''विशेष युक्ति'' जो सत्य-असत्य का निर्धारण कर दे, यह जानने की जो इच्छा है, वह संशय की उपस्थिति बताता है।

एक बार में उपरोक्त परिभाषाएं कठिन प्रतीत हो रही हैं पर इसको एक उदाहरण से समझते हैं। दूर से किसी पतली लम्बी मुड़ी हुई वस्तु को देखकर जब यह द्वन्द शुरू हो गया की यह सांप है अथवा रस्सी, इसके लिए सांप के विशेष लक्षणों जैसे फन, चाल आदि विशिष्टताओं को जानने की इच्छा हुई, वह इच्छा ही संशय है।

संशय द्वन्द की स्थिति है। अतः जिसने सही परिणाम निकाल लिया, वह भी संशय से मुक्त है और जिसने गलत परिणाम निकाल लिया, वह भी संशय से मुक्त है। संशय न ज्ञानी को हो सकता है और न ही अज्ञानी को। संशय जानने की इच्छा रखने वाले अल्पज्ञ को होता है। संशय ही वह कारण है जिस कारण परीक्षण की आवश्यकता पड़ती है और किसी वस्तु का परीक्षण ही संशय की उपस्थिति का प्रमाण है। परीक्षण करने से ही किसी वस्तु के बारे में ठीक-ठीक ज्ञान हो जाता है, जिससे यह पता

चलता है कि कौन सी वस्तु अनुकूल है और कौन सी प्रतिकूल। अनुकूल का चयन कर उसमें प्रवृत्ति लगाना ही सुख का शुरूआती कारण है।

अब प्रश्न यह उठता है कि जब हम सभी वस्तुओं में जानने की इच्छा से संशय करते हैं तो आखिर जिन प्रमाणों को संशय के निवारण में इस्तेमाल करते हैं, उन प्रमाणों को भी संशय की दृष्टि से क्यों नहीं देखते? इसलिए महर्षि गौतम सर्वप्रथम प्रमाणों पर ही संशय कर के उनका समाधान करते है।

प्रश्न उठाया जाता है कि प्रत्यक्ष को ही देखा जाय तो इसकी सत्ता जब तक वस्तु या घटना रहती है तभी तक रहती है फिर समाप्त हो जाती है। न तो यह घटना के पूर्व रहता है और न ही उसके बाद अर्थात प्रत्यक्ष प्रमाण तो विषय/घटना और इन्द्रिय के सन्निघर्ष का परिणाम है जो भूत और भविष्य काल में अनुपस्थित है, सो इसको प्रमाण स्वरुप कैसे स्वीकार किया जा सकता है? अब यह मान लें कि कोई प्रमाण हमारे प्रमेय (विषय/वस्तु/घटना) के तुलना में भविष्य काल में उत्पन्न हुआ, तो ऐसा प्रमाण भी किसी काम का नहीं क्यूँकि हमें घटना का ज्ञान तो पहले ही हो गया। प्रत्यक्ष प्रमाण के साथ एक और समस्या यह है कि यदि प्रमाण और प्रमेय एक साथ हैं, तो आखिर मन कहाँ था? मन एक साथ दो ज्ञान को नहीं होने देता जबकि प्रमेय और प्रमाण दोनों का ज्ञान एक साथ हो जा रहा है।

इसका उत्तर देते हुए ऋषि कहते हैं कि प्रमाण के सम्बन्ध में यह तीनों संशय ही निर्मूल हैं क्यूँकि सर्वप्रथम प्रमाण के खंडन के लिए भी कोई न कोई प्रमाण प्रस्तुत करना पड़ेगा जो खुद प्रमाण को खंडित करने के बजाय प्रमाणित कर देगा।

दूसरी यह शंका विशेषतः शेषवत अनुमान प्रमाण के सम्बन्ध में की गयी कि घटना के बाद प्रमाण का कोई अर्थ नहीं क्यूँकि घटना तो पहले ही घट चुकी है, अनुचित है। जैसे- किसी के शरीर में गोली लगी है तो बन्दूक का इस्तेमाल जरूर हुआ होगा, इसमें संशय का कोई आधार ही नहीं बनता। कार्य-कारण का सिद्धांत इसीलिए विशेष महत्त्व का है।

"यदि कार्य हुआ है तो कारण अवश्य रहा होगा जबकि कारण की उपस्थिति मात्र कार्य होने को निश्चित नहीं करता।"

अर्थात गोली लगी है तो बन्दूक से जरूर फायर किया गया होगा, पर बन्दूक के होने से गोली चलने की गारंटी नहीं है या फिर बारिश हुई है तो बादल अवश्य रहे होंगे पर बादल रहने से बारिश की गारंटी नहीं है।

इसी कार्य-कारण सिद्धांत के आधार पर बाद में आइंस्टाइन ने यह बताया कि किसी भी परिस्थिति में किसी भी वस्तु की अधिकतम गति प्रकाश से ज्यादा नहीं हो सकती वरना कार्य पहले हो जाएगा और घटना बाद घटेगी।

अब हम आइंस्टाइन के इस नियम को न माने तो कैसी विसंगति उत्पन्न होगी उसे समझते हैं। यह मान लें कि सूर्य में कोई ऐसा विस्फोट हुआ कि वह फट पड़ा, उससे निकला टुकड़ा प्रकाश की रफ़्तार से दो गुने वेग से वहां से धरती की तरफ चला। सूर्य के प्रकाश को पृथ्वी तक आने में 8 मिनट 20 सेकेण्ड लगता है, पर वह टुकड़ा 4 मिनट 10 सेकेण्ड में आकर ही पृथ्वी पर रह रहे व्यक्ति की हत्या कर देगा जबकि उसका कारण अर्थात विस्फोट का दृश्य 8 मिनट 20 सेकेण्ड पर दिखाई देगा। जिसके कारण घटना, अपने कारण के प्रकट होने से पहले ही घट गयी। लेकिन ऐसा होना असंभव है कि घटना अपने कारण से पहले घट जाय। आज तक ऐसा दुनिया में कोई उदाहरण नहीं है जहाँ किसी सूक्ष्म से सूक्ष्म कण की रफ़्तार भी प्रकाश के रफ़्तार से ज्यादा पहुंची हो।

इस दृश्यमान जगत में भूत, वर्तमान और भविष्य का निर्धारण घटनाओं की दृश्यता के क्रम के कारण ही होता है। कारण पहले आता है और कार्य बाद में। यह क्रम तभी निश्चित रहेगा जब प्रकाश की गति से ज्यादा दुनिया में किसी भी वस्तु की गति न हो, और यह सिद्ध सत्य है।

कर्ता, कर्म, करण आदि क्या है?

जो कर्म करता है, वह कर्ता है।

जो कर्म में सहायक है, वहीँ कारण है।

जिसके लिए कर्म किया जाय, वह सम्प्रदान है।

जो किसी के अलगाव के बाद भी स्वयं स्थिर बना हुआ है, वह अपादान है।

जो किसी वस्तु का आधार है, वहीँ अधिकरण है।

राम ने, अपने गुरु के लिए, गुलेल द्वारा, पेड़ से फल तोड़ा।

यहाँ राम कर्ता हैं, गुरु सम्प्रदान हैं, पेड़ अपादान है, गुलेल कारण है, फल तोड़ना कर्म है।

4 - प्रयोजन - किसी वस्तु को सुखदायक अथवा दुखदायक मानकर उसको पाने अथवा त्यागने का विचार जिस उद्देश्य से आता है, वहीँ प्रयोजन है। **प्रयोजन ही वह आतंरिक प्रेरणा शक्ति होती है,** जो कर्ता में कार्य करने का उत्साह भर देती है। बिना प्रयोजन के कोई कार्य नहीं किया जाता। यह वास्तव में किसी भी कार्य का मूल उद्देश्य होता है जो प्रायः छिपा हुआ होता है जबकि कभी-कभार खुला हुआ।

5 - दृष्टांत अर्थात उदाहरण, दो प्रकार के लोग इस समाज में रहते हैं, पहले वे जो हर बात को तर्क और प्रमाण के कसौटी पर कस के ही स्वीकार करते हैं, वह परीक्षक कहलाते हैं जबकि दूसरे प्रकार के लोग वह होते हैं जो साधारण रूप से तमाम बातों को मानते हैं। बाहर सारी घटनाएं इतनी सहज और सरल होती हैं कि उन्हें चाहे परीक्षक तर्क और प्रमाण की कसौटी पर कसे अथवा साधारण लौकिक व्यक्ति देखे, दोनों ही एक सा निष्कर्ष निकालते हैं। ऐसी साधारण और सहज घटनाओं को ही दृष्टांत कहते हैं। दृष्टांत के माध्यम से ही विरोधी पक्ष के सिद्धांत का खंडन किया जा सकता है और अर्थ का यथार्थ ज्ञान कर न्याय पाया जाता है।

दृष्टांत न केवल न्याय पाने में मदद करते हैं अपितु इसके माध्यम से दो और उद्देश्य पूर्ण होते हैं, प्रथम यह न्याय को सरलीकृत कर देता है और दूसरा इसके माध्यम से न्याय को लोक समर्थन मिलता है। न्याय की स्वीकार्यता आम लोगों में दृष्टांत के माध्यम से ही हो सकती है। दृष्टान्त वस्तुतः न्याय का लोकतांत्रिककरण है।

6 - सिद्धांत - किसी भी विषय में पर्याप्त तर्क-वितर्क आदि करके लिया गया अंतिम निर्णय अर्थात सिद्धि का अंत ही सिद्धांत कहलाता है। यह तीन प्रकार का होता है।

A. तंत्र सिद्धांत

B. अधिकरण सिद्धांत

C. अभ्युपगम सिद्धांत

A- तंत्र सिद्धांत - तनोति त्रायति तंत्र अर्थात किसी भी विषय के विशद एवं विस्तृत चर्चा से मुक्ति का उपाय तंत्र है। तंत्र वह है जहाँ कई सारे पदार्थों या विषयों का एक-दूसरे से अन्तर्सम्बन्ध पूर्ण रूप से चर्चा करके स्थापित किये जाते हैं, जिससे मनुष्य को मुक्ति प्राप्त होता है। वह शास्त्र अथवा ग्रन्थ जहाँ पर विभिन्न विषयों के बारे में परीक्षण के उपरान्त जो मुक्ति का ज्ञान है, वह लिखा गया है, तंत्र है।

तंत्र सिद्धांत भी दो प्रकार का हो सकता है

1- सर्वतंत्र 2- प्रतितंत्र

सर्वतंत्र वे सार्वभौमिक सिद्धांत होते हैं जिनके बारे में सभी ग्रन्थ, शास्त्र और मत एक समान राय रखते हैं। उदाहरण के लिए दया, करुणा, सत्य, अस्तेय, सद्-व्यवहार, अहिंसा आदि के बारे में सभी समान राय रखते हैं और इनको अच्छा गुण मानते हैं, जबकि हिंसा, निर्दयता, झूठ आदि को सभी ग्रन्थ और शास्त्र चाहे वह ईश्वरवादी हों, अनीश्वरवादी हों, ठीक नहीं मानते।

यहाँ पर उन शास्त्रों और ग्रंथों को हम आधार बनाते हैं जो तंत्र की विधा से ही लिखे गए हों अर्थात जिनमें अपने बताये सिद्धांतों को विस्तार से तर्क और परीक्षा की कसौटी पर कसा गया हो। भारत समेत पूरी दुनिया में स्वार्थियों, मूर्खों एवं उन्मादियों द्वारा लिखे तमाम ऐसे भी ग्रन्थ हैं जो हिंसा, लूट मार, बलात्कार, झूठ, दुर्व्यवहार, छल कपट, छुआछूत आदि का समर्थन भी करते हैं पर चूकी उनमें लिखी बातों का न तो लिखते

वक्त परीक्षण किया गया और न ही लिखने के बाद उसके परीक्षण की अनुमति है। अतः जैसे ही इन ग्रंथों को परीक्षा और तर्क की कसौटी पर कसा जाएगा, इनका अस्तित्व ही अमान्य हो जाएगा।

प्रतितन्त्र वे सिद्धांत होते हैं जिनके बारे में अलग अलग ग्रन्थ और शास्त्र अलग अलग विचार रखते हैं। जैसे- वामाचार तांत्रिक मद्य, मांस, मछली, मुद्रा और मैथुन को आवश्यक मानते हैं क्यूँकि इन्द्रियों को अतृप्त रखकर मुक्ति का उपाय असंभव है। जब तक इन्द्रियाँ इन विकारों के क्षणिक सुख की सच्चाई को जान नहीं लेंगीं तब तक वह इसी के पीछे जिज्ञासा के भाव से लगी रहेंगी। जबकि अन्य तांत्रिक विधा जैसे समयाचारी इन सबका या तो मानसिक अर्थ लेते हैं जबकि भौतिक रूप से मद्य, मैथुन आदि का विरोध करते हैं, क्यूँकि उनका मत है कि यह एक ऐसा दलदल है जहाँ घुस जाने पर व्यक्ति मुक्त नहीं हो पाता। दोनों के तर्क अपने-अपने जगह सही प्रतीत होते हैं जबकि हैं एक दूसरे के विरोधी। इसी प्रकार वैदिक दर्शन ईश्वर को मान्यता देते हैं और उसके पीछे उनके अपने मज़बूत तर्क हैं जबकि बौद्ध, चार्वाक आदि दर्शन ईश्वर को मान्यता नहीं देते। ऐसे सिद्धांतों को ही प्रतितंत्र का सिद्धांत कहते हैं।

B- अधिकरण वह सिद्धांत है जिसके अंतर्गत एक बात के साबित हो जाने पर दूसरी बात अपने आप साबित हो जाती है, उसके लिए अलग से कुछ और सबूत और तर्क की आवश्यकता नहीं पड़ती। अन्य शब्दों में कहें कि जिस बात के आधार पर किसी अन्य बात का स्पष्ट ''मतलब'' निकाल लिया जाए, वह अधिकरण है। उदाहरण के लिए यह मान लीजिये की किसी की हत्या हुई, पुलिस ने यह साबित कर दिया कि हत्या जिस हथियार से की गयी, उसे उस व्यक्ति का दुश्मन छिपाते समय गिरफ्तार कर लिया गया। उस हथियार पर और मृत व्यक्ति के शरीर पर उसके फिंगर प्रिंट भी मिल गए। तो इस घटना में हथियार छिपाते वक्त दुश्मन की गिरफ्तारी उसे हत्यारा या हत्या का साज़िशकर्ता बताने के लिए पर्याप्त है। उसके लिए हो सकता हैं प्रत्यक्षदर्शी भले न मिले, लेकिन मात्र इस बिनाह पर उसके ऊपर लगे आरोप को सत्य ठहराकर उसे सज़ा दे सकते हैं।

जैसे- किसी ने कहा की कुरआन ईश्वर की वाणी है। यह सर्वतंत्र का सिद्धांत है कि ईश्वर को सब कुछ सही-सही ज्ञात है। लेकिन किसी ने विज्ञान, तर्क आदि से यह सिद्ध कर दिया की धरती समतल नहीं है, बल्कि गोल है अथवा किसी ने यह साबित कर दिया कि पृथ्वी सूर्य के चारो तरफ चक्कर लगाती है, तो अधिकरण के सिद्धांत के आधार पर यह अपने आप ही सिद्ध हो गया कि कुरआन भले ईश्वरीय प्रेरणा से लिखी गयी हो या नहीं, पर स्वयं ईश्वर की वाणी हो इसमें संशय है।

C- अभ्युपगम वास्तव में सिद्धांत नहीं है। यह एक परिकल्पना अर्थात हाइपोथीसिस होती है। किसी भी वस्तु या विषय का परीक्षण करने से पहले उसे कुछ न कुछ मानना पड़ता है। जैसे यह मान लिया कि सिगरेट से कैंसर होता है। यह हाइपोथीसिस सही भी हो सकती है और गलत भी, परन्तु यह मानकर सारा आंकड़ा इकट्ठा किया गया और सांख्यिकी आदि के नियम लगाए गए। अब यदि सिगरेट और कैंसर के सम्बन्ध की पुष्टि हो गयी तो भी हाइपोथीसिस की पुष्टि हो गयी। लेकिन यदि इन दोनों के बीच कोई भी सम्बन्ध नहीं निकला तो भी हमें यह पता चला कि सिगरेट से कैंसर नहीं होता। दोनों परिस्थितियों में ज्ञान की प्राप्ति हुई।

इसी प्रकार न्यायालयों के विवाद में भी जब किसी घटना के बारे में कुछ पता नहीं रहता, तो अधिवक्ता इसी तरह कई सारे हाइपोथीसिस उत्पन्न करते हैं। जिसके बाद हर संभव हाइपोथीसिस को तर्क और परीक्षा के कसौटी पर कसते हैं। जो हाइपोथीसिस सही होती है वह टिक जाती है और बाकी झूठ साबित हो जाती है। इसी प्रकार आगे के अध्यायों में शब्द की परीक्षा की गयी है तो पहले उसे द्रव्य मान लिया गया है, फिर यह तय किया गया है की यह द्रव्य है की नहीं।

7- अवयव - जब तक किसी बात का परीक्षण न कर लिया जाय वह वास्तव में अभ्युपगम अर्थात हाइपोथीसिस ही रहता है। किसी भी हाइपोथीसिस को मान्य सिद्धांत में बदलने के लिए परीक्षण का एक क्रम होता है। उस परीक्षण के क्रम को ही अवयव कहते हैं।

यदि कोई अपने बात को प्रभावी तरीके से रखकर किसी विषय को साबित करना चाहता है तो अपने बात को निम्नलिखित क्रम में रखना चाहिए। इस बात का पालन विशेषकर अधिवक्ताओं को न्यायालय में बहस के दौरान करना चाहिए ताकि उनकी बात स्थापित हो सके।

1- प्रतिज्ञा 2- हेतु 3- उदाहरण 4- उपनयन 5- निगमन

सबसे पहले किसी हाइपोथीसिस की घोषणा की जाती है, जिसे प्रतिज्ञा कहते हैं। प्रतिज्ञा किसी भी विषय में वादी का अपना वह दृढ मत होता है जिसकी स्थापना के लिए वह सारे श्रम को करता है। प्रतिज्ञा की घोषणा के बाद जिस विषय में प्रतिज्ञा ली गयी है, उसके बारे में कोई ऐसा गुणधर्म खोजा जाता है जिसके उपस्थिति से विषय की उपस्थिति सिद्ध हो जाय अथवा जिसके अनुपस्थिति से विषय की भी अनुपस्थिति सिद्ध हो जाय। इस विशिष्ट गुणधर्म की खोज ही सबसे महत्वपूर्ण है। यह गुणधर्म 'हेतु' कहलाता है।

'हेतु' के खोज लेने के बाद अब किसी सामान्य ज्ञात घटना में उसी विशिष्ट 'हेतु' की उपस्थिति अथवा अनुपस्थिति दिखलाना। इसके लिए उदाहरण का प्रयोग करते हैं। उदाहरण सरल एवं सहज होना चाहिए जो रोजाना की रोजमर्रा जिंदगी में घटता हो। उदाहरण ही प्रतिज्ञा को आम लोगों के बीच में समझने और स्वीकारने योग्य बनाते हैं। यदि उदाहरण में 'हेतु' से समानता दिखाई गयी तो यह साधर्म्य उदाहरण कहा जायेगा जबकि असमानता दिखाई गयी तो विपरीत उदाहरण कहलायेगा।

अब अपने विषय के बारे में जो प्रतिज्ञा की थी उसमें भी उस 'हेतु' की उपस्थिति अथवा अनुपस्थिति सिद्ध करना उपनयन है और अंत में अपने हाइपोथीसिस के सहीं होने की घोषणा करना निगमन है। पढ़ने में यह कठिन मालूम पड़ता है पर निम्न उदाहरण से आसानी से समझ में आ जाएगा।

जैसे वादी ने प्रतिज्ञा ली,

1- यह व्यक्ति चोर है।
2- क्यूँकि बिना किसी कारोबार के इसके पास खूब पैसा आ रहा है।

3- बिना किसी नौकरी, व्यापार के खूब पैसे फला, फला व्यक्ति ने भी बनाया था, वह भी चोर था।

4- जिनके-जिनके पास बिना कारोबार के पैसा आ रहा है, वह सब चोर हैं।

5- अतः यह सिद्ध होता है की यह व्यक्ति चोर है।

इसमें व्यक्ति प्रतिज्ञा का विषय है और उसकी चोरी साध्य है। इस चोरी के आरोप को अधिवक्ता को साबित करना है। बिना कारोबार के पैसा आना 'हेतु' है। अन्य जगह जहाँ-जहाँ चोर पकड़े गए हैं वहाँ भी हेतु की उपस्थिति अर्थात बिना कारोबार के पैसे की उपस्थिति देखी गयी है, यह उदाहरण है। उदाहरण में स्थापित हेतु और साध्य में उपस्थित हेतुओं को एक जैसा स्थापित करना उपनयन है और अंत में अमुक व्यक्ति को चोर सिद्ध कर देना निगमन है।

इसी प्रकार अवयव का एक सर्व प्रसिद्ध उदाहरण निम्नवत है।

1- सुदूर पर्वत में आग है।
2- क्यूँकि पर्वत में धुंआ दिख रहा है।
3- रसोई आदि में भी धुआं दिखता है और वहां भी आग पायी जाती है।
4- जहाँ-जहाँ धुआँ होगा वहां-वहां आग होगा।
5- अतः पर्वत में भी आग है।

वास्तव में कोई भी बात जब बोली जाती है तो उसका एक आधार होता है, उस आधार के बिना किसी भी घोषणा का कोई मूल्य नहीं है। जब हम उस आधार को अन्य साधारण उदाहरणों से अन्य जगहों पर सिद्ध कर लेते हैं तब बात का आधार इतना पुष्ट हो जाता है की वह हाइपोथीसिस से सिद्धांत में बदल जाता है। जब यह घोषणा हुई की पर्वत में आग है तो इसका कहने का आधार धुआं था। उस धुएं की अन्य साधारण उदाहरणों में उपस्थिति दिखाकर उस आधार को पुष्ट कर लिया गया और यह स्थापित हो गया कि आग और धुंए में विशेष सम्बन्ध है और

वहीँ विशेष सम्बन्ध जहाँ-जहाँ दिखाई देगा एक के आधार पर दूसरी बात मानी जाएगी अर्थात धुए के आधार पर आग स्वीकार किया जायेगा।

अतः किसी के बारे में कोई भी घोषणा (प्रतिज्ञा) करने के उपरान्त वह घोषणा जिस आधार (हेतु) पर की गयी उसे कहना जरुरी है। उसके उपरान्त उस आधार को अन्य घटित घटनाओं से जोड़कर उसमे भी वही समानता दिखाकर अपनी बात सिद्ध करनी चाहिए।

8 - तर्क - संसार में दो प्रकार के तत्व होते हैं, पहला ज्ञात और दूसरा अज्ञात।

अज्ञात को जानने की इच्छा जिज्ञासा है। ज्ञात की सहायता से अज्ञात के गुणों के बारे में अनुमान लगाना और बार-बार उस अनुमान में गलत लगने वाले विशेषणों पर संदेह व्यक्त कर अज्ञात के बारे में सही-सही जानने का प्रयास ही तर्क है। दूसरे शब्दों में कहें तो किसी अज्ञात वस्तु या घटना के बारे में ज्ञात वस्तुओं के आधार पर प्राप्त अनुभवों से विभिन्न अनुमानों को लगाना और उसमें से सबसे सही अनुमान को ग्रहण करने का प्रयत्न तर्क है।

किसी भी अज्ञात वस्तु या घटना के रहस्य को ठीक-ठीक समझ लेना ही तर्क का प्रयोजन होता है।

तर्क करते समय 05 प्रकार के कुतर्कों का भी सामना करना पड़ सकता है, अतः इससे सावधान होना आवश्यक है।

1- आत्माश्रय 2- अन्योन्याश्रय 3- चक्रिकाश्रय 4- अनवस्था 5- तदन्य बाधितार्थ प्रसंग

1- आत्माश्रित तर्क वह होता है जहाँ प्रतिज्ञा और प्रमाण एक ही हो जाय। जैसे- कोई यह प्रतिज्ञा करे की कुरआन ईश्वर की वाणी है और जब यह पूँछा जाय कि आखिर यह बात किस आधार पर कही जा रही है, तो तर्क रखा जाय कि क्यूँकि यह बात कुरआन में दर्ज़ है। इस तरह के तर्क मान्य नहीं होते क्यूँकि जिस पर संशय है वहीँ खुद अपने संशय का समाधान नहीं कर सकता।

चोर या अपराधी स्वयं को स्वयं से सच्चा और निरपराध घोषित नहीं कर सकते। कटघरे में जो आरोपी खड़ा है उसके स्वयं के बयान के आधार पर उसे आरोपमुक्त नहीं कर सकते हैं।

2- अन्योनाश्रित तर्क वह होता है जहाँ दो वस्तुओं की सिद्धि एक दूसरे पर टिकी होती हैं और दोनों ही संशय में हैं। यह वैसा ही है जैसे दो चोर एक दूसरे को सच्चा कह कर आरोपमुक्त हो जांय। दो संशय एक-दूसरे का समाधान नहीं कर सकते।

बाकी अन्य कुतर्कों के बारे में विस्तार से वर्णन आगे के अध्यायों में प्रसंग के अनुसार दिया गया है।

9- निर्णय - प्रमाण आदि साधनो से अवयवों के क्रम में अपनी बात रखकर उसे सिद्ध कर लेना और दूसरे पक्ष का खंडन कर देना ही निर्णय है।

अभी तक जितना भी श्रम अर्थात प्रमाण, प्रयोजन, दृष्टांत, सिद्धांत, अवयव, तर्क आदि किये गए वह इसी निर्णय के लिए किये गए थे। किसी अज्ञात या संशयात्मक ज्ञान को सटीकता से जानकर उसके रहस्य को ज्ञात कर पूर्ण विश्वास के साथ स्वीकार कर लेना निर्णय है।

अध्याय - 2

न्याय दर्शन

पिछले अध्याय में हम लोगों ने न्याय दर्शन के 9 तत्वों को संक्षेप में समझने का प्रयास किया, जिसके अंतर्गत प्रमाण, प्रमेय, संशय, प्रयोजन, दृष्टांत, सिद्धांत, अवयव, तर्क एवं निर्णय के बारे में पढ़ा। इन सबका विस्तार से अध्ययन आगे के अध्यायों में मिलेगा। इस अध्याय में हम शेष बचे 7 तत्वों क्रमशः वाद, जल्प, वितंडा, हेत्वाभास, छल, जातिनिग्रह एवं तत्वज्ञान के बारे में समझने का प्रयास करेंगे। यह अध्याय उन लोगों के लिए बेहद महत्व का है जो विभिन्न मुद्दों पर डिबेट करते हैं। इस अध्याय में यह बताया जाएगा कि विभिन्न मुद्दों पर डिबेट करते समय विपक्षी कौन-कौन सी चाल चलता है और उसे कैसे पकड़ना है।

10- वाद - बिना जय-पराजय की चिंता किये, किसी वस्तु, विषय या घटना के रहस्यों को जानने के लिए क्रमशः उसके विरोधी धर्मों के बारे में अलग-अलग हाइपोथीसिस बनाकर प्रमाणपूर्वक, सिद्धांतयुक्त (अर्थात तंत्र, अधिकरण आदि) तर्क रचते हुए उसे विभिन्न अवयवों के क्रम में चर्चा कर एक निर्णय पर पहुंच जाना वाद है। वाद का लक्ष्य जीत-हार नहीं होता, बल्कि सत्य की खोज होती है। अर्थात अब तक तर्क करने का जो सारा तरीका पहले अध्याय में बताया गया उनका प्रयोग करके तर्क द्वारा सत्य की खोज करना वाद है।

वाद एक विषय के दो भिन्न-भिन्न गुणधर्मों पर नहीं हो सकता और न ही दो भिन्न-भिन्न विषयों के एक ही गुणधर्म पर। जैसे- किसी ने कहा की कार में पहिया होता है और किसी ने कहा की कार पेट्रोल से चलता है। यहाँ विषय एक है पर अलग-अलग गुणधर्म की बात हो रही है, सो यहाँ वाद नहीं हो सकता। अब किसी ने कहा कि कार पेट्रोल से चलती

है जबकि किसी ने कहा कि कार पानी से चलती है, यहाँ पर एक ही विषय के एक ही गुणधर्म अर्थात ईंधन के बारे में बात हो रही है सो यहाँ वाद संभव है। इसी प्रकार किसी ने कहा की बैलगाड़ी को बैल खींचता है और कार को उसका इंजन, यहाँ पर इन दोनों को खींचने वाले एक ही गुणधर्म की बात हो रही है पर विषय अलग-अलग हैं सो यहाँ भी वाद संभव नहीं है।

लेकिन कई बार यह प्रक्रिया सिद्धांतहीन हो जाती है अथवा कोई पक्ष सत्य-असत्य से ज्यादा अपने हार-जीत की चिंता करने लगता है। जैसा की आज के समय में टी.वी. से लगाए सोशल मिडिया तक के बहसों में देखने को मिलता है। ऐसी स्थिति में विपक्षी छल करने का प्रयास करता है। कुछ प्रतिपक्षी ऐसे भी होते हैं जिनका अपना कोई पक्ष नहीं होता। वह केवल किसी एक पक्ष का खंडन करते हैं जबकि अपने पक्ष के बारे में कोई तर्क, प्रमाण आदि नहीं देते। टी.वी. डिबेटों में आजकल एंकर इसी भूमिका में दिखाई पड़ते हैं, वह स्वयं को न्यूट्रल दिखने के लिए सत्य-असत्य से ज्यादा अपने सभी पैनलिस्ट की बातों को काटने में लगे रहेंगे। ऐसी स्थिति में यह पूरी प्रक्रिया वाद से विवाद पर चली जाती है। यह विवाद की अवस्था ही जल्प-वितंडा को जन्म देती है।

11 - जल्प - जब कोई चर्चा चलते-चलते ऐसी दिशा में मुड़ जाय जहां चर्चा का लक्ष्य सत्य उद्घाटन के बजाय जीत-हार में बदल जाय तो ऐसी अवस्था को जल्प अथवा साधारण भाषा में शास्त्रार्थ कहते हैं। जल्प अथवा शास्त्रार्थ को अच्छा नहीं माना जाता, पर जब कोई विशेष पक्ष छल, कुतर्क, गलत हेतु, आदि के द्वारा गलत बात की स्थापना करने लगे तो ऐसी स्थिति में शास्त्रार्थ आवश्यक है।

किसी भी वाद में जिस समय पर विवाद जन्म ले लेता है, वह जल्प में परिवर्तित हो जाता है। इसकी पहचान तब होती है जब कोई एक पक्ष दूसरे के ऊपर गलत प्रमाण द्वारा अपनी बात सिद्ध करने, वाकछल करने या कुतर्क करने का आरोप लगा देता है। ऐसी स्थिति में दोनों पक्ष अपने-अपने पक्ष को प्रमाणित करने के लिए अलग-अलग तर्कों और

प्रमाणों का सहारा लेते हैं, पर धीरे-धीरे ऐसी स्थिति बनती है की कोई एक पक्ष गलत साबित होना शुरू हो जाता है, जैसे ही उसके गलत होने के स्पष्ट चिन्ह (जिसे निग्रह स्थान कहते हैं) मिलने लगते हैं, चर्चा में जय-पराजय का फैसला हो जाता है।

भारत में शास्त्रार्थ की पुरानी परंपरा है। अलग-अलग समय पर भारतीय परंपरा के अलग-अलग दर्शन इसी जल्प के माध्यम से खुद को श्रेष्ठ स्थापित कर के समाज में अपनी स्वीकार्यता बनाते रहे हैं। लेकिन पश्चिमी आक्रमणकारी और कुतार्किक गिरोहों के आक्रमण के बाद तर्क के बजाय भौतिक शक्ति और युद्ध, समाज में मत निर्माण के साधन बनकर आये, इसलिए भारतीय इस परंपरा को अब भूल चुके हैं। इस कारण आज यदि भारत में कोई सुधारवादी धार्मिक व्यक्ति किसी रूढ़िवादी परंपरा, मूर्खतापूर्ण रीतिरिवाज, कालबाह्य व्यवहार पर सवाल उठा दे तो लोग अब तर्क करके उसे सही-गलत साबित करने के बजाय, प्रश्न उठाने वाले को ही कुत्सित घोषित कर आगे बढ़ जाते हैं।

12- वितंडा - कुछ पक्षकार ऐसे होते हैं जो अपने मत का मंडन अर्थात उसके पक्ष में प्रमाण और तर्क गढ़ने के बजाय केवल दूसरे पक्ष का खंडन करते हैं। किसी भी चर्चा में ऐसी स्थिति को वितंडा कहते हैं। किसी भी चर्चा का उद्देश्य सत्य का उद्घाटन करना होता है। जबकि वितंडा करने वाले सत्य के लिए कोई प्रयास नहीं करते। वह केवल दूसरे के पक्ष को असत्य साबित करने का प्रयास करते हैं। यह बात तर्कसम्मत नहीं होने से न्यायालय में वितंडा करने वाले अधिवक्ता को मध्यस्थ अथवा न्यायाधीश द्वारा तुरंत रोककर उनके खुद के पक्ष में प्रमाण उपस्थित करने के लिए कहा जाना चाहिए। तुला के दोनों पलड़ों पर सामान रखे बिना तौल नहीं हो सकता, पर वितंडा करने वाले एक ही पलड़े पर सारे तर्क का भार रखते जाते हैं, जिससे किसी एक तरफ झुकाव तो दिख जाता है, पर ऐसा नापतौल मान्य नहीं होता।

जितनी भी राजनीतिक चर्चाएं आज के समय में होती हैं वह सब इसी वितंडा की श्रेणी में आती हैं। जब किसी एक राजनीतिक दल पर कोई

आरोप लगता है तो वह स्वयं अपने पक्ष में कोई बात रखने के बजाय, दूसरे के ऊपर कीचड़ उछालना शुरू कर देता है। अब समझने वाली बात यह हैं कि दूसरे के ऊपर कीचड़ उछालने से स्वयं का पक्ष सत्य और निर्मल साबित नहीं हो सकता। अतः एक अच्छा मध्यस्थ ऐसे राजनीतिक प्रवक्ता को बीच में रोककर उससे अपने दल पर लगे आरोप पर सफाई देने को कहेगा। इसी प्रकार पूरे दुनिया में बामपंथी एक्टिविज़्म भी इसी वितंडा के सिद्धांत पर काम करता है जिसके अंतर्गत स्थापित नियम, व्यवस्था, सत्ता पर उस समय उत्पन्न तात्कालिक छोटी-मोटी समस्याओं के माध्यम से हमला बोला जाता है, जबकि उनके पास स्वयं किसी भी समस्या का कोई हल नहीं होता। वितंडा में नकारात्मकता अपने चरम पर होता है जिसके कारण इसमें ऊर्जा और आकर्षण होता है। इसीलिए बार-बार पूरी तरह फेल होते जाने पर भी बामपंथ दुनिया में बना रहता है।

13- हेत्वाभास - चर्चा करने वाला कोई पक्ष जब अपनी बात को साबित करने के लिए गलत आधार (हेतु) का प्रयोग करे और ऐसा आभास कराये की उसने सही आधार दिया है तो इसे हेत्वाभास कहते हैं। यह हेत्वाभास 5 प्रकार के होते हैं।

1- सव्यभिचार 2- विरुद्ध 3- प्रकरणसम 4- साध्यसम 5- कालातीत

सव्यभिचार हेत्वाभास में प्रतिपक्षी अपनी बात को साबित करने के लिए ऐसा आधार ले लेता है जो की दूसरे पक्ष में भी मिल सकता है। जबकि आधार इतना विशिष्ट होना चाहिए कि वह किसी भी हालत में विरोधी पक्ष में न मिले, नहीं तो प्रतिपक्षी की बात संशयात्मक हो जायेगी।

उदाहरण के लिए किसी ने कहा कि 'अमुक व्यक्ति चोर है क्यूँकि उसके पास बहुत पैसा है'। लेकिन यह जरुरी नहीं है कि जिसके पास अधिक पैसा हो वह चोर ही हो, हो सकता है अधिक पैसे वाला व्यक्ति कोई सहृदय उद्योगपति हो, जो न केवल स्वयं कमा रहा हो बल्कि औरों को भी रोजगार दे रहा हो। ऐसी परिस्थिति में अपनी बात साबित करने के लिए जो अधिक पैसे का होना हेतु अथवा आधार बनाया गया अनैकान्तिक

है अर्थात विशिष्ट नहीं है। अधिक पैसा चोर के पास भी मिल सकता है और मेहनती व्यापारी के पास भी।

विरुद्ध हेत्वाभास में प्रतिपक्षी अपने बात को साबित करने के लिए ऐसा आधार ले लेता है जो अपने आप ही उसके बात का खंडन कर देता है।

मान लीजिये किसी ने यह सिद्ध करने की प्रतिज्ञा ली कि 'अमुक व्यक्ति चोर है' और इसके पीछे हेतु दिया कि 'क्यूँकि वह बहुत श्रम करके पैसा जुटाता है'। अब यहाँ पर जो हेतु अथवा आधार दिया गया उसको चोर बताने के लिए वह खुद ही प्रतिज्ञा का खंडन कर दे रहा है। इसी प्रकार कोई पर्वत में आग है, इसे साबित करने के लिए यह आधार दे कि पर्वत में बर्फ है, तो यह अपने आप ही एक दूसरे को काट दे रहे हैं।

प्रकरणसम हेत्वाभास को ही सत्प्रतिपक्ष हेत्वाभास भी बाद में कहा जाने लगा। किसी वस्तु या विषय के बारे में उपजी अल्पज्ञता से उसे जान लेने के लिए जो परीक्षण का आयोजन किया जाता है, उसे प्रकरण कहते हैं और इस आयोजन में विभिन्न पक्ष जो अलग-अलग विचार रखते हैं, एक के बाद एक प्रश्नों और तर्कों से विषय को संदेह शून्य बनाने का प्रयास करते हैं उसे चिंतन कहा जाता है। अब ऐसे किसी विषय में अल्पज्ञता को दूर करने के लिए जब दो विरोधी पक्षों ने चिंतन शुरू किया और ऐसा उदाहरण देना शुरू किया जिसका ठीक उल्टा उदाहरण दूसरे पक्ष के पास भी मौजूद है तो ऐसी अनिर्णय की स्थिति को प्रकरणसम हेत्वाभास कहते हैं। हालांकि दोनों पक्ष अपने ही मान्यता को अपने हेतु से सही कहते हैं, पर वास्तव में स्थिति अनिर्णीत ही रह जाती है। एक पक्ष ने कहा कि शब्द नित्य है क्यूँकि आत्मा की ही भाति उसमें स्पर्श नहीं है, इस पर दूसरे पक्ष ने कहा कि शब्द अनित्य (नाशवान) क्यूँकि वह उत्पन्न होता है (जो उत्पन्न होगा, वह नष्ट भी होगा), ऐसी स्थिति में दोनों पक्ष बराबर हैं। प्रकरण में जो चिंतन है वह दोनों दिशा में अर्थात शब्द के नित्यत्व और अनित्यत्व दोनों तरफ घट जा रहा है, जिससे अनिर्णय की स्थिति बन जाती है। अतः सत्य का ठीक-ठीक उद्घाटन नहीं हो पाता। इसे ही प्रकरणसम हेत्वाभास कहते हैं।

नैयायिक और मीमांसा चिंतकों में यहीं विवाद आज तक चला आ रहा है। नैयायिक (तार्किक) शब्द को अनित्य मानते हैं, जिस कारण वह प्रगतिशील होकर धर्म को देश-काल और परिस्थिति के अनुरूप तैयार रखने के पक्षधर होते हैं जबकि मीमांसक शब्द को आधार बनाकर चलते हैं, जिस कारण कई बार वह देश-काल और परिस्थिति को भी धता बताकर शब्दों के पालन में लगे रहते हैं। वस्तुतः और बड़ा अंतर देखा जाय तो नैयायिक अपने परिणाम की चिंता करते हैं जबकि मीमांसक तरीके की। इसी कारण नैयायिक भाषाई शुद्धता और व्याकरण को लेकर आग्रह नहीं करते क्यूँकि उनके अनुसार भाषा का काम विचार का आदान-प्रदान है वह चाहे जैसे हो। जबकि मीमांसक इसको लेकर खूब आग्रह करते हैं अर्थात विचार का आदान-प्रदान हो तो उसी तय तरीके से हो, वरना न हो।

जब किसी प्रतिज्ञा को सिद्ध करने के लिए कोई ऐसा आधार (हेतु) दिया जाय जिसकी स्वयं की सिद्धि होनी बाकी है, तो ऐसे हेतु को साध्यसम अथवा असिद्ध हेत्वाभास कहते हैं। जब हम कोई प्रतिज्ञा (मत) प्रकट करते हैं तो उसे सिद्ध करने के लिए कोई न कोई हेतु (आधार) लेते हैं, जैसी- पर्वत में आग है क्यूँकि वहां धुँआ उठ रहा है। अब यह बात सर्वमान्य है कि आग और धुंए का अपना विशिष्ट सम्बन्ध है और धुँआ आग की उपस्थिति सिद्ध करने के लिए काफी है। लेकिन कई बार ऐसा हेतु दिया जाता है जो स्वयं ही संशय में है अर्थात जिसका खुद का परीक्षण बाकी है। ऐसी स्थिति में साध्यसम हेत्वाभास उत्पन्न हो जाता है। किसी ने प्रतिज्ञा ली कि कुरआन सब तरह से सत्य है क्यूँकि वह अल्लाह का वचन है, अब कुरआन को सत्य साबित करने के लिए जो अल्लाह के वचनों का हवाला दिया गया, इसी में प्रश्नचिन्ह है। पहले यह तो साबित हो कि कुरआन अल्लाह का वचन है तब तो यह साबित हो पायेगा कि कुरआन सब तरह से सत्य है।

एक स्थापित सत्य, किसी संशय का समाधान तो करने में सहायक हो सकता है, पर दो संशय एक दूसरे का खुद से समाधान नहीं कर सकते।

जहाँ पर किसी बात अथवा मत के पीछे जो आधार दिया गया वहीँ संशय में है तो वह बात अथवा मत स्वयं संशय में आ जाता है।

कालातीत अथवा बाधित हेत्वाभास तब घटित होता है जब अपने मत का आधार इस प्रकार दिया जाता है जिसमें काल अर्थात समय की उपेक्षा कर दी जाती है। जैसे- किसी ने कहा कि शब्द उत्पन्न नहीं होता बल्कि वह पहले से था, जब कंठ, जिह्वा, ओष्ठ आदि का संयोग हुआ तो वह प्रकट हो गया, जैसे- किसी अँधेरे घर में घड़ा पहले से रखा था, लेकिन जब दीपक की रोशनी का संयोग हुआ तो वह प्रकट हो गया।

यह उदाहरण एक बार में यह सिद्ध करने में तो कामयाब हो जा रहा है कि शब्द उत्पन्न नहीं हो रहा है बल्कि वह पहले से ही है। पर वास्तव में शब्द पहले से था ही नहीं जब संयोग हुआ तभी वह उत्पन्न हुआ। शब्द की नित्यता और अनित्यता पर आगे चर्चा विस्तारपूर्वक है। इस प्रकार के हेत्वाभास को कालातीत हेत्वाभास कहते हैं।

14- छल - जब किसी के बात का उल्टा-पुल्टा या ऐसा अर्थ निकाला जाय जिसका अभिप्राय वास्तव में वह न हो, जो वह कहना चाहता था तो इसे ही छल कहते हैं। यह तीन प्रकार का होता है।

1- वाक छल 2- सामान्य छल 3- उपचार छल

जब किसी एक शब्द के दो अर्थ निकले और उसमें से जो गलत अर्थ निकले उसे पकड़कर किसी पक्ष का खंडन किया जाय और अपने पक्ष का समर्थन तो इसे वाक छल कहते हैं। जैसे- महाभारत में द्रोणाचार्य को शोक में डालने के लिए वाक छल किया गया था। अश्वत्थामा नाम का हाथी भी था और उनका पुत्र भी, पर हाथी की मृत्यु पर शोर इस प्रकार मचाया गया, मानो उनका पुत्र ही मर गया हो और इस छल के माध्यम से उन्हें युद्धक्षेत्र में शोकाकुल कर दिया गया। जब किसी शब्द के दो अर्थ निकले तो उसका मुख्य अर्थ छोड़कर दूसरे अर्थ को जानबूझकर ग्रहण करना वाक छल है।

जब किसी वाक्य को जिस अभिप्राय से बोला गया है, उस अभिप्राय को न पकड़कर भिन्न अर्थ लेकर वक्ता के पक्ष का खंडन किया जाय तो इसे सामान्य छल कहते हैं। जैसे- किसी ने नरेंद्र मोदी से पूँछा कि जिन मुसलमानों की मृत्यु हुई, क्या उसका उनको दुःख है? इस पर उनका जबाब आया कि एक कुत्ते का बच्चा भी गाड़ी के नीचे आ जाय तो दुःख होता है। इस वाक्य का स्पष्ट अर्थ है कि कोई छोटा से छोटा भी जीव हो यदि उसकी असमय मृत्यु होती है तो दुःख तो होता ही है, मनुष्य की तो बात ही छोड़िये। इस पर विपक्ष ने हमला बोल दिया की नरेंद्र मोदी ने मुसलमानो को कुत्ते का बच्चा कह दिया। इसी प्रकार के छल जिसमें बात का मुख्य अभिप्राय बदलकर कोई और अर्थ ले लिया जाता है, उसे सामान्य छल कहा जाता है।

छल का तीसरा प्रकार उपचार छल कहा जाता है। जब कोई बात कही जाती है तो उस बात का जो वास्तविक या सामान्य अर्थ निकालता है, उसे धर्म कहते हैं। पर यदि कोई उस धर्म को छोड़कर शब्दों के विन्यास को आधार बनाकर उसकी असम्भवता सिद्ध कर खंडन करे तो इसे उपचार छल कहते हैं। जैसे- किसी ने कहा कि वह इतनी दुखी थी कि उसकी आँखे पथरा गयी, इस पर किसी ने कहा कि आँख तो सुकोमल होती है, वह भला कैसे पथरा सकती हैं? किसी ने कहा कि ट्रेन प्लेटफार्म पर आ रही है, इस पर किसी ने जबाब दे दिया कि प्लेटफार्म पर ट्रेन कैसे आ सकती है? वह तो पटरी पर आएगी। जो शब्द जैसा है बिलकुल वैसा ही रखकर उसके मुख्य अर्थ को छोड़कर नए अर्थ को ग्रहण करना उपचार छल है।

इसके अलावा पश्चिम के विद्वानों ने छल के कई और तरीके बताये हैं जिसमें दो की चर्चा अत्यधिक आवश्यक है क्यूँकि आजकल खासकर जब टी.वी. डिबेट का बोलबाला अपने चरम पर है तब इस तरह के छल का उपयोग बहुत तेज़ है।

इसमें से प्रथम है आर्गुमेंटम ऐड होमिनेम और टो क्योक्यो

आर्गुमेंटम ऐड होमिनेम नामक छल में जब किसी पक्ष से कोई प्रश्न पूछा जाता है तो वह पक्ष निरुत्तर होने या हार निश्चित होने का आंकलन

हो जाने पर इस तकनीक को अपनाता है। इसके अंतर्गत वह प्रश्न का जबाब देने के बजाय प्रश्नकर्ता को ही मूर्ख अथवा प्रश्न पूछने के अयोग्य ठहराने का प्रयास करता है। जैसे- किसी बामपंथी से पूछा गया कि चीन की विस्तारवादी नीति पर वह चुप क्यों है? अब यदि उसके पास इसका जबाब नहीं होगा तो वह अपनी हार स्वीकार करने के बजाय उल्टा प्रश्नकर्ता को ही सांप्रदायिक, हाइपर नेशनलिस्ट आदि कहकर चुप कराने और उसे डिसक्रेडिट करने का प्रयास करेगा।

अगर अब प्रश्नकर्ता अपने मूल प्रश्न को छोड़कर ऐसे छल करने वाले के जाल में फसा तो वह भी मुख्य मुद्दा जिस पर विपक्षी का परास्त होना निश्चित था, उसे भूलकर सामने वाले का चरित्र हनन करना शुरू करता है और परास्त करने की संभावना को छोड़ देता है। ऐसी परिस्थिति को टो क्योक्यो कहते हैं।

हेतु अर्थात आधार को साबित करने के लिए जो अन्य उदाहरण अथवा प्रसंग चुनते हैं, उसे जाति कहते हैं। किसी प्रतिज्ञा का मंडन करना है तो साधर्म्ययुक्त जाति का चयन होता है जबकि किसी प्रतिज्ञा का खंडन करना है तो वैधर्म्ययुक्त जाति अथवा प्रसंग का चयन करते हैं।

15- जातिनिग्रह - जब चर्चा में ऐसी स्थिति बन जाय कि कोई एक पक्ष अतर्कसंगत बात करने लगे तो वाद-विवाद को समाप्त करने का समय आ जाता है, इसे ही **निग्रहस्थान** कहते हैं। वह स्थिति जब कोई एक पक्ष अपने प्रतिज्ञा के पक्ष में तो बोल रहा हो पर उसकी बाते, प्रसंग, हेतु आदि पूरी तरह अव्यवस्थित और व्यर्थ की हों तो इसे विप्रतिपत्ति कहते हैं जबकि उस स्थिति में जबकि एक पक्ष की बात गलत साबित हो जाने पर उसके पास कोई और दलील न बची हो तो उसे अप्रतिपत्ति कहते हैं। कहने का अर्थ है कि न्यायालय में दोनों पक्ष के अधिवक्ता खड़े हुए, अब यदि बहस के दौरान ऐसी स्थिति आ जाय कि एक पक्ष का अधिवक्ता अपने पक्ष में जो दलीले रख रहा है, वह अस्पष्ट, अव्यवस्थित और समझ के बाहर हैं तो भी वह हार जाएगा अथवा दूसरे पक्ष के अधिवक्ता

ने तर्क पर कसते हुए ऐसी स्थिति ला दी कि अब पहले पक्ष के पास कोई तथ्य तर्क बचा ही नहीं तब भी हार होगी।

इस निग्रहस्थान के बाद दोनों पक्ष की दलील रोक दी जाती है और जिस पक्ष के प्रतिज्ञा का मंडन हो गया उसे न्यायाधीश अथवा मध्यस्थ जीता हुआ पक्ष घोषित कर देता है।

16- तत्व ज्ञान - इसकी चर्चा अत्यधिक विस्तार से आगे के अध्यायों में की जायेगी।

अध्याय - 3

न्याय दर्शन

किसी भी विषय की परीक्षा प्रमाणों के द्वारा की जाती है, परन्तु स्वयं परीक्षण का कारण क्या है, यह भी विचारणीय प्रश्न है।

जब किसी विषय, वस्तु अथवा घटना के बारे में कोई निश्चित निष्कर्ष नहीं निकल पाता है, तो संशय की स्थिति उत्पन्न हो जाती है। उस संशय के निवारण के लिए ही परीक्षण किया जाता है। अतः सबसे पहले यह समझना आवश्यक है कि संशय क्या है और संशय को समझने से पहले यह परीक्षण भी आवश्यक है कि वास्तव में संशय जैसा कुछ होता भी है या फिर केवल ज्ञान और अज्ञान यहीं दो अवस्थाएं मनुष्य के भीतर पायी जाती है।

संशय हो सकता है अथवा नहीं, सबसे पहले इस पर प्रश्न खड़ा किया जाता है।

पहले परिस्थिति की कल्पना करते हैं। यदि हमने दो पदार्थों के बारे में जान लिया है और यह पता है कि इन दोनों के बीच यह ढेर सारे गुण एक-दूसरे से मिलते हैं और यह विशिष्ट गुण (अंतर करने वाला) नहीं मिलता, तो भी किसी प्रकार से पदार्थों के बारें में संशय उत्पन्न नहीं हो सकता। जब हमें समान लगने वाले पदार्थों के बीच उनको अलग-अलग साबित करने वाले गुणों का ज्ञान है तो भला संशय की उत्पत्ति कैसे हो सकती है अर्थात जब हमें किसी एक वस्तु में उससे मिलते-जुलते किसी अन्य वस्तु का भ्रम नहीं हो सकता तो संशय उत्पन्न नहीं हो सकता।

(संशय तो उसी समय उत्पन्न हो सकता है जब दो पदार्थ समान हों। समान का मतलब यह होता है कि जब किन्हीं दो पदार्थों के अधिकाँश

गुण मिल रहे हों। यह ध्यान रहे कि यदि दो पदार्थों के सारे ही गुण एक दूसरे से मिल गए तो वह समान नहीं हैं, बल्कि वह दोनों एक ही पदार्थ हैं।)

अब दूसरी परिस्थिति लेते हैं। यह मान लिया जाय कि किसी ने किसी वस्तु के बारे में अपने आधे-अधूरे ज्ञान से विपरीत अर्थ निकाल लिया, तब क्या होगा? किसी ने कभी सांप नहीं देखा और रस्सी के बारे में भी केवल आधी-अधूरी जानकारी है। अब ऐसी स्थिति में वह सांप को देखकर अपने आधे-अधूरी जानकारी से रस्सी बता दिया अर्थात किसी वस्तु को देखकर उससे समानता रखने वाले विपरीत वस्तु का अनुमान लगा लिया जाय तो भी भला संशय कैसे उत्पन्न हो सकता है? क्यूंकि उसने अपना निर्णय तो चुन ही लिया, भले वह गलत ही क्यों न हो।

अब तीसरी परिस्थिति लेते हैं। हमें किसी एक पदार्थ के बारे में पूरा-पूरा ज्ञान है, जबकि मैं दूसरे को बिलकुल भी नहीं जानता तो भी संशय उत्पन्न नहीं हो सकता, क्यूंकि सांप के सारे गुण मालूम हो और रस्सी के एक भी गुण न मालूम हो, तो भी यह निश्चय किया जा सकता है की यह सांप ही है अथवा नहीं। इस परिस्थिति में भी संशय कैसे उत्पन्न हो सकता है?

अब चौथी परिस्थिति लेते हैं। मान लिया कि किसी वस्तु के बारे में हमें पहले से ही संदेह था और उसी के शंका समाधान के लिए किसी ज्ञानी मध्यस्थ के सामने चर्चा की गयी और चर्चा के अंत में दो राय निकल कर आयी पहली विपरीत राय और दूसरी सही राय। जिस व्यक्ति को मध्यस्थ बनाया गया था, उसे तो असली बात पहले से पता है तो भला वह भ्रमित कैसे हो सकता है? और जो लोग उस चर्चा को सुन रहे थे वह तो पहले से भी संशय में थे तो भला उस विपरीत राय से अलग से उनमें संशय कहाँ से उत्पन्न हुआ?

इन सब स्थितियों को देखकर ऐसा लगता है कि किसी भी प्रकार से यह बात स्थापित करना संभव नहीं है कि संशय उत्पन्न भी हो सकता है।

वास्तव में किसी भी विवेचना में मनुष्य को या तो ज्ञान प्राप्त होता है या फिर मिथ्याज्ञान। दोनों स्थितियों में संशय नहीं हो सकता।

अब इसका खंडन करते हुए गौतम ऋषि कहते हैं कि समान धर्म को जान लेने के बाद किसी पदार्थ के विशिष्ट गुण को जान लेने की इच्छा संशय का कारण है। जिससे किसी पदार्थ के बारे में सही-सही जानकारी प्राप्त की जा सके। जो ज्ञानी है अथवा अज्ञानी है, उसे संशय नहीं रहता। साधारण धर्म (दो विपरीत वस्तुओं में समानता) अकेले कभी भी संशय उत्पन्न नहीं कर सकते। साधारण धर्म (समानता) का ज्ञान होने पर विशिष्ट धर्म (अलगाव) को जानने की इच्छा ही संशय है। किसी वस्तु को देखा तो उसका जो साधारण धर्म है, वह तो सहज ही प्राप्त हो गया सो उसकी इच्छा भी नहीं होती। जो धर्म साधारण रूप से नहीं दिख रहा है अर्थात विशिष्ट (अलगाव) है वहीं जानने की इच्छा अथवा जिज्ञासा संशय उत्पन्न कराती है।

जो यह तर्क दिया जा रहा है कि जो ज्ञानी मध्यस्थ था, वह चर्चा के बाद भी भ्रम में नहीं पड़ा और जो भ्रम में था, वह तो चर्चा के बाद भी भ्रम में रहा। अब प्रश्न यह उठता है कि जब कोई व्यक्ति भ्रम में था तब संशय (भ्रम) को कैसे नकारा जा सकता है? भ्रम और द्वन्द के कारण ही व्यक्ति प्रश्न-उत्तर, तर्क-वितर्क, वाद-विवाद करता है। यदि उस चर्चा में किसी विशेष युक्ति अथवा सूत्र से हल निकाल दिया तो संशय समाप्त हो गया और नहीं निकाल पाया तो संशय बना रहा। इसलिए यह कहना अनुचित है कि संशय का समाधान भी नहीं हुआ और संशय जैसा कुछ है भी नहीं। संशय है तभी तो उसका समाधान खोजा जा रहा है।

कहीं भी प्रश्न-उत्तर का होना ही संशय का प्रमाण है। संशय न ज्ञानी को होता है और न ही अज्ञानी को। संशय उस अल्पज्ञ और जिज्ञासु पुरुष को होता है जो ज्ञान प्राप्त करने की इच्छा रखता है। वास्तव में संशय का होना और उसके समाधान का प्रयास ही मनुष्य के मनुष्यता की विकासयात्रा है। मनुष्य ने आज जो भी उपलब्धि पायी है, वह संशय का समाधान खोजने के कारण ही पायी है। इस दुनिया में किसी भी विषय,

वस्तु अथवा घटना के बारे में प्रामाणिक ज्ञान अति आवश्यक है। मनुष्य विभिन्न विषयों अथवा वस्तुओं के बारे में जानकर ही उसे पाने अथवा छोड़ने का विचार बनाता है और उसी विचार से प्रेरित हो प्रयत्नपूर्वक कर्म में रमता है। यदि समय और ऊर्जा लगाने के बहुत समय बाद यह पता चले कि हम जिसे भला समझकर पाना चाहते थे वह तो कष्टकारी निकला, तो इससे जीवन का लक्ष्य दूर होता जाता है और जीवात्मा दुखी रहने लगता है। इसलिए प्रामाणिक ज्ञान को पाना जीवन का प्रथम लक्ष्य है अर्थात क्या हमारे हित में है और क्या अहित में, यह ठीक-ठीक पता लगाकर ही कर्म में रमना चाहिए।

लेकिन बाकी विषयों को प्रमाणित करें, उनसे पहले यह प्रमाणित करना आवश्यक है कि हम जिन बातों को प्रमाण मान रहे हैं, क्या वे वास्तव में प्रमाण मानने लायक हैं भी की नहीं? अतः प्रमाण के विभिन्न प्रकार जैसे प्रत्यक्ष, अनुमान आदि को भी प्रमाणित करना आवश्यक है, क्यूंकि हमारा मापन भी ठीक होना जरुरी है। कहने का तात्पर्य यह है कि जिन बातों को हम अदालत में सबूत और गवाह आदि के तौर पर मान्यता देना चाहते हैं, क्या वह उस लायक हैं भी की नहीं, वरना निर्णय गलत हो जाएगा।

सर्वप्रथम प्रतिपक्षी यह प्रश्न खड़ा करता है कि जिस प्रत्यक्ष को हम प्रमाण मानकर किसी वस्तु, घटना या विषय को प्रमाणित करते हैं, वह स्वयं संशय के घेरे में है। इसके पीछे का कारण यह है कि भूत, वर्तमान अथवा भविष्य किसी भी काल में प्रत्यक्ष ज्ञान, प्रमाण के रूप में सिद्ध होना कठिन है क्यूंकि यदि हम यह कहें कि प्रत्यक्ष प्रमाण वस्तु या घटना से पहले ही प्राप्त हो जाता है तो यह भी मिथ्या है क्यूंकि प्रत्यक्ष तो वह है जो पदार्थ और इन्द्रिय के सन्निघर्ष से उत्पन्न होता है (बाह्य घटना घटी, उसे तत्क्षण आँखों ने देखा अथवा कानों ने सुना)। पदार्थ और इन्द्रिय के संयोग से पूर्व कोई ज्ञान प्राप्त हुआ तो उसे प्रत्यक्ष कहा ही नहीं जा सकता।

इसी प्रकार यदि प्रत्यक्ष प्रमाण का ज्ञान हमें वस्तु अथवा घटना के बाद हो, तो भी इसका कोई अर्थ ही नहीं है क्यूंकि यदि हमें किसी वस्तु,

विषय अथवा घटना के बारे में पहले ही पता चल गया तो भला बाद में जो प्रमाण हमने जुटाया वह तो व्यर्थ का ही है। क्यूंकि हम पदार्थ अथवा घटना की जानकारी के लिए ही तो प्रमाण इकट्ठा करते है। परन्तु जब जानकारी पहले ही हो चुकी है तो भला अब किसी भी प्रकार के प्रमाण की क्या आवश्यकता है?

अब कोई यह कहे कि प्रत्यक्ष प्रमाण वर्तमान में प्राप्त होता है अर्थात उसके कहने का मतलब यह होगा की प्रमेय (विषय, वस्तु अथवा घटना) और प्रमाण दोनों की जानकारी एक साथ हो गयी तो भी यह असंभव प्रतीत हो रहा है। इसके पीछे का मूलभूत कारण यह है कि बाहरी किसी भी घटना की जानकारी जो हमारी इन्द्रियाँ जुटाती है, वो अंततः मन के माध्यम से ही हमारे आत्मा में प्रवेश करती हैं। चूँकि मन का यह विशेष गुण है कि वह एक साथ दो जानकारियों को नहीं ग्रहण होने देता, सो यह संभव नहीं लगता कि एक साथ हमें प्रमाण और प्रमेय दोनों की जानकारी हो जाय।

इस बीच इसमें भी संशय हो रहा है कि क्या वास्तव में मन एक समय में दो विषयों का ज्ञान नहीं होने देता? क्यूंकि जैसे हम कोई सिनेमा देखते हैं अथवा कोई गीत सुनते हैं, तो उस दृश्य अथवा गीत का आनंद लेने के साथ ही साथ हमें उस दृश्य के संवाद का अर्थ और गीत का भाव भी तो पता चलता रहता है। तो क्या इसे सत्य मान लिया जाय कि मन एक बार में दो विषयों का ज्ञान नहीं होने देता?

(वास्तविकता यह है कि हमारे कानों में शब्द पड़ता है और फिर उसका अर्थ लिया जाता है। हम कोई दृश्य देखते हैं और बाद में उस दृश्य के अर्थ को निकालते हैं, पर यह सब समय के प्रवाह में इतनी तीव्रता से घट रहा होता है कि हम उस गति को महसूस नहीं कर पाते और हमें यह सब एक ही काल में होता प्रतीत होने लगता है। कोई अब इस पर यह तर्क दे कि शब्द और उसका अर्थ अथवा दृश्य और उसका अर्थ दो अलग-अलग घटना या पदार्थ नहीं है बल्कि एक ही है, इसी कारण उनका ज्ञान, मन एक साथ कर देता है तो यह सत्य नहीं है। क्यूंकि यदि शब्द

और उसका अर्थ, लिपि और उसका अर्थ, दृश्य और उसका अर्थ, एक ही बात है तो यदि किसी व्यक्ति से हम ऐसा शब्द कहें जिसे वह नहीं जानता तो उसे उसका कोई अर्थ समझ में नहीं आएगा। इसी प्रकार किसी साधारण व्यक्ति को माइक्रोस्कोप अथवा टेलिस्कोप से दृश्य दिखा देने मात्र से वह कोशिका अथवा ब्रह्माण्ड का रहस्य नहीं समझ आ सकता। लिपि, भाषा अथवा दृश्य आदि के सम्बन्ध में धीरे-धीरे हम ट्रेंड होते जाते हैं और इस कारण उस दृश्य अथवा लिपि के अर्थ को हम बहुत तेजी से रिफ्लेक्स में समझना शुरू कर देते हैं। समय के साथ यह रफ़्तार इतनी तेज़ हो जाती है कि इधर लिपि पढ़ी और उधर अर्थ निकल आया। यह दोनों घटनाक्रम एक साथ घटित नहीं होते हैं बल्कि एक के बाद एक घटित होते हैं, परन्तु इतनी तीव्रता से घटते हैं कि हमें लगता है, हमें एक साथ दो चार चीजों का ज्ञान हो रहा है। पर वास्तविकता इससे अलग है और वह यह है कि मन एक बार में एक ही ज्ञान को होने देता है।)

पूर्व की चर्चा में प्रतिपक्षी ने जो भिन्न-भिन्न परिस्थितियाँ बताईं, उसमें तीनों काल में प्रत्यक्ष प्रमाण जैसे किसी संज्ञा का सिद्ध हो पाना असंभव प्रतीत हो रहा है।

उपरोक्त सभी संशयों का समाधान करने के लिए गौतम ऋषि अब अपना मत प्रकट करते हुए कहते हैं कि तीनों काल में प्रत्यक्ष ज्ञान का खंडन करना किसी भी प्रकार से उचित नहीं। प्रत्यक्ष ज्ञान को खंडित करने के लिए जो तर्क प्रकट किये गए हैं, वह अपने आप में मिथ्या है क्यूंकि खंडन भी तो तीनों काल में ही करना पड़ेगा।

इसको समझाते हुए कहते हैं, यह कहो कि प्रत्यक्ष प्रमाण का खंडन आपने उसका ज्ञान होने के पूर्व ही कर दिया तो भी यह असत्य है क्यूंकि जो घटना घटी ही नहीं अथवा जिस वस्तु की सत्ता ही नहीं थी उसका आप खंडन कैसे कर सकते हैं और यह मान लिया कि प्रत्यक्ष के प्रकट होने के बाद उसका खंडन कर रहे हैं तो यह भी असत्य है। जिस वस्तु के प्रकट होने को आप स्वीकार कर चुके हैं, उसी की सत्ता को भला आप कैसे अस्वीकार कर सकते है? अब यह कहो कि जिस क्षण वह

प्रकट हुआ, उसी क्षण आपने उसका खंडन कर दिया तो भी यह असंभव है क्यूंकि एक बार में या तो आप उसकी सत्ता को स्वीकार कर सकते हैं अथवा खंडन कर सकते है। दो कार्य एक साथ कभी नहीं कर सकते।

प्रमाणों के खंडन को सबसे पहले गौतम ऋषि ने असत्य साबित कर दिया। अब वह दूसरी परिस्थिति की कल्पना रचते हैं। वह कहते हैं कि अब हम यह मान लें कि प्रत्यक्ष, अनुमान आदि प्रमाणों को लेकर जो खण्डन किया गया, वह सही है तब क्या होगा?

किसी भी वस्तु, विषय अथवा घटना को सत्य-असत्य साबित करने के लिए प्रमाण की आवश्यकता होगी अर्थात यदि हम प्रत्यक्ष, अनुमान आदि प्रमाणों को गलत साबित करना चाहते हैं, तो भी उसके लिए कोई न कोई प्रमाण रखना होगा। अब प्रमाण को प्रमाण से खंडित करने का प्रयास होगा तो इस प्रकार के खंडन में प्रतिपक्ष विरुद्ध उदाहरण को ही ले लेगा, जिससे उसकी बात फिर से असत्य साबित हो जायेगी अर्थात प्रमाणों के खंडन का दो ही मार्ग दिखाई देता है पहला यह की खंडन करने वाला बिना प्रमाण इसे खंडित कर दे अथवा दूसरा यह कि प्रमाण देकर खंडित करे, दोनों स्थितियों में ही प्रतिपक्षी द्वारा प्रमाण को खंडित करने की बात असत्य साबित होगी।

किसी वस्तु का वजन प्रमाणित करने के लिए तुला के प्रमाण की आवश्यकता पड़ती है, पर जब इसी बात पर शंका उत्पन्न हो जाय कि क्या यह तुला अथवा बाट सहीं है? तो इसके लिए राज्य द्वारा स्थापित नाप-तौल विभाग के पास जो मानक बाट और तुला होता है, उससे तुला के प्रमाण को भी प्रमाणित किया जाता है। अतः किसी भी प्रकार से प्रमाणों का खंडन बिना प्रमाण के असंभव है।

अब आगे गौतम ऋषि कहते हैं कि ये सब तो शब्दों के मायाजाल हैं पर जब हम वास्तविक जीवन के उदाहरणों को देखेंगे तो हमें और अच्छी तरह पता चलेगा कि प्रमाण यदि घटना (प्रमेय) के बाद भी मिल रहा है, तो भी वह घटना (प्रमेय) का ज्ञान कराने में सहायक है। जैसे- किसी बंद घर के भीतर कोई वीणा अथवा सितार बज रहा हैं और वह हमारे

दृष्टि क्षेत्र के बाहर है परन्तु जैसे ही उसकी ध्वनि हमारे कानों में पड़ी, हम यह भलीभांति समझ जाते हैं कि उक्त घर में वीणा अथवा सितार बज रहा है। निश्चय ही वह ध्वनि कुछ क्षण के पश्चात हमें सुनाई दे रही है, परन्तु फिर भी वह हमें यह बता दे रही है कि उस बंद घर के भीतर क्या चल रहा है। अतः किसी भी प्रकार से यह कहना उचित नहीं है कि घटना (प्रमेय) के बाद प्रमाण के घटने से उसकी कोई उपयोगिता नहीं होती। घटना कभी भी घट जाय, उससे प्रमेय के जानने की इच्छा रखने वाले जिज्ञासु (प्रमाता) को कोई फर्क नहीं पड़ता। वह जिस क्षण उस घटना का प्रत्यक्ष हुआ, वह उसके बारे में समझ जाता है। बंद घर में बैठा व्यक्ति बिजली कब चमकी भले न देख पाए, पर कुछ क्षण बाद जब उसकी गरज़ने की ध्वनि उसके कानों में पहुँचती है, वह जान जाता है कि आकाश में बिजली कौंधी है।

अब एक नया प्रश्न भी इस बीच खड़ा हो गया कि क्या प्रमाण को भी प्रमाणित करने की जो युक्ति गौतम ऋषि ने ऊपर प्रश्नो के जबाब में सुझाई है, वह किसी प्रकार से उचित है?

इस बात पर प्रतिपक्षी कहता है कि जिस प्रकार प्रमाण को प्रमाण चाहिए, उसी प्रकार प्रमाण के प्रमाण को भी तो कोई न कोई प्रमाण चाहिए। यदि हम इसी तरह किसी वस्तु को प्रमाणित करने बैठ जाएँ तो प्रमाण के पीछे प्रमाण का यह तर्क तो अनंत तक पहुंच सकता है, जिससे अनवस्था दोष आ जायेगा।

अनवस्था दोष किसी चर्चा के दौरान उठे उस दोष को कहते है जहाँ चर्चा किसी निष्कर्ष पर पहुंचने के बजाय ऐसे रास्ते को पकड़ लेता है जहाँ पर बात का कोई मूल आधार ही नहीं मिलता। एक आधार खोजा जाता है तो उसके नीचे दूसरा आधार आ जाता है। इस प्रकार प्रकरण अनंत के घेरे में फस जाता है। ऐसे स्थिति को तर्क में अनुचित और मिथ्या माना गया है क्यूंकि हर घटना का कोई न कोई ठीक-ठीक निष्कर्ष अवश्य होता है, परन्तु हम यदि उस निष्कर्ष से भटक गए हैं तो इसमें उस चर्चा के अवस्था का दोष है, न कि घटना का। इसी अनवस्था दोष के सिद्धांत पर

ही कणादि ऋषि ने परमाणु का सिद्धांत दिया। उनका मानना था कि यदि हम किसी भी पदार्थ के एक के बाद एक छोटे-छोटे भाग करते जांय तो एक समय ऐसा आ जायेगा जब वह और छोटा नहीं हो पायेगा। वहीँ मूल कण परमाणु होगा। यदि पदार्थ को हम अनंत तक छोटा करते जाएंगे तो अंत में शून्य अर्थात अभाव बचेगा और अभाव से भाव की उत्पत्ति असंभव है। अर्थात शून्य में शून्य को अनंत बार जोड़ दें अथवा शून्य में शून्य का अनंत बार गुणा कर दें, अंतिम परिणाम शून्य ही निकलकर आएगा। अतः अभाव से भाव की उत्पत्ति असंभव है। इसी प्रकार ऊर्जा के सम्बन्ध में फोटान कणों की भी कल्पना अनवस्था दोष से निकलने के लिए ही बनाई गयी अर्थात ऊर्जा का भी एक सबसे छोटा अविभाज्य पैकेट है। अतः ऊर्जा को भी अनंत तक सूक्ष्म नहीं कर सकते।

प्रतिपक्षी गौतम ऋषि के सामने अब अगला तर्क लेकर आता है और कहता है कि जो आप प्रमाण के प्रमाण के लिए, प्रमाण की मनाही करेंगे तो आप बिना किसी प्रमाण, प्रमाण के प्रमाण को मान्यता दे देंगे और आप यह स्वीकार कर लेंगे कि बिना प्रमाण के भी प्रमाण के प्रमाण को माना जा सकता है। ऐसे में आप खुद से प्रमाण की आवश्यकता को खारिज कर देंगे और जो नहीं मानते तो अनवस्था दोष में फसना तय है।

अब प्रमाणों के सम्बन्ध में उठे अनवस्था दोष का निराकरण करते हुए गौतम ऋषि अपना सम्यक मत प्रकट करते हुए कहते हैं कि जैसे किसी वस्तु को देखने के लिए दीपक की आवश्यकता होती है, परन्तु स्वयं दीपक को देखने के लिए किसी और वस्तु की आवश्यकता नहीं होती। उसका प्रकाश ही उसका प्रमाण होता है। इसी प्रकार प्रमाण को प्रमाणित करने के लिए प्रमाण की आवश्यकता तो चाहिए पर प्रमाण के प्रमाण के लिए नया प्रमाण नहीं चाहिए।

इसको और भली प्रकार समझें तो किसी भी वस्तु की लम्बाई आदि नापने के लिए हमें मीटर के स्केल की जरुरत पड़ती है। परन्तु इस पर शंका हो जाय कि यह जो स्केल है वह ठीक है भी की नहीं, तो हम नाप-तौल विभाग के आफिस जाएंगे जिसके पास वह मानक ठीक रखने

की जिम्मेदारी है और उससे अपने मापक को मिलाकर संतुष्ट हो जायेंगे। पर किसी ने नाप तौल विभाग पर ही शंका कर दी तब क्या होगा?

अब कोई बहुत बड़ा शंकालु होगा तो वह अंत में इस प्रसंग पर पहुंच जाएगा कि एक मीटर वह दूरी है जो प्रकाश निर्वात में एक सेकेण्ड के 299 792 458वें भाग में तय करती है। अब यह एक अपरिवर्तनीय व्यवस्था है। इसके आगे किसी भी प्रकार की शंका करना मूर्खता है। इस प्रकार प्रमाण का प्रमाण मांग लेने पर अनवस्था दोष नहीं आता। अब कोई आगे बढ़कर यह कुतर्क करे कि उक्त समय में प्रकाश कितना दुरी तय करती है तो यहीं जबाब होगा एक मीटर। अब जाकर तर्क स्थिर हो जाता है।

अब प्रत्यक्ष प्रमाण पर उसके परिभाषा के आधार पर शंका उठाई जाती है। प्रतिपक्षी कहता है कि ऐसा प्रतीत होता है कि पूर्व में जो प्रत्यक्ष प्रमाण का लक्षण दिया गया वह अपूर्ण है। क्यूंकि यह कहा गया है कि इन्द्रिय और पदार्थ के बीच सन्निघर्ष से प्रत्यक्ष प्रमाण प्रकट होता है जबकि जब तक मन और आत्मा का मिलन इन्द्रिय से नहीं होगा, किसी भी प्रकार से ज्ञान की उत्पत्ति नहीं हो सकती। जैसे- इन्द्रिय और पदार्थ के बीच कोई अवरोध हो तो उस पदार्थ का ज्ञान असंभव है, उसी प्रकार इन्द्रिय और पदार्थ साथ में हो पर मन उसमें न लगा हो तो वह सूचना ज्ञान के रूप में परिवर्तित नहीं हो सकती। उदाहरण के लिए हमारे आँखों के सामने कोई अच्छी से अच्छी फिल्म चल रही हो, पर हमारा मन कहीं और लगा हो तो उस दृश्य और नेत्र का संपर्क होने के बावजूद परदे पर क्या चल रहा है, उसका कोई भी ज्ञान मनुष्य को प्राप्त नहीं होने वाला।

इसी प्रकार दिशा और काल भी ज्ञान के कारण हैं अर्थात कोई भी घटना टाइम और स्पेस के फ्रेम में घटित होती है। किसी भी घटना का कोई न कोई स्थान होता है, कोई समय होता है, दिशा होती है। जब तक कोई घटना कैसे घटी के साथ, कब और कहाँ घटी, यह न पता हो, वह जानकारी अपूर्ण ही मानी जाएगी। जैसे किसी ने कहा की बरसात होते मैंने देखा, तो अगला प्रश्न होगा कि कहाँ देखा और कब देखा?

वस्तुतः दुनिया में जो भी संवाद होता है, उसमें सभी जानकारियों के साथ ही साथ दो जानकारी और आवश्यक होती है, तभी उस घटना का प्रत्यक्ष घट सकता है और वह है स्पेस (स्थान) और टाइम (काल)। जैसे- किसी ने कहा कि हम सर्कस देखेंगे, या हम मिलेंगे तो यह घटना तब तक संभव नहीं है जब तक कि अगले व्यक्ति को यह न बताया जाय कि कब और कहाँ?

कहने का अर्थ यह है कि 'स्पेस' पदार्थ का पता बताता है और 'काल' उस पते पर मिलने की संभावना। अतः कोई भी जानकारी विशेषतः प्रत्यक्ष बिना स्पेस और टाइम के असंभव है।

अब इन दोनों प्रश्नों का जबाब देते हुए गौतम ऋषि संशय का समाधान करते हैं। वह कहते हैं कि ज्ञान आत्मा का लक्षण है जबकि मन एक साथ दो भिस भिस ज्ञान नहीं होने देता। यह दोनों का अपना-अपना नियत लक्षण है।

ज्ञान, आत्मा के अतिरिक्त किसी और को नहीं हो सकता। जबकि एक साथ एक ही ज्ञान हो यह व्यवस्था भी मन के अतिरिक्त कोई और नहीं कर सकता। जो व्यवस्था अपरिवर्तनीय है, उसको बार-बार कहने का कोई अर्थ नहीं होता। बार-बार चर्चा उन्हीं विषयों पर करना उचित है जो नियत न हों और बदल जाय। प्रत्यक्ष प्रमाण उत्पन्न होने के लिए पदार्थ और इन्द्रिय का सन्निघर्ष आवश्यक है जबकि उस सन्निघर्ष से उत्पन्न ज्ञान को आत्मा तक पहुंचने के लिए मन आवश्यक है। अतः यह सब कहने की बात नहीं है। जहाँ-जहाँ ज्ञान की उत्पत्ति है, वहां-वहां मन और आत्मा उपस्थित है। इसी प्रकार स्पेस और टाइम के सम्बन्ध में समझना चाहिए कि जब आत्मा कहीं पर रत हो गयी तो वह स्पेस और टाइम को स्वयं से ही समझ जाएगी।

जब किसी वस्तु का लक्षण कहा जाता है तो यह जानना आवश्यक है कि लक्षण के अंतर्गत केवल उन्हीं बातों को बताया जाता है जो कहीं और घटित न हों। अतः इन्द्रिय और पदार्थ का सन्निघर्ष केवल और केवल प्रत्यक्ष की विशेषता है, अतः यहीं इसका लक्षण है। जैसे- किसी ने पूछा,

हाथी कैसा है? किसी ने कहा कि जिसकी चार टांगें हैं, किसी ने कहा जिसकी एक पूछ है, किसी ने कहा जिसके दो कान हैं, किसी ने कहा कि जिसके पास सूंढ़ है। अब चार टांगें, दो कान आदि तो किसी भी जानवर में मिल सकते हैं पर जिसने सूंढ़ बताया उसने एक ऐसी पहचान बता दी कि हम कभी भी हाथी के बारे में संशय नहीं कर सकते क्यूंकि सूंढ़ ऐसा गुण है जो हाथी के अतिरिक्त कहीं और घटित नहीं हो सकता है। अतः यह उसका लक्षण हुआ। लक्षण में केवल विशिष्ट गुण ही कहना उपयुक्त है।

अब प्रतिपक्षी द्वारा इस पर शंका व्यक्त की जाती है कि क्या वास्तव में जो प्रत्यक्ष के लक्षण में इन्द्रिय और पदार्थों के सन्निघर्ष की प्रमुखता बताई गयी वह उचित भी है? इस पर यह प्रश्न उठाया जाता है कि यदि प्रत्यक्ष के लक्षण में से मन और आत्मा को हटा दिया जाएगा तो किसी भी कीमत पर ज्ञान का होना असंभव है।

इसका समाधान गौतम ऋषि देते हुए कहते हैं कि यह कहना उचित नहीं है। वास्तविकता तो यह है कि प्रत्यक्ष में यदि पदार्थ और इन्द्रिय का संयोग बहुत प्रबल हो, तो मन और आत्मा न चाहते हुए भी ज्ञान को प्राप्त कर सकते हैं अर्थात यहाँ पर मन और आत्मा से ऊपर पदार्थ और इन्द्रिय की स्थिति है।

उदाहरण के लिए मान लीजिये कि कोई व्यक्ति सोया हुआ है, आत्मा और मन एकदम शांत है। अब अचानक बहुत तेज़ आवाज में बिजली कड़क गयी। न मन अपना काम कर रहा था, न आत्मा ज्ञान में रत थी, लेकिन जब घटना (पदार्थ) और इन्द्रिय का तीव्र संयोग हुआ तो इन्द्रिय ने उस सूचना से मन को कम्पित कर उसे अपने तरफ खींच लिया और उसको काम करने के लिए मज़बूर कर दिया और जब मन सक्रिय हो जाता है तो व्यक्ति अनमने भाव से ही सही जाग गया। जागने के कुछ सेकेण्ड बाद तक वह निरपेक्ष भाव से चीजों को देखता रहा पर समझ कुछ नहीं आ रहा होता है। लेकिन कुछ ही क्षण बाद मन में जो कम्पन हुआ था, उस सूचना से ज्ञान की प्राप्ति शुरू हो जाती है। अतः प्रत्यक्ष

प्रमाण में पदार्थ और इन्द्रिय आदेशात्मक भूमिका में भी आ सकते हैं, यदि उनकी प्रबलता अधिक हो तो। जब घटना अथवा कार्य बलवान होता है तो इन्द्रिय भी बलवान हो जाती है जबकि जब कार्य सूक्ष्म होता है तो मन को उधर लगाकर उसे ग्रहण करना पड़ता है।

इसी प्रकार यह भी समझना आवश्यक है कि जो भी इन्द्रिय विषयक ज्ञान हैं वह किसी भी कीमत पर बिना इन्द्रियों की सहायता के ज्ञात नहीं हो सकते। स्वप्न की अवस्था में बिना पदार्थ के विभिन्न विषयों जैसे दृश्य, श्रव्य, स्पर्श, कामादि का सुख प्राप्त हो जाता है परन्तु यदि इन्द्रियां न हों तो यह असंभव है। जैसे- किसी ने केवल गुलाब जामुन देखा भर हो पर कभी खाया न हो, तो गुलाब जामुन के सपने में आने पर भी वह उसका स्वाद नहीं जान सकता। इसी प्रकार किसी जन्मांध व्यक्ति को स्वप्न में कभी कोई दृश्य दिखाई नहीं पड़ सकता। वह स्वप्न में भी केवल स्पर्श और श्रव्य ही महसूस कर सकेगा। अतः मन एवं आत्मा, विषयों के सम्बन्ध में जो भी ज्ञान रखता हैं, उसके लिए वह किसी न किसी प्रकार से इन्द्रियों पर ही निर्भर होता हैं, अतः इन्द्रियों की अवहेलना नहीं हो सकती। इसी प्रकार इन्द्रियाँ भी पदार्थ पर निर्भर हैं।

अब प्रतिपक्षी द्वारा प्रत्यक्ष प्रमाण पर दूसरे प्रकार से आक्षेप किया जाता है और कहा जाता है कि हम किसी वस्तु के एक हिस्से को देखकर उसके पुरे हिस्से को जान जाते हैं, अतः यह तो अनुमान प्रमाण ही है, इसे प्रत्यक्ष क्यों कहा जाय? जैसे- हमने एक कार देखा और उसके आगे का ही हिस्सा हमें दिखा और हमने यह मान लिया कि यह कार है। यदि हमें कंपनी का लोगो और मॉडल भी लिखा दिख गया तो हमें उसके पिछले हिस्से और अगल-बगल का भी ज्ञान हो जाता है। अर्थात प्रत्यक्ष हुआ केवल आगे का भाग और ज्ञान हुआ पूरे का। इसका मतलब है कि यह तो एक प्रकार से अनुमान ही है। इसको प्रत्यक्ष कहने का प्रयास अनुचित है।

इस पर गौतम मुनि कहते हैं कि अनुमान, उपमान आदि की सत्ता प्रत्यक्ष के बिना असंभव है। जब हमनें किसी वस्तु का थोड़ा सा हिस्सा देखा, उस क्षण तो उस पदार्थ और हमारे इन्द्रियों के बीच सन्निघर्ष हुआ

था। जितना भाग दिखा वह तो प्रत्यक्ष ही दिखा, यह तो स्वीकारना होगा। इस कारण प्रत्यक्ष की सत्ता नष्ट नहीं हो सकती। अनुमान उसके पीछे-पीछे चलकर आया। हमने कार के अगले भाग को प्रत्यक्ष किया, उसके बाद उसकी कंपनी और मॉडल को समझा और फिर उसके बाद उसका पिछला हिस्सा कैसा होगा, अंदर कैसा होगा, यह अनुमान लगाया। यदि हम घने काले बादल देखकर तेज़ वर्षा का अनुमान लगा रहे हैं, तो भी तो उसके लिए हमें घने काले बादल से प्रत्यक्ष होना ही होगा।

वस्तुत अनुमान, उपमान आदि प्रमाण प्रत्यक्ष पर ही निर्भर होते हैं। बिना प्रत्यक्ष के अनुमान, उपमान आदि प्रकट ही नहीं हो सकते। अतः किसी भी प्रकार से प्रत्यक्ष प्रमाण को चुनौती नहीं दी जा सकती, न लक्षण के आधार पर, न सत्ता के आधार पर, न प्रमाण के आधार पर। प्रत्यक्ष प्रमाण की सत्ता सिद्ध है।

इसके बाद प्रतिपक्षी एक नया तर्क लाते हुए कहता कि किसी भी वस्तु के सम्पूर्णता से ज्ञान के लिए उसको पूर्ण रूप से जानना आवश्यक है, परन्तु हम किसी वृक्ष के एक हिस्से को देखकर उसके पुरे संरचना को स्वीकार कर लें, यह ठीक नहीं है। हमने जिसको 'जानने' के वास्ते पूरा प्रयोजन किया था, अब उसी को हम 'मान' ले रहे हैं जबकि हमको तो उसे सिद्ध करना था।

इसका समाधान गौतम ऋषि रखते हुए कहते हैं, अवयव (कम्पोनेंट) और अवयवी (कम्प्लीट) दो अलग-अलग वस्तुएं हैं, परन्तु अवयव (कम्पोनेंट) से ही अवयवी (कम्प्लीट) की पहचान हो जाती है। यह कहना उचित नहीं है कि जब तक हम सारे अवयव (कम्पोनेंट) को खोज-खोज कर देख नहीं लेते, तब तक उसके अवयवी (कम्प्लीट) को स्वीकार नहीं करेंगे। किसी भी अवयवी के एक हिस्से को देख कर उसके सम्पूर्ण सत्ता का स्वयं भान हो जाता है। उदाहरण के लिए हमने कोई ऐसी वस्तु देखी जो सड़क पर चल रही थी, उसमें चार पहिये थे और आगे हेडलाइट था, तो हमने उसे कार स्वीकार कर लिया। अब कोई यह कहे कि जब तक हम उसे खोलकर उसमें इंजन, सीट, स्टेयरिंग आदि नहीं देख लेंगे तब तक

उसे कार नहीं मानेंगे तो यह कोरी मूर्खता की बात होगी। इस तरह का तर्क यदि हम करने बैठ जाएंगे की जब तक हमें एक-एक अवयव का ज्ञान नहीं होगा तब तक अवयवी की सत्ता ही स्वीकार नहीं करेंगे, उस परिस्थिति में कार का पहिया दिखाया जाएगा तो वह टायर और उसका फ्रेम देखने की इच्छा व्यक्त करेगा और उससे भी बहस आगे बढ़ते-बढ़ते परमाणु पर पहुंच जायेगी और परमाणु तो इन्द्रिय क्षमता के बाहर की वस्तु हैं। अतः यह कहना कि जब तक एक-एक अवयव (कम्पोनेंट) की सम्पूर्ण जानकारी न हो, अवयवी (कम्प्लीट) की जानकारी नहीं हो सकती, अनुचित है। इस प्रकार तो सारी दुनिया जिन सबसे सूक्ष्म अवयव अर्थात परमाणु से बनी है, हम न तो उसको देख सकते हैं और न ही महसूस कर सकते है। तो क्या इसका मतलब यह निकाल लिया जाय कि हमें कभी कोई ज्ञान ही नहीं होता?

अब प्रतिपक्षी प्रश्न उठाता है कि यह जो कहा गया, अवयव (कम्पोनेंट) की सत्ता से भिन्न अवयवी (कम्प्लीट) की सत्ता है, उचित नहीं है। क्यूंकि आखिरकार अवयव (कम्पोनेंट) ही तो आपस में मिलकर अवयवी (कम्प्लीट) का निर्माण कर रहे हैं, तो भला भिन्न सत्ता क्यों?

इसका समाधान करते हुए गौत्तम ऋषि कहते हैं कि धारणा (बॉन्डिंग) और आकर्षण (अट्रैक्शन) यह दो ऐसी शक्तियां हैं जो अवयवी और अवयव की सत्ता को भिन्न-भिन्न कर देती हैं अर्थात टायर अलग है, बॉडी-फ्रेम अलग है, इंजन अलग है, स्टेरिंग अलग है, तो इसको हम कार नहीं कह सकते। जब हम नट-बोल्ट अथवा वेल्डिंग आदि उपायों से इनको आकर्षण शक्ति के अधीन करके एक क्रम से इनको व्यवस्थित कर देते हैं तभी उसे कार कहा जा सकता है। मान लीजिये कि कहीं पर नीम की पत्तियां अलग हैं, डाली अलग है, मुख्य तना अलग है और जड़ अलग, तो उसमे से किसी भी एक हिस्से को हम नीम का पेड़ नहीं कह सकते। परन्तु जब वह आपस में एक-दूसरे से धारणा (बॉन्डिंग) और आकर्षण (अट्रैक्शन) के कारण जुडी हुई थी तब हम उसे नीम का पेड़ कह रहे थे। यहाँ तक की उसकी एक पत्ती की तरफ भी इशारा करके हम उसे नीम का पेड़ कह सकते थे और तने की तरफ भी।

इस दुनिया में जो भी दृश्यमान जगत है उसमें परमाणु अर्थात मूल कण ही अवयव (कम्पोनेंट) हैं। यह मूल कण विभिन्न प्रकार के बांड बनाकर अणु एवं स्थूल स्वरुप को धारण करते हैं।

अवयवी (कम्प्लीट) का अर्थ सभी अवयवों (कम्पोनेंट) का जोड़ भर नहीं है बल्कि अवयवी (कम्प्लीट) का वास्तविक अर्थ है सभी अवयवों (कम्पोनेंट) का जोड़ एवं उनके बीच धारणा एवं आकर्षण शक्ति। इसी कारण दोनों की अपनी भिन्न-भिन्न सत्ता सिद्ध है।

विभिन्न अवयवों के बीच जो आकर्षण है, उसी कारण जब अवयवी के एक हिस्से पर बल लगाया जाता है तो वह सम्पूर्ण हिस्से पर कार्य करता है अर्थात हम किसी कार को आगे या पीछे कहीं से भी धक्का दें तो पूरी कार चल पड़ेगी, परन्तु कोई यही काम इनके पुर्जों को अलग-अलग करके करें तो यह हो पाना असंभव है। इसी प्रकार नीम का पेड़ जब तक पेड़ के स्वरुप में है, तब तक उसके किसी एक हिस्से को खींचा जाय तो वह हिस्सा सम्पूर्ण पेड़ को अपनी तरफ खींचने का प्रयास करता है और यह प्रयास तब तक रहता है जब तक वह अवयव, उस अवयवी की सत्ता के अधीन बना हुआ है अर्थात एक पत्ता भी खीचेंगे तो वह सम्पूर्ण वृक्ष को अपनी और खीचेगा। जिस क्षण वह पत्ता अलग हुआ अब वह अवयवी की सत्ता से अलग अस्तित्व में आ गया तो उस पर लगा बल पेड़ की तरफ नहीं जा सकेगा।

इस दृश्यमान जगत में हर वस्तु परमाणु से बनी है। अतः ऐसे में यह धारणा और आकर्षण की शक्ति अर्थात बांड और अट्रैक्शन उनके बीच न होता तो सृष्टि किसी भी प्रकार का निर्माण संभव ही न था।

अवयव और अवयवी की भिन्न-भिन्न सत्ता समझना अति आवश्यक है। यह मान लेना कि मनुष्य का अर्थ उसकी चमड़ी, उसके अंग, उसकी बुद्धि आदि का समन्वय भर है, कतई उचित नहीं। ये सब मात्र अवयव हैं। आत्मा ही वह अवयवी है जो इन सबके समन्वय का कारण है, जिसके जाने के उपरान्त यह सब अपने धारणा और आकर्षण को छोड़कर छिन्न-भिन्न हो जाते हैं। इस तर्क में भी एक नया तर्क दिया जाता है

कि यदि हम यह बात सत्य मान लें कि एक अवयव (कम्पोनेंट) को ही देखने से सम्पूर्ण अवयवी (कम्प्लीट) का ज्ञान हो जाता है, तब तो कोई किसी विशाल सेना के एक हिस्से को देखकर या किसी जंगल के एक कोने को देखकर यह कह सकता है कि उसे सम्पूर्ण सेना अथवा जंगल का ज्ञान हो गया, जो किसी भी प्रकार से उचित नहीं है।

इसका समाधान करते हुए गौतम ऋषि कहते हैं कि सेना अथवा वन का उदाहरण किसी भी प्रकार से अवयव और अवयवी को समझने के लिए उचित नहीं है क्यूंकि वास्तविकता यह है कि सेना का एक एक व्यक्ति स्वयं में अलग-अलग है और वह स्वयं अवयवी है। हमें दूर से देखने पर सेना अथवा जंगल एक वस्तु प्रकट होते हैं पर पास जाकर देखते हैं तो पता चलता है कि वह सब अलग-अलग हैं। जंगल का एक-एक वृक्ष अलग-अलग है, सेना का एक-एक जवान अलग-अलग हैं। हम किसी एक जवान पर अथवा वृक्ष पर बल लगायेंगे अथवा खींचेंगे तो वह बल अथवा खिंचाव अन्य सैनिक या वृक्ष महसूस नहीं कर सकते।

यह संभव है कि किसी एक वृक्ष को काटकर खींचा जाय तो कुछ लताओं आदि पर वह बल लग सकता हैं तो उसका भी कारण वहीं होगा अर्थात जिन लताओं को उस वृक्ष ने धारण किया था अथवा जो लता उस वृक्ष से आकर्षित होकर उस पर लिपट गयी थीं, उसी पर बल लगेगा। अतः धारणा और आकर्षण, सेना अथवा वन के उदाहरण में उचित नहीं है।

इस चराचर जगत में हम जो भी देखते हैं, वह अणुओं-परमाणुओं का महासमूह है। उस महासमूह की सत्ता इनके बीच स्थापित विभिन्न प्रकार के बांड से उत्पन्न है। प्रत्यक्ष ज्ञान, इन्द्रिय और पदार्थ के सन्निघर्ष से उत्पन्न होता है, अतः अणुओं-परमाणुओं को समझने की क्षमता प्रत्यक्ष ज्ञान से संभव नहीं है। अनुमान तथा गणितीय सूत्र इसी कारण इनको समझने के लिए आवश्यक हैं।

इस प्रकार प्रत्यक्ष प्रमाण के बारे में प्रामाणिक रूप से सभी प्रश्नों का समाधान कर इसे प्रमाण के रूप में स्वीकार किया जाता है।

अध्याय - 4

न्याय दर्शन

प्रत्यक्ष प्रमाण की सिद्धि के उपरान्त अब अनुमान प्रमाण के प्रामाणिक होने की परीक्षा की जायेगी। भारतीय प्रामाण्य दर्शन की प्रमाणिकता की यह पराकाष्ठा है कि यहाँ पर प्रत्येक प्रमाण को भी प्रमाणित होना आवश्यक है अर्थात दूसरों को उपदेश देने से पहले स्वयं पर लागू करना। प्रमाण किसी बात को प्रमाणित करें, उससे पहले उन्हें भी स्वयं के वैधानिकता को प्रमाणित करना पड़ रहा है।

अनुमान प्रमाण के बारे में पूर्व में ही इतनी चर्चा हो चुकी है कि यह तीन प्रकार का अर्थात पूर्ववत, शेषवत और सामान्यवत होता है। जब बादल को देखकर वर्षा का अनुमान हो, तो यह पूर्ववत, कीचड़ को देखकर पूर्व में वर्षा का अनुमान हो तो यह शेषवत और धुंआ देख आग का अनुमान हो तो यह सामान्यवत अनुमान का उदाहरण है।

इस पर प्रतिपक्षी प्रश्न उठाता है कि कई बार 'रोध', 'उपघात' अथवा 'सादृश्य' से हम अनुमान में भ्रमित होकर गलत निर्णय कर बैठते हैं। सारा प्रयोजन सहीं निर्णय के लिए हो रहा था, जिससे सुख की प्राप्ति होनी थी और अनुमान को हमने प्रमाण मान लिया और भ्रमवश गलत निर्णय कर बैठे तो अंत में केवल दुःख मिलेगा। अतः अनुमान को प्रमाण मानना किसी भी प्रकार से उचित नहीं है।

कहीं किसी पहाड़ पर किसी ने नदी पर एक 'रोध' लगा दिया, अब अचानक उसको हटा दिया। उसका पानी जब बड़ी तेजी से बहता हुआ आया, तो नीचे बैठे व्यक्ति ने अनुमान लगा लिया कि ऊपर पहाड़ पर बड़ी तेज़ बारिश हुई है, इसी कारण इतना पानी आ रहा है।

अथवा किसी ने चींटियों के बिल में 'उपघात' कर दिया, जिस कारण वो अंडे लेकर तेजी से इधर-उधर भागना शुरू कर दीं। अब किसी ने चींटियों को अंडे लेकर भागते देखा तो यह समझ लिया कि बस अब बरसात आने ही वाली है, इसलिए ये अंडे लेकर भाग रहीं हैं।

इसी प्रकार किसी मनुष्य ने जंगल में मोर के जैसा आवाज उत्पन्न करके 'सादृश्य' पैदा कर दिया और जो व्यक्ति जंगल के बाहर बैठा था, उसने सोच लिया कि अंदर वास्तव में मोर ही है।

इन तीनों परिस्थितियों में अनुमान प्रमाण गलत निर्णय करा रहा है, अतः इसको प्रमाण मानना उचित प्रतीत नहीं होता।

वास्तव में उपरोक्त तीनों उदाहरण चाहे वह रोध हो, उपघात हो अथवा सादृश्य, तीनों एक तरह से सादृश्य ही हैं। कुल मिलाकर ऐसा दृश्य उपस्थित किया जा रहा है, जिसको समझने से जिस घटना का अनुमान हम लगा रहे हैं उस वास्तविक घटना के अतिरिक्त कोई और घटना घटने की समझ बुद्धि में जन्म ले रही है जो कि मिथ्या है। ऐसी परिस्थिति में न्यायाधीश द्वारा अपराधी पक्ष का वकील शंका का लाभ दिला कर अनुमान प्रमाण का खंडन करते हुए अपराधी को दोषमुक्त सिद्ध कर सकता है। अदालतों में सादृश्य के उदाहरण खूब देखने को मिलते हैं। जैसे- किसी का गला दबाकर हत्या कर दिया गया, फिर उसे फांसी पर लटकाकर आत्महत्या का सादृश्य उत्पन्न कर दिया गया।

इसका उत्तर देते हुए गौतम ऋषि कहते हैं कि अनुमान प्रमाण को गलत साबित करने के लिए जो उपरोक्त उदाहरण प्रस्तुत किये गए वह ठीक नहीं हैं। एक-एक कर के वह अनुमान प्रमाण पर लगे तीनों आरोपों का जबाब देते हैं।

वह कहते हैं कि मान लीजिये की किसी ने रोध लगाकर अचानक जल को बहने के लिए छोड़ दिया और अन्य ने उसे बरसात समझ लिया तो यह समझने वाले की मूर्खता है, इससे अनुमान प्रमाण पर प्रश्न खड़ा नहीं होता। जैसे- बांध से कोई जल छोड़ा गया तो सर्वप्रथम मौसम देखकर

पता चल जायेगा कि इस समय बादल तो नहीं हैं, जो जल आ रहा है उस का वेग पहले जो वेग हुआ करता था, उससे बहुत तीव्र है। जल के साथ फेन आदि उतनी मात्रा में दिखाई नहीं पड़ रहा है। कोई भी योग्य व्यक्ति यह बता देगा कि जो पानी आ रहा है वह बाँध का है अथवा वर्षा का।

दूसरा जो उदाहरण उपघात का दिया गया, तो उसका निशान चींटियों के बिल के आस-पास स्पष्ट दिखाई देगा। वह स्वयं से अंडे लेकर भाग रही होंगी तो उनके बिल पर हिंसा का निशान नहीं दिखेगा, जबकि उपघात में स्पष्ट निशान मौजूद होंगे।

इसी प्रकार साद‍ृश्य का उदाहरण देकर जो यह कहा गया कि किसी ने जंगल में मोर की आवाज निकाल दी तो बाहर बैठे व्यक्ति को यह मिथ्याज्ञान हो गया कि अंदर वास्तव में मोर ही है, अनुचित है। जो मनुष्य मोर के आवाज को पूरी बारीकी से समझता है, वह तुरंत बता देगा कि यह असली आवाज है अथवा नकली।

उपरोक्त तीनों उदाहरणों के आधार पर यह सिद्ध करने की कोशिश की गयी कि विभिन्न प्रकार के छल और धोखे के माध्यम से एक ऐसी स्थिति बनाई जा सकती है जिससे ठीक-ठीक अनुमान लगा पाना मुश्किल हो जाय लेकिन जिस व्यक्ति के पास अनुमान लगाने की ठीक-ठीक पात्रता होगी, वह इन छल और धोखे में से वास्तविक सत्य क्या है, इसका स्पष्टता से अनुमान लगा लेगा। जैसे- किसी व्यक्ति की लाश पानी में मिली। एक पक्ष ने कहा कि इसकी मृत्यु पानी में डूबने से हुई है जबकि दूसरे पक्ष ने कहा कि इसकी पहले हत्या की गयी फिर इसे छल करने के लिए पानी में फेंक दिया गया। ऐसे द्वन्द की स्थिति में सामान्य व्यक्ति यह नहीं समझ पायेगा कि सत्य क्या है? अतः अनिर्णय अथवा गलत निर्णय की स्थिति बन जायेगी। पर जब उस लाश का पोस्टमार्टम कर उसके फेफड़े की जांच की जायेगी और उसके बोन मैरो आदि का अध्ययन किया जाएगा तो यह स्पष्ट अनुमान हो जाएगा कि मृत्यु का वास्तविक कारण क्या है। अतः अनुमान का प्रमाण होने में कोई संशय नहीं है, बशर्ते उसकी घोषणा किसी पात्र व्यक्ति द्वारा हो।

प्रत्यक्ष जो दिखता है वह होता है, उसमें कोई विकल्प नहीं होता पर अनुमान में विकल्प होता है। कौन सा विकल्प सही है और कौन सा गलत, उसे ज्ञानी व्यक्ति ही पूरी सत्यता से बता सकता है।

अब प्रतिपक्षी द्वारा अनुमान प्रमाण में एक दूसरा संशय उत्पन्न किया जाता है और वह ये कि अनुमान अथवा प्रत्यक्ष प्रमाण में भी जिस ''वर्तमान'' शब्द की चर्चा हो रही है, वह संभव प्रतीत नहीं होता अर्थात प्रत्यक्ष भी वर्तमान में घटित होता है और अनुमान के बारे में भी कहा गया है कि यह भूत वर्तमान और भविष्य तीनों काल में घटित होता है, परन्तु वर्तमान जैसा कुछ होता ही नहीं है। क्यूंकि जब कोई फल वृक्ष से अलग होकर गिरता है तो जितना रास्ता उसने वृक्ष से धरती की तरफ तय कर लिया वह तो भूतकाल हो गया और जो रास्ता अभी तय करना बाकी है वह भविष्य है, इन दोनों के बीच और कोई ऐसी जगह ही नहीं है उस रास्ते के बीच, जिसे वर्तमान कहा जा सके। इस प्रकार ऐसा प्रतीत होता है कि यह जो कहा जाता है कि काल तीन प्रकार के होते हैं, वह असत्य है। वास्तव में वह केवल दो ही प्रकार के होते हैं।

इसका समाधान करते हुए गौतम ऋषि कहते हैं कि बिना वर्तमान के भूत और भविष्य काल की सत्ता समाप्त हो जायेगी। वर्तमान ही भूत और भविष्य का कारण है। जिस स्थिति की तुलना से भूत और भविष्य को परिभाषित किया जाता है, वह वर्तमान है। समय वास्तव में घटनाओं के घटने का क्रम है, जिसका सम्बन्ध अनित्य अर्थात नाशवान पदार्थों से है। नित्य पदार्थ हमेशा एक जैसे होते हैं, उनमें कोई घटनाएं नहीं घटती। अतः वह समय की परिभाषा से बाहर हैं। जबकि अनित्य पदार्थों में परिवर्तन होता रहता है, उन परिवर्तनों के क्रम का निर्धारण ही समय है। समय एक एकदिशीय प्रवाह है, जहाँ पर जो घटनाएं घट चुकी हैं उसमें कोई हस्तक्षेप संभव नहीं है। वर्तमान में हस्तक्षेप करके भविष्य के घटनाओं का निर्धारण अवश्य संभव है। जो अभी किया जा रहा है, वह वर्तमान है। यदि वर्तमान को काल निर्धारण से अलग कर दिया जाय तो दूसरी और समस्या आ पड़ेगी, जैसी समस्या से पश्चिम का विज्ञान एवं दर्शन बहुत समय तक जूझता रहा।

उदाहरणार्थ

समय क्या है?

जिसे घड़ी नापता है।

घड़ी क्या है?

जो समय नापता है।

इस मामले में न हमें घड़ी की परिभाषा मालूम है और न ही समय की, दोनों की परिभाषा एक दूसरे पर आरोपित कर वास्तविक अर्थ नहीं पाया जा सकता। उसी प्रकार यदि वर्तमान को हटा लिया जाय तो जब यह पूछा जायेगा कि भविष्य क्या है तो उत्तर होगा जो भूत नहीं है और जब भूत क्या है पूछा जाएगा तो उत्तर होगा जो भविष्य नहीं है। अतः दोनों में से किसी को परिभाषित करना मुश्किल हो जायेगा। इस तरह के तर्क दोष को अन्योन्याश्रित दोष कहते हैं।

वर्तमान का लोप होने से प्रत्यक्ष का भी लोप हो जाएगा जबकि प्रत्यक्ष को हम पहले ही प्रमाणित कर चुके हैं, जहाँ यह भी सिद्ध है कि अनुमान का कारण भी प्रत्यक्ष अनुभव ही हैं। अतः वर्तमान को किसी भी तरह से नकार देना, अनुचित है। काल की व्यवस्था तीन ही है। प्रत्यक्ष के लोप से नित ज्ञान के ग्रहण करने के प्रक्रिया पर रोक लग जायेगी। प्रत्यक्ष के लोप होने से अनुमान और उपमान भी समाप्त हो जाएंगे। इस प्रकार ब्रह्माण्ड से ज्ञान का भी लोप हो जायेगा।

अभी तक यह बात हुई कि भूत और भविष्य के परिभाषा हेतु वर्तमान का होना जरुरी है, अब इनकी परिभाषाओं को समझना आवश्यक है।

कृतता, क्रियमाण और कर्तव्यता, यह क्रमशः भूत, वर्तमान और भविष्य को परिभाषित करने वाले शब्द हैं। कोई कार्य जिसकी क्रिया होकर समाप्त हो चुकी है, वह कृतता है। कृतता ही भूतकाल है। जैसे- मैंने अपना घर बदल दिया, यह कृतता है, घर बदलने का कार्य पूर्ण हो चुका है।

क्रिया रूप संतान के उत्पत्ति हेतु उसमें रत रहना वर्तमान है।

जब तक क्रिया रूप संतान को उत्पन्न करने की इच्छा मात्र है पर क्रिया उत्पन्न नहीं हुई है, वह कर्तव्यता है, जो भविष्य है।

जब तक कोई कार्य मानसिक अवस्था में है अथवा उसको उत्पन्न होने वाले कारण प्रकट हो रहे थे, वह भविष्य है। जब वह कार्य होने लगा, तो वह क्षण जब से कार्य शुरू हुआ और जब तक समाप्त हुआ वर्तमान है। जबकि कार्य जब समाप्त हो गया, उसके बाद से उस कार्य का सम्बन्ध समय की धारा में भूत काल से हो गया। मनुष्य हमेशा वर्तमान में चल रहा है, जो जो घटनाएं होती जाती है उसकी तुलना से तीनों कालों का निर्धारण होता रहता है।

क्रिया से कार्य अथवा परिणाम होता है।

कोई कार्य अथवा परिणाम विचार रूप में आया लेकिन उसका प्रकटीकरण नहीं हुआ तो वह कार्य भविष्य है। कोई कार्य अथवा परिणाम विचार में आया और उसके प्राप्ति के लिए क्रिया में लीन हो गए तो जब तक उसमें लीन हैं, वह वर्तमान है। जो कार्य अथवा परिणाम क्रिया के उपरान्त संपन्न होकर प्राप्त हो गया अथवा प्राप्त होने के उपरान्त नष्ट भ्रष्ट हो गया, वह भूत है।

समय के बारे में कुछ महत्वपूर्ण प्रश्न और उसके उत्तर

समय क्या है?

घटनाओं में परिवर्तन की दर।

घटनाओं में परिवर्तन कैसे हो सकता है?

द्रव्य (पृथ्वी, जल, वायु) और ऊर्जा (अग्नि) के परस्पर सम्बन्ध से।

इनका सम्बन्ध कहाँ होता है?

आकाश के दिशाओं अर्थात स्पेस में।

क्या समय नियत रफ़्तार से चल रहा है?

नहीं। समय स्वयं हमारे रफ़्तार पर निर्भर है।

क्या दो लोगों के लिए समय अलग-अलग हो सकता है?

हाँ।

हम समय को ग्रहण कैसे करते हैं?

परिवर्तन से।

क्या समय रुक सकता है?

हाँ। यदि घटनाक्रम रुक जाय।

हम घटनाक्रम को कैसे महसूस करते हैं?

दृष्टि से।

दृष्टि का आधार क्या है?

प्रकाश।

समय कैसे स्थिर हो सकता है?

प्रकाश के रफ़्तार से चलने पर

इस प्रकार अनुमान प्रमाण की परीक्षा पूर्ण होती है। इसके बाद तीसरे प्रमाण अर्थात उपमान प्रमाण की परीक्षा की जायेगी।

उपमान प्रमाण पर संशय करते हुए प्रतिपक्षी कहते हैं, उपमान को प्रमाण मानना उचित नहीं है क्यूंकि यह गलत निर्णय करा सकता है। उपमान प्रमाण में हम एक विषय का गुण दूसरे विषय पर आरोपित करके एक विषय से दूसरे विषय का पता लगाते हैं। हमने किसी एक पदार्थ को देखा तो उसमें किसी दूसरे पदार्थ के या तो अधिकांश गुण मिल जाएंगे अथवा एक-आध ही मिलेगा। जब अधिकांश गुण मिल गए, तो उसे अलग पदार्थ कहने का कोई अर्थ ही नहीं हुआ, जबकि एक-आध गुण को ही

जानकार हमनें किसी पदार्थ को कुछ मान लिया तो यह भी गलत निर्णय की तरफ लेकर जा सकता है।

दो पदार्थ में अधिकाँश गुण मिल रहे हों, जैसे कि किसी जीव को देखा और उस जीव के अधिकाँश लक्षण पहले कभी देखे जीव गाय से मिल गया तो निश्चित ही वह जीव गाय होगा। अब इस अवस्था में हमें कोई नया ज्ञान तो मिला ही नहीं। इसी प्रकार किसी एक समानता भर के मिल जाने से किसी वस्तु के ज्ञान के सम्बन्ध में दावा करना अनुचित है, जैसे कि जिस जीव में सींग दिख जाय उसी को गाय कहना शुरू कर दें, तो यह भी उचित नहीं होगा।

इस प्रकार उपमान में प्रतिपक्षी को दूसरा महत्वपूर्ण संशय यह है कि यहाँ भी प्रत्यक्ष एवं अप्रत्यक्ष के आपसी संबंधों से ज्ञान की सिद्धी हो रही है, तो इसे भी अनुमान प्रमाण ही क्यों न माना जाय? इसको अलग से उपमान प्रमाण क्यों कहना?

इन सभी संशयों का समाधान करते हुए गौतम ऋषि कहते हैं कि उपमान प्रमाण का जो यह अर्थ लिया गया कि कई समानताएं अथवा एक दो समानताएं देखकर किसी वस्तु के ज्ञान की घोषणा कर दी जा रही है, वह अनुचित है। उपमान प्रमाण में हम प्रसिद्ध समान धर्म अथवा विशिष्ट समानता को देखकर ही निर्णय लेते हैं। दूसरी बात यह है कि जिसका हमें ज्ञान प्राप्त करना है, उसे जब तक हम प्रत्यक्ष न देख लें तब तक हम केवल अप्रत्यक्ष को जानने भर से उसके बारे में कोई निर्णय नहीं ले सकते। अनुमान प्रमाण में इसका उल्टा है।

इस बात को फिर से समझते हैं। अनुमान के अंतर्गत हमने कीचड़ और बादलों से भरा आकाश देखा और अप्रत्यक्ष ज्ञान 'वर्षा हुई है' का अनुमान लगा लिया अथवा हमने किसी के शरीर में गोली लगी प्रत्यक्ष देखी और बन्दूक के उपयोग का अप्रत्यक्ष ज्ञान प्राप्त कर लिया जबकि उपमान में इसके उलट होता है। हमने एक जीव को प्रत्यक्ष देखा और गाय के अप्रत्यक्ष ज्ञान और उस जीव में मिलती कुछ विशिष्ट समानताओं से उसे नीलगाय के रूप में पहचान लिया। जैसे- किसी ने पहले से

टी.वी. देख रखा था, पर जब उसने एक ऐसी वस्तु देखी जिसमें टी.वी. जैसी संरचना तो थी ही और साथ ही साथ उसमें की-बोर्ड भी लगा था, देखने वाले ने उस वस्तु के कंप्यूटर होने का ठीक-ठीक निर्णय कर लिया तो यह उपमान प्रमाण है।

प्रत्यक्ष से अप्रत्यक्ष का पता लगाना अनुमान है।

अप्रत्यक्ष से प्रत्यक्ष का पता लगाना उपमान है।

सबसे आखिर में शब्द प्रमाण आता है अर्थात सबसे प्रमुख प्रमाण प्रत्यक्ष होता है जो कि हर प्रकार के व्यक्ति के लिए निर्विकल्पक अर्थात समान होने से सबसे महत्व का है। दूसरा प्रमाण अनुमान और तीसरा उपमान होता है, जो आम व्यक्ति के लिए वैकल्पिक जबकि ज्ञानियों के लिए निर्विकल्पक होता है।

अब शब्द प्रमाण की परीक्षा की जाती है। जिसमें प्रतिपक्षी द्वारा सबसे पहला संशय यह उठाया जाता है कि हम शब्दों को पढ़कर उसके अर्थ को प्राप्त करते हैं, यह बिलकुल वैसा ही है जैसे कि अनुमान प्रमाण में प्रत्यक्ष को देखकर अप्रत्यक्ष का पता करते हैं। इसको भी अनुमान ही कहना चाहिए। जैसे- कहीं अग्नि लिखा अथवा बोला गया तो उसको पढ़कर अथवा सुनकर अग्नि का अर्थ ले लिया गया। किसी स्थान पर लिखा हुआ मिला कि 'यहाँ पर प्रवेश वर्जित है', अब जिसने यह पढ़ा उसे पढ़ने के बाद मालूम हो गया कि उक्त स्थान पर जाना उचित निर्णय नहीं होगा। अतः यह भी अनुमान ही है। हालांकि हम शब्द को उपमान प्रमाण नहीं ठहरा सकते क्यूंकि वहाँ तो अप्रत्यक्ष से प्रत्यक्ष का ज्ञान होता है। किसी भी किताब में जो बाते पढ़ते हैं, उसमें से बहुत सारी बातों को हमने कभी प्रत्यक्ष नहीं किया, तब भी उसका ज्ञान मिलता है। अतः यह हर प्रकार से अनुमान प्रमाण ही है।

अब गौतम ऋषि शब्द प्रमाण के ऊपर उठाये संशयों का समाधान करते हुए कहते हैं कि शब्द प्रमाण 'प्रामाणिक लोगों' के उपदेश सामर्थ्य से उत्पन्न होता है। ऐसे प्रामाणिक लोग जो चर्चा में लाये गए विषय के

विद्वान् भी हों और सत्य बोलने वाले भी हों। शब्द प्रमाण में आप्त के उपदेश में 'विश्वास' एक आवश्यक तत्व है, जबकि प्रत्यक्ष, अनुमान और उपमान में विश्वास जैसा कोई ऐसा विषय वस्तु नहीं है, जिसे आँख बंद करके मानना पड़ता हो। इसी कारण इसे प्रमाणों के क्रम में सबसे आखिरी स्थान प्राप्त हुआ है। किसी न्यायालय में किसी व्यक्ति अथवा किसी रचना के पंक्तियों को तभी प्रमाण के रूप में स्वीकार किया जा सकता है, जबकि शब्द बोलने वाला व्यक्ति विद्वान् के साथ ही साथ सत्य बोलने वाला भी हो।

'सत्यवादी मूर्ख' अथवा 'मिथ्यावादी विद्वान्' को प्रमाण नहीं माना जा सकता।

अनुमान में जो भाग प्रत्यक्ष होता है, उसका गुणधर्म हमें वास्तव में प्राप्त हो रहा होता है। जैसे- कहीं आग लगी है और उसका हमें अनुमान हो रहा है, तो निश्चय ही धुँआ अथवा गर्मी इन्द्रियों को दिखाई देगा अथवा महसूस होगा, परन्तु कहीं आग कहने से अथवा आग लिखे होने से न तो धुआँ दिखेगा, न प्रकाश दिखेगा और न ही गर्मी लगेगी। इसी प्रकार मिठाई का नाम लेने से जिह्वा को मीठा लगना नहीं शुरू हो सकता।

इन उदाहरणों का आशय यह है कि अनुमान में इन्द्रियों को अर्थ की प्राप्ति वास्तव में होती है जबकि शब्द प्रमाण में वह अर्थ बुद्धि में प्रकट होता है। अनुमान प्रमाण में लिंग अर्थात प्रत्यक्ष चिन्ह और लिंगी अर्थात सम्पूर्ण पदार्थ के बीच अटूट और सार्वभौमिक सम्बन्ध है। शब्द प्रमाण में यह सम्बन्ध हो भी सकता है और नहीं भी। जैसे- कहीं लिखा है की ''अंदर कुत्ता है, कुत्ते से सावधान रहें'', इस शब्द से बुद्धि ने अर्थ ले लिया कि अंदर कोई खतरनाक कुत्ता है, पर यह भी संभव है कि वास्तव में घर खाली पड़ा हो। लेकिन किसी को कुत्ते के भोकने का ठीक-ठीक ज्ञान है तो वह अनुमान लगा लेगा की अंदर कुत्ता है और वह मिलेगा भी।

अब शब्द प्रमाण के बारे में जो यह कहा गया कि शब्द प्रमाण अनुमान नहीं है, इस पर प्रतिपक्षी भिन्न प्रकार से प्रश्न उठाता है। वह कहता है

कि यह कहना बिलकुल भी उचित नहीं है कि शब्द और अर्थ का आपस में कोई सीधा सम्बन्ध नहीं है। शब्दों के अर्थ को ग्रहण करने की जो व्यवस्था है (वर्णमाला एवं उसके उच्चारण की ट्रेनिंग) उसी व्यवस्था के अनुमान से ही तो हम शब्दों के अर्थ को ग्रहण करते हैं।

इसका समाधान करते हुए गौतम ऋषि कहते हैं कि शब्द स्वाभाविक नहीं है अर्थात यह प्रत्यक्ष पदार्थों की भाति प्रकृति प्रदत्त नहीं है। मनुष्यों के द्वारा संकेतों की एक व्यवस्था विकसित की गयी है। जो इन संकेतों को जानता होगा वह तो शब्दों का अर्थ ग्रहण कर लेगा, परन्तु जो इन संकेतों को नहीं जानता होगा उसके लिए इन शब्दों का कोई महत्व नहीं है क्यूंकि वह इससे कोई अर्थ ग्रहण नहीं कर सकता। यदि शब्द अपने अर्थों के स्वाभाविक धर्म होते तो वह हर काल और परिस्थिति में सबको उपलब्ध होते। कोई चीन का व्यक्ति भारत के व्यक्ति को गुस्से में गाली देने लगे तो इससे भारत के व्यक्ति को कोई फर्क नहीं पड़ेगा क्यूंकि वह उन शब्दों के अर्थों को ग्रहण करने में अक्षम है। परन्तु वह यदि हमला कर दे तो भारतीय व्यक्ति जरूर चोटिल होगा अथवा पलटवार करेगा क्यूंकि यह वास्तविक एवं स्वाभाविक घटना है, न की शब्दों की तरह अस्वाभाविक।

यदि कोई ऐसी व्यवस्था होती कि सभी देशों में एक शब्द का एक ही अर्थ होता तो भी इसे थोड़ा बहुत स्वाभाविक, नित्य और सर्वग्राह्य माना जा सकता था पर अलग-अलग शब्दों का अलग-अलग जगह भिन्न-भिन्न अर्थ होने से और एक अर्थ के लिए अलग-अलग शब्द होने से यह अनित्य और अस्वाभाविक है।

पर अब प्रश्न यह उठता है कि आखिर आप्त व्यक्ति अर्थात सत्यवादी विशेषज्ञ की बात को प्रमाण कैसे मान लिया जाय जबकि कोई विद्वान् जो बात या पद्धति बताता है, उसे जब अलग-अलग व्यक्ति करते हैं तो कई बार बिलकुल अलग-अलग परिणाम आते हैं। उदाहरणार्थ- किसी विद्वान् चिकित्सक ने दो लोगों को समान बीमारी में समान दवा बताई, एक को फायदा हुआ और एक को फायदा नहीं हुआ। अब समान पद्धति होने पर भी दोनों मरीज़ों में अलग-अलग परिणाम आ गया तो कैसे उस

विद्वान् चिकित्सक की बात को प्रमाण मान लिया जाय जबकि उसके परिणामों के कोई समानता नहीं आयी।

अतः शब्द प्रमाण में निम्न दोष देखने को मिलते हैं:-

1- मिथ्या सिद्ध होना (इलाज़ का काम न करना अथवा यज्ञ करने पर भी इच्छित फल का न मिलना)
2- व्याघात होना अर्थात आपस में ही विरोध (एक मरीज़ में इलाज़ का काम करना जबकि दूसरे में न करना)
3- पुनरुक्ति दोष (बातों को बार-बार दोहराना)

इस संशय का समाधान गौतम ऋषि बारी-बारी से करते हुए कहते हैं कि आप्त व्यक्ति द्वारा बताये इलाज़ और पद्धति से जब इच्छित परिणाम नहीं मिल रहा है, तो दोष उस आप्त व्यक्ति में खोजने के बजाय स्वयं में खोजना चाहिए अर्थात पद्धति बताने का काम आप्त व्यक्ति का है पर उस पद्धति पर चलने का काम कर्ता का है और उस पर चलने वाले सहायक तत्व अर्थात साधन भी कर्ता को ही एकत्र करना है।

कर्म और साधन आप्त के वश में नहीं है।

यह आरोप कि आप्त लोगों के बातों में विरोधाभाष लगता है, यह भी अनुचित हैं। इसका कारण यह है कि अलग-अलग देश काल परिस्थितियों को देखते हुए अलग-अलग व्यवस्थाएं बनाई जाती हैं। जो व्यवस्था आज उचित लग रही है, वह कल को अनुचित लग सकती हैं। अतः व्यवस्थाओं में बदलाव होता रहता है। वह किसी भी तरह का वास्तव में विरोधाभास नहीं है। वस्तुतः पुरानी व्यवस्था जिस लक्ष्य के लिए बनाई गयी थी, उस लक्ष्य को प्राप्त करने के लिए ही उसमें नवीन परिवर्तन किया गया और उचित भी है क्यूंकि अंततः हम जो भी कर रहे हैं वह अपने लक्ष्य की प्राप्ति के लिए ही कर रहे हैं। जैसे- हिन्दू धर्म के भीतर विद्यमान रूढ़िवादी आचार्य सब कुछ उसी विधि-विधान और व्यवस्था से करना चाहते हैं जैसा आज से हज़ार साल पहले होता रहा है, अब इतने लम्बे कालखंड में समाज में जो बदलाव हुआ है, उसके सापेक्ष उन्हें अपने व्यवस्थाओं में परिवर्तन

करना चाहिए था। पर उन परिवर्तनों के न होने के कारण वह कालबाह्य हो गए। इसी कारण नैयायिक लोगों का उनसे विरोध है क्यूंकि वास्तविक नैयायिक देश-काल और परिस्थिति के अनुसार तरीके में बदलाव करके जो लक्ष्य है, उस पर केंद्रित रहते हैं जबकि रूढ़िवादी विचारधाराएं लक्ष्य से भटक कर तरीके को ही अपना सर्वस्व मान लक्ष्य से विमुख हो जाती हैं।

जो यह कहा गया कि पुनरावृत्ति अथवा पुनरुक्ति दोष शब्द प्रमाण में देखने को मिलता है, वह भी अनुचित आक्षेप है। वास्तव में वह भी एक प्रकार से अर्थ ही देता है। विद्वान लोग पुनरुक्ति दोष और अनुवाद में स्पष्ट अंतर कर सकते हैं। विद्वानों ने पूर्वकाल से ही आप्त के उपदेशों को तीन भागों में बाटा है जिसमें से प्रथम विधि 'वाक्य' है, द्वितीय 'अर्थवाद' वाक्य है जबकि आखिरी स्वयं अनुवचन अर्थात 'अनुवाद' है।

विधि वाक्य वह है, जिससे सीधे-सीधे कोई आज्ञा दे दी जाय, जैसे- कोई चिकित्सक यह कह दे कि कल से सिगरेट पीना बंद कर दो, रोज़ सुबह योग व्यायाम आदि करो। इसमें सीधे-सीधे आज्ञा दी जा रही है। इसी प्रकार न्यायालय में जब कोई विद्वान अथवा फोरेंसिक एक्सपर्ट स्पष्ट रूप से केवल अपना निर्णय दे दे, तो वह विधि वाक्य है।

इसी प्रकार अर्थवाद वाक्य है। अर्थवाद वाक्य वास्तव में विधि वाक्य के लिए अनुराग उत्पन्न करने का साधन होता है। इसके भी चार भाग होते हैं। प्रथम को स्तुति, द्वितीय को निंदा, तृतीय को परकृति और चतुर्थ को पुराकल्प कहते हैं।

स्तुति वह वाक्य हैं जिसमें हम किसी कार्य, विषय अथवा व्यक्ति के प्रति अनुराग उत्पन्न करने वाले अर्थों को प्रकट करते हैं। उदाहरण के लिए, किसी विद्वान ने यह विधि वाक्य कहा कि रोज सुबह-सुबह योग और व्यायाम करो। अब उसके प्रति अनुराग उत्पन्न करने के लिए कहा कि योग और व्यायाम करने से व्यक्ति स्वस्थ्य रहता है, उसके बुद्धि, क्षमता, आयु, बल आदि में वृद्धि होती है। इससे सभी प्रकार के शारीरिक एवं मानसिक बीमारियों का नाश होता है।

निंदा वह वाक्य है जिसमें किसी कार्य, विषय अथवा वस्तु के प्रति घृणा उत्पन्न करने वाले अर्थों को प्रकट करते हैं। जिससे उस विषय के दुष्परिणाम को जानकर उससे दूर रहने की प्रेरणा प्राप्त हो सके। उदाहरण के लिए, किसी ने विधि वाक्य कहा कि सिगरेट पीना बंद कर दो। अब सिगरेट से दुराव और घृणा उत्पन्न करने के लिए कहा गया कि इससे कैंसर होता है, हर्ट अटैक होता है, अन्य बीमारियों की संभावना बढ़ जाती है, इससे अन्य लोगों को भी खतरा होता है। यह सब तर्क उस विधि वाक्य में विश्वास प्रकट करने के लिए ही थे, जिसमें सिगरेट का निषेध बताया गया था।

परकृति वह वाक्य है जिसमें किसी कार्य, विषय अथवा वस्तु के प्रति प्रीति अथवा घृणा उत्पन्न करने के लिए दूसरे लोगों का उदाहरण दिया जाता है। जैसे- किसी ने विधि वाक्य कहा कि यज्ञ करना अच्छा होता है, फिर कहने लगे कि बहुत समय पूर्व एक राजा थे, वह खूब यज्ञ आदि करते थे, इसलिए उनकी प्रजा बड़ा प्रसन्न रहती थी, इसलिए जो अन्य व्यक्ति भी यज्ञ करेगा वह भी बड़ा प्रसन्न रहेगा। ये सब परकृति वाक्य के उदाहरण हैं। किसी चिकित्सक ने सिगरेट छोड़ने की प्रेरणा देने के लिए किसी अन्य ठीक हो चुके मरीज़ का उदाहरण दिया तो यह भी परकृति ही है।

पुराकल्प वह वाक्य है जिसमें किसी कार्य, विषय अथवा वस्तु के प्रति प्रीति अथवा घृणा उत्पन्न करने के लिए चली आ रही मान्यताओं और पुराने माने हुए विद्वानों का उदाहरण देते हैं। जैसे- किसी ने कहा कि राष्ट्र को विदेशी आक्रमणकारियों से बचाने के लिए एकता आवश्यक है और फिर कहा कि महान आचार्य चाणक्य का भी यही मत था, तो यह पुराकल्प वाक्य है।

स्तुति, निंदा, परकृति अथवा पुराकल्प यह चारों विधि वाक्य के प्रति समझ और विश्वासपूर्वक प्रीति उत्पन्न करने के लिए होते हैं।

जो बात एक बार कह दी गयी, उसको बार दोहराना या अनुवचन करना अनुवाद कहलाता है। विधि वाक्यों का अनुवचन 'शब्दानुवाद' और

अर्थवाद वाक्यों का अनुवचन 'अर्थानुवाद' कहलाता है। उदाहरण के लिए यह तीन वाक्य देखिये:-

सिगरेट छोड़ देना चाहिए।

क्यूंकि इससे तमाम तरह की बीमारियां होती हैं।

अतः जितना जल्दी हो सके, इसे छोड़ दीजिये।

इसमें पहला वाक्य विधि वाक्य है। दूसरा अर्थवाद (निंदा) वाक्य है। तीसरा अनुवचन है। विधि वाक्य में दृढ़ता के लिए अनुवचन किया जाता है, अतः इसे दोषपूर्ण बताना ठीक नहीं है। किसी ने कहा कि 'आओ आओ' तो व्यक्ति आराम से आएगा, जबकि किसी ने कहा कि 'आओ आओ जल्दी आओ' तो व्यक्ति तेजी से आएगा। अतः यह अनुवाद है, न की पुनरुक्ति दोष।

इस पर यह संशय प्रकट होता है कि जब पुनरुक्ति दोष एवं अनुवाद दोनों में एक ही बात को बार-बार कहा जा रहा है तो दोनों को फिर पृथक किस आधार पर किया जा रहा है? दो बातें एक दूसरे से समान होकर भी अलग-अलग किस प्रकार हो सकती हैं?

इस संशय का समाधान करते हुए गौतम ऋषि कहते हैं कि यदि किसी शब्द के बार-बार कहने से अर्थ भिन्न-भिन्न हो रहा है तो यह अनुवाद है जबकि अकारण ही किसी शब्द को बार-बार दोहराया जा रहा है तो वह दोष है। इसका उदाहरण देते हुए वह कहते हैं कि किसी को प्रस्थान कराने के लिए हम कहते ही हैं कि ''जाओ'' जबकि किसी को शीघ्रता से प्रस्थान करना है तो हम कहते हैं कि 'जाओ, जाओ'।

दूसरी बात यह है कि शब्दों के आवृत्ति का भी महत्व है जैसे किसी ने धीरे-धीरे रुक कर चार बार कहा कि 'चलो..... चलो.... चलो...' तो यह दोष है जबकि किसी ने एक ही बार में बहुत जल्दी कहा कि 'चलो-चलो-चलो' तो इसका अर्थ है कि जल्दी से चलना है। किसी विषय में दृढ़ता अथवा शीघ्रता प्रदर्शित करने का माध्यम अनुवाद है। अतः यह दोष नहीं है।

शब्द प्रमाण के विरोध में दिए गए तर्कों का खंडन करने के बाद अब गौतम ऋषि कहते हैं कि जिस प्रकार मन्त्रों और आयुर्वेद को हम प्रमाण मानते हैं, उसी प्रकार विद्वान की प्रमाणिकता के आधार पर उसके शब्द को भी प्रमाण माना जाता है।

(हालांकि यह भी समझना अनिवार्य है कि कई बार तमाम बातें जिस विद्वान् के विद्वता का वास्ता देकर बताया जाता है, वास्तव में उस बात का उस विद्वान् से कोई लेना-देना ही नहीं होता, जबकि कई बार किसी विद्वान् ने जो बात कही होती है वह किसी भिन्न काल और परिस्थिति के लिए कही होती है लेकिन रूढ़िवादी मूर्ख अथवा धूर्त व्यक्ति उसे भिन्न काल-परिस्थिति में थोपकर न केवल समाज का नुकसान करते हैं बल्कि उस विद्वान् के विद्वता को भी दाव पर लगा देते हैं।)

कहने का तात्पर्य यह है कि जैसे आयुर्वेद आदि में जिन-जिन बीमारियों के बारे में जो-जो लक्षण और इलाज़ लिखा गया है, एक विद्वान वैद्य भी अपने जीवन में उसी प्रकार के लक्षणों को देखता है और उपयुक्त इलाज़ होने पर मरीज़ भी पीड़ा से मुक्त हो उठता है। बार-बार उसमें लिखी बातें सत्य साबित होकर स्वयं प्रमाण में परिवर्तित होती गयी। उसी प्रकार विद्वान व्यक्ति द्वारा बताई गयी बात बार-बार इच्छित फल देने के कारण प्रमाण में परिवर्तित हो जाती है। इन्हीं कारणों से आप्तोपदेश को हम प्रमाण के रूप में स्वीकार करते हैं।

अध्याय - 5

न्याय दर्शन

अब तक हमने यह देखा कि प्रमाण के अंतर्गत जो चार प्रकार के प्रमाण क्रमशः प्रत्यक्ष, अनुमान, उपमान और शब्द थे, उनकी ठीक-ठीक परीक्षा की गयी कि इनकों प्रमाण मानें की नहीं। भारतीय प्रमाण दर्शन के अद्भुत एवं गहन चिंतन का ही परिणाम है कि यहाँ प्रमाण को भी प्रमाणित किया गया है। आजकल जो आध्यात्मिक आंदोलन चल रहे हैं उसमें श्रद्धा और विश्वास का ही सहारा है। वास्तविकता तो यह है कि श्रद्धा और विश्वास तब और पक्का हो जाता है, जब वह प्रमाणित हो जाय। तिब्बत के अध्यात्म का एक प्रसिद्ध वाक्य है कि वह व्यक्ति जिसका विश्वास, तर्क आधारित नहीं होता है, वह पानी के उस प्रवाह की तरह है जिसे किसी भी दिशा में मोड़ा जा सकता है। बिना प्रमाण स्थापित श्रद्धा और विश्वास में यदि कोई एक भी प्रयास निष्फल चला गया तो श्रद्धा और विश्वास का नाश होने में एक क्षण नहीं लगता। ऐसे लोग प्रयास में निष्फलता आने पर कर्ता और साधन के बजाय तरीके को ही कोसने लगते हैं। दूसरी तरफ ऐसे लोगों की भी भीड़ उमड़ पड़ी है जो किसी कार्य में लक्ष्य भूलकर केवल तरीके पर निर्भर हो जाते हैं अर्थात किसी विद्वान् ने किसी विशेष देश-काल और परिस्थिति में जो नियम बताये थे, उसी नियम को साध्य मानकर अपने मूल लक्ष्य को भूलकर कालबाह्य हो जाते हैं। उस कालबाह्य नियम को अन्य पर थोपने का निंदनीय प्रयास करते हुए ये लोग समाज में घृणित होते जाते हैं।

न्याय दर्शन इन दो ध्रुवों के बीच साम्य की स्थापना करते हुए यह बताता है कि कभी हमें स्वयं को ठीक रखना है, कभी अपने तरीके को ठीक रखना है। जैसी काल और परिस्थिति हो, उसके अनुसार अपने मूल लक्ष्य पर केंद्रित रहकर ही अपनी योजना बनाना।

अब इस अध्याय में अन्य प्रकार के प्रमाणों के साथ मूल प्रमाणों की भी विशेष परीक्षा की जायेगी।

अब यह संशय उत्पन्न किया जाता है कि प्रमाणों को केवल चार प्रकार का ही मानना उचित नहीं है, बल्कि अन्य प्रकार के भी प्रमाण होते हैं जैसे

1- ऐतिह्य 2- अर्थापत्ति 3- संभव और 4- अभाव

ऐतिह्य का अर्थ है, जो परम्पराओं में ठीक से वर्णित है अथवा इतिहास के ग्रंथों में जिन बातों को ठीक से लिखा गया है। जैसे- कोई राजा थे, वह बड़े दयालु थे, उनकी प्रजा उनसे बड़ी खुश थी आदि, यह सब ऐतिहासिक ग्रंथों में वर्णित होने से प्रमाण माना जाना चाहिए।

इसी प्रकार अर्थापत्ति है, जिसमें किसी एक बात से दूसरा अर्थ स्वयं प्रकट हो जाता है। जैसे कोई कहे कि रोज़ सुबह योग एवं व्यायाम स्वास्थ्य के लिए अच्छा है तो इसके कहने का अपने आप यह अर्थ निकल आया कि सुबह देर तक सोये रहना, आलस्य करना स्वास्थ्य के लिए किसी भी तरह से ठीक नहीं है।

संभव उस स्थिति को कहते हैं, जहाँ एक के बिना दूसरी बात पूर्ण न होती हो। जैसे कोई कहे कि यहाँ कम्प्यूटर है, तो अपने आप ही पता चल गया कि वहाँ कीबोर्ड, सीपीयू और मॉनिटर भी होगा अर्थात इन तीनों के बिना कंप्यूटर संभव ही नहीं है।

अभाव उसे कहते हैं, जब कारण की अनुपस्थिति सिद्ध हो जाने पर स्वयं ही कार्य की अनुपस्थिति सिद्ध हो जाय। जैसे किसी घटना में यह सिद्ध हो जाय कि अमुक स्थान पर तो किसी भी कीमत पर बन्दूक था ही नहीं, अतः गोली चलने के किसी घटना का सवाल ही खड़ा नहीं होता।

इस प्रकार संभव और अभाव एक दूसरे के उलट होते हैं। कार्य (इफेक्ट) दिख रहा है तो यह बिना अपने कारण (कॉज) के 'संभव' नहीं है, अतः कारण निश्चित तौर पर होगा। यदि कारण (कॉज) नहीं दिख रहा तो कार्य (इफेक्ट) का 'अभाव' निश्चित तौर पर होगा।

अतः यह संशय दृढ़ हो रहा है कि प्रमाण कुल 08 प्रकार के होते हैं, न कि चार प्रकार के।

इस संशय का समाधान करते हुए गौतम ऋषि कहते हैं कि प्रमाण तो कुल चार प्रकार के ही होते हैं। वास्तव में इतिहास को जो प्रमाण कहा गया, वह तो शब्द प्रमाण ही है जबकि अर्थापत्ति, संभव और अभाव यह तीनों अनुमान प्रमाण के हिस्से हैं। इतिहास में लिखी गयी बातें तभी प्रमाण मानी जा सकती हैं जब वह किसी आप्त व्यक्ति के द्वारा लिखी गई हो। एक प्रकार से वह भी आप्त का लिखित उपदेश ही है। अतः वह किसी भी प्रकार से शब्द प्रमाण से अलग नहीं है।

अब प्रश्न यह उठता है कि इतिहासकार अथवा ग्रंथकार कुछ भी लिख दें, वह शब्द प्रमाण मान कर स्वीकार कर लिया जाएगा? उदाहरण के लिए वर्तमान में जो मिथ्यावादी अथवा अतिवादी इतिहासकार हैं वह पिछले कई दशक से झूठे इतिहास को लिख रहे हैं, तो क्या वह भी प्रमाण की श्रेणी में ले लिया जाएगा?

नहीं। इतिहास को प्रमाण तभी माना जाएगा जब वह आप्त का उपदेश हो और आप्त की शर्त केवल विद्वता ही नहीं है, अपितु विद्वता के साथ सत्यवक्ता होना भी है। वर्तमान काल के तमाम ऐसे इतिहासकार भले ही कुछ विद्वता रखते हों पर सत्यवक्ता न होने से उनकी बातों को प्रमाण मानना मूर्खता है।

अब अर्थापत्ति, संभव और अभाव को जो अलग से प्रमाण कहा गया वह भी उचित नहीं है, क्यूंकि यह सब प्रत्यक्ष से अप्रत्यक्ष का ही ज्ञान है। जैसे किसी ने कहा कि व्यायाम स्वास्थ्य के लिए लाभदायक है और अर्थापत्ति ली गयी कि आलस्य स्वास्थ्य के लिए हानिकारक है, तो यहाँ

एक वक्तव्य प्रत्यक्ष था उसी से दूसरे अप्रत्यक्ष ज्ञान का उदय हुआ, सो यह भी अनुमान प्रमाण का ही एक प्रकार है।

किसी ने कार्य (इफेक्ट) अथवा अवयवी (कम्प्लीट) को देख कर कारण (कॉज) अथवा अवयव (कॉम्पोनेन्ट) को जान लिया, तो यह भी प्रत्यक्ष से अप्रत्यक्ष को ही जानना है। जैसे कि किसी ने दूर से एक कार को केवल सामने से देखा और यह जान लिया कि इसमें चार पहिये होंगे, सीट होगी, इंजन होगा, यह भी तो अनुमान ही है। क्यूंकि अवयवी (कम्प्लीट) बिना अपने अवयव (कॉम्पोनेन्ट) के नहीं रहेगा अथवा कार्य (इफेक्ट) अपने कारण (कॉज) के बिना कभी नहीं रहेगा। कहीं किसी को गोली लगी तो वह बिना बन्दूक के तो चल ही नहीं सकती। यह सब भी स्पष्ट रूप से अनुमान ही है, अतः संभव को भी अलग नहीं कर सकते।

इसी प्रकार किसी कारण के न दिखने पर यह विचार स्थिर कर लेना की कार्य नहीं हुआ है, अनुमान ही है। बन्दूक नहीं है तो गोली नहीं चल सकती, प्रत्यक्ष से अप्रत्यक्ष जानना है।

इस प्रकार कुल चार ही मूलतः प्रमाण है, अर्थापत्ति, संभव और अभाव अनुमान के अलग अलग हिस्से हैं जबकि ऐतिह्य शब्द प्रमाण का हिस्सा है।

अब प्रतिपक्षी द्वारा यह संशय उत्पन्न किया जाता है कि क्या अर्थापत्ति को अनुमान प्रमाण का अंग बताना उचित है, जबकि इसमें अनेकान्तिक दोष या व्यभिचार देखने को मिल सकता है। अनेकांतिक दोष या व्यभिचार उस परिस्थिति को कहते हैं जब किसी घटना के ठीक-ठीक विश्लेषण के लिए दिया गया विशिष्ट उदाहरण अथवा आधार कई जगह घटित हो जाय। उदाहरण के लिए, यह कहा गया कि वर्षा हुई है तो बादल अवश्य ही रहा होगा। इसका अर्थापत्ति यह हुआ कि बादल होगा तो अवश्य ही वर्षा होगी, पर यह असत्य भी हो सकता है क्यूंकि कई बार बादल के होने पर भी वर्षा का न होना देखा गया है। अतः यह प्रमाण नहीं बल्कि दोष है।

इस पर गौतम ऋषि कहते हैं कि यह कहना बिलकुल उचित नहीं है कि अर्थापत्ति प्रमाण नहीं माना जा सकता। समस्या तब होती है जब हम अर्थ को जानने के बजाय अनर्थ कर लेते हैं। जब किसी ने कहा कि वर्षा हुई है तो बादल अवश्य रहा होगा, तो इसका अर्थ यह स्पष्ट निकल आया कि बादल होगा तभी वर्षा होगी। यह कार्य-कारण सम्बन्ध है। यदि ऐसा कभी देखा जाता कि बिना बादल के वर्षा हो गयी तब यह कहना उचित होता की अर्थापत्ति में दोष है।

प्रत्यक्ष में यह कहा गया कि

वर्षा हुई है तो बादल अवश्य रहा होगा।

इससे दो अभिप्राय लगाए गए:-

1- बादल है तो वर्षा अवश्य होगी।
2- बिना बादल के वर्षा नहीं हो सकती।

इसमें से पहला अभिप्राय अनर्थ की उत्पत्ति है, जबकि दूसरा अभिप्राय अर्थ की उत्पत्ति है।

जो अनर्थ की उत्पत्ति की गयी वह व्यभिचार दोष से ग्रसित होगा जबकि जो अर्थ निकाला गया वह सदैव ही सत्य होगा। बिना बादल के वर्षा संभव नहीं है, अतः जब हम अर्थ की जगह अनर्थ स्वीकार कर लेते हैं तभी हम गलत परिणाम पर पहुंचते हैं। कारण के बिना कार्य नहीं हो सकता, पर कारण के रहने भर से कार्य हो जाय यह जरुरी नहीं क्यूंकि कारण को कार्य में बदलने के लिए अन्य सहायक साधनों की आवश्यकता होती है। जब तक वह सहायक साधन उपलब्ध नहीं रहते, कारण (कॉज) का कार्य (इफेक्ट) में रूपांतरण संभव नहीं है।

अब आगे और संशय का समाधान करते हुए कहते हैं कि जो तर्क अर्थापत्ति का खंडन करने के लिए दिया गया कि यह व्यभिचार से युक्त होता है, वह तर्क स्वयं में भी तो व्यभिचार से युक्त है अर्थात किसी ने गलती से ही सही, परन्तु यह अभिप्राय निकाला कि बादल है

तो वर्षा अवश्य होगी, यह भी तो कई बार सत्य साबित हो सकती है। अतः खंडन करने के लिए दिया गया तर्क भी संशययुक्त होने से दूसरे संशय का खंडन कभी भी नहीं कर सकता।

अर्थात एक संशय दूसरे विषय के संशय को प्रमाणित अथवा खंडित नहीं कर सकता।

अब वहीं विपक्षी जो अपने तरफ से ही चार और प्रमाण का प्रकार लेकर आया था, जिसके अंतर्गत अभाव को भी प्रमाण में शामिल किया था, वह अपनी पुरानी बात से पलट जाता है और अभाव को प्रमाण मानने पर संशय उत्पन्न करने लगता है। वह कहता है कि प्रमाण की जरुरत क्यों होती है? प्रमाण तो किसी वस्तु, विषय अथवा घटना को समझने के लिए उपयोग में लाया जाता है। अब जो वस्तु, विषय अथवा घटना हुई ही नहीं अर्थात जिसका अभाव है, उसका आप प्रमाण कैसे जुटा सकते हैं?

अब इसका समाधान करते हुए गौतम ऋषि कहते हैं कि अभाव में भी वस्तु अथवा घटना (प्रमेय) की सिद्धी देखी जाती है अतः यह संशय उचित नहीं है। जैसे- किसी को मोबाइल फोन खरीदना है और वह एक दुकान पर पहुंचा है, जहाँ पर विभिन्न प्रकार के मोबाइल फोन रखे गए हैं। अब उसने तीन-चार कंपनियों का नाम लेकर दुकानदार से कहा इन इन ब्रांड का मोबाइल नहीं चाहिए। अब यहाँ पर किन-किन का अभाव करना है, यह जानकारी ग्राहक द्वारा दे दी गयी। थोड़ी ही देर में बाकी ब्रांड का मोबाइल लेकर दुकानदार ग्राहक के पास आ जाता है। इससे यह सिद्ध होता है कि अभाव में भी प्रमेय की सिद्धी है। अतः अभाव भी स्वयं में प्रमाण है।

जब किसी वस्तु की सत्ता होती है तभी उसका भाव अथवा अभाव हो सकता है। जिस वस्तु की सत्ता ही नहीं है, उसके लक्षणों या धर्मा को कहना, सोचना कल्पना भर हो सकता है, सत्य नहीं। अतः अभाव का बोध भी भाव की सत्ता से ही होता है।

जो इस सृष्टि में उपस्थित था/हैं, वहीं अनुपस्थित हो सकता है। जो कभी था ही नहीं, उसकी अनुपस्थिति अथवा अभाव असंभव है। जैसे-कभी किसी के मन में मनुष्य देखकर उसमें पंख का अभाव प्रकट नहीं होता परन्तु उसका एक हाथ अथवा आँख न हो तो अभाव लगने लगता है। किसी पक्षी को देखकर उसमें दांत का अभाव नहीं लगता बल्कि पंख न हो तो अवश्य अभाव लगता है। अब कोई यह भी कहने लगे कि उसको मनुष्य में पंख और पक्षी में हाथ का अभाव दिखता है तो भी आखिर पंख अथवा हाथ जैसा कुछ न कुछ कहीं न कहीं इस संसार में पाया जा रहा है, तभी तो उसके अभाव की बात सोची गयी है। अर्थात अभाव उसी का हो सकता है जिसकी कहीं न कहीं अथवा कभी न कभी सत्ता रही हो।

इस पर प्रतिपक्षी द्वारा एक नया प्रश्नचिन्ह लगाया जाता है कि जिन पदार्थों का लक्षण नहीं किया गया अर्थात जो अज्ञात हैं, उनको लक्षणों से हीन कैसे मान लें? अर्थात जो वस्तु अज्ञात है उसके बारे में हम यह कैसे कह सकते हैं कि उसका अपना कोई गुणधर्म नहीं हैं। हम किसी वस्तु के बारे में ठीक-ठीक घोषणा उसी परिस्थिति में कर सकते हैं, जब हमें उसकी सत्ता का पूर्ण रूप से ज्ञान उत्पन्न हो चुका हो।

इस संशय का समाधान करते हुये गौतम ऋषि कहते हैं कि अभाव से जो सिद्धी देखी जाती है, हम उसमें सभी गुणों अथवा लक्षणों का निषेध नहीं कर रहे बल्कि यह कह रहे हैं कि हर पदार्थ में गुणधर्म अलग-अलग हैं, किसी में कोई गुणधर्म है किसी में कोई और। हमनें जिस विशेष गुणधर्म का निषेध कर दिया, उसके अतिरिक्त बचे गुणधर्म की उसमें पाए जाने की संभावना तो बनी ही हुई है। इस अत्यधिक जटिल बात को निम्न सरल उदाहरण से समझें।

हम कपड़े की दूकान पर गए और कहा कि बिना चेक वाले और लाल रंग के अतिरिक्त अन्य शर्ट दिखाओ। इसका मतलब है कि लाल रंग के अतिरिक्त बाकी दुनिया भर के रंग जिस पर मौजूद हों एवं जिस पर चेक न बना हुआ हो, वह हमारे प्रमेय का लक्षण हो गया। अतः अभाव

से भी प्रमेय की सिद्धी होती है अथवा अभाव की भी अपनी सत्ता होती है, जिस कारण अभाव को भी अनुमान प्रमाण के अंतर्गत लिया जाएगा।

अभाव के प्रकार का वर्णन करते हुए गौतम ऋषि कहते हैं कि अभाव दो प्रकार के होते हैं

1- प्रागभाव 2- प्रध्वंसाभाव

जब कोई वस्तु बनी ही नहीं है और उसका अभाव है, तो उसे प्रागभाव कहते हैं। जैसे कि मिट्टी अभी वैसे ही पड़ी हुई है, उससे घड़ा नहीं बना हुआ है। अब जो घड़े का अभाव समझ आ रहा है, वह प्रागभाव है।

कोई वस्तु पहले से थी, पर अब उसका अभाव हो गया तो उसे प्रध्वंसाभाव कहते हैं। जैसे- घर में एक घड़ा रखा हुआ था, परन्तु एक दिन टूट गया। अब जो घड़े का अभाव समझ आ रहा है, वह प्रध्वंसाभाव है।

अत्यन्ताभाव (जो इस ब्रह्माण्ड में है ही नहीं) जैसा कुछ होता नहीं है, क्यूंकि नाम और लक्षण उसी पदार्थ के होते हैं जिसकी कोई सत्ता होती है, जिसकी सत्ता होती है उसका अत्यन्ताभाव नहीं हो सकता। इस सकल ब्रह्माण्ड में जो कुछ भी है वह द्रव्य, ऊर्जा, दिशा-काल एवं चेतना ही है अर्थात मास, एनर्जी, स्पेस टाइम एवं कॉन्सियसनेस। ब्रह्माण्ड में जो कुछ भी व्यापकता और हलचल है, इन्हीं के आपसी सम्बन्धो पर आधारित है। इनके अतिरिक्त किसी और की सत्ता नहीं है। इनके अलावा किसी और विषय के संबंध में अत्यन्ताभाव उत्पन्न हो सकता है, पर इनके अतिरिक्त कुछ है भी तो नहीं। और जो है ही नहीं, उस पर चर्चा करना बेकार है।

अनुमान प्रमाण की विशेष परीक्षा अब समाप्त होती है और शब्द प्रमाण की विशेष परीक्षा शुरू की जाती है।

भारतीय संस्कृति में वर्तमान में सारा द्वन्द इसी शब्द प्रमाण के कारण है। वर्तमान में दो धड़े हिन्दू धर्म के अंदर हो गए हैं, जिसमें से एक का मत है कि शब्द नित्य है, जिस कारण उसमें कोई परिवर्तन संभव नहीं है। वह जैसा है, बिलकुल वैसा ही रहेगा। किसी ने उसमें बदलाव

करने का प्रयास किया तो वह धर्मद्रोही एवं पापी है। दूसरा धड़ा वह है जिसका मानना है की शब्द अनित्य है और वह काल एवं परिस्थति के अनुसार उत्पन्न होता है। अलग-अलग काल परिस्थति में अलग-अलग शब्द उत्पन्न होते रहते हैं, अतः देश, काल और परिस्थिति के अनुसार स्वयं में परिवर्तन करते रहना चाहिए ताकि संस्कृति अपने मूल उद्देश्य के बजाय शब्दों में उलझकर कालबाह्य न होने पाए।

इसी प्रकार का द्वन्द राजनीति में भी है, जहाँ पर संविधानवाद देखने को मिलता है। संविधानवादी संविधान में लिखे गए शब्द में कोई हेरफेर बर्दाश्त नहीं करना चाहते। वहीँ एक धड़ा ऐसा है जो संविधान को लिविंग डाकुमेंट मानता है और आशा रखता है कि संविधान जनता के हित के लिए है, न कि संविधान के हित के लिए जनता अथवा और स्पष्ट कहा जाय तो संविधान जनता के लिए जिम्मेदार है न कि जनता संविधान के लिए। लिविंग डाकुमेंट मानने वाले इसमें देश-काल और परिस्थिति के अनुसार जनता के हित में परिवर्तनों को मान्यता देते हैं।

धर्म और राजनीति के क्षेत्रों के इन द्वंदों का तर्कपूर्ण उत्तर, शब्द के अनित्यता की परीक्षा में गौतम ऋषि ने अपने प्रतिपक्षियों को बखूबी दिया है।

चर्चा शुरू करने के लिए प्रतिपक्षी संशय उठाते हुए कहता है कि समझ में नहीं आता कि शब्द नित्य है अथवा अनित्य (नाशवान)? क्यूंकि शब्द को आकाश का गुण माना गया है और आकाश तो नित्य है, उसका क्षरण कभी देखा नहीं गया और हो भी नहीं सकता। क्यूंकि वह तो खाली स्थान है जो तरंगों को जाने और पदार्थो की उपस्थिति के लिए स्थान देता है। इसी तरह कुछ लोग मानते हैं कि शब्द हमेशा बना रहता है। जब हम क्रिया करते हैं तो वह अप्रकट रूप से अपने प्रकट रूप में आ जाता है।

कभी ऐसा लगता है जैसे कि वह अनित्य (नाशवान) हो, क्यूंकि वह इन्द्रियों की क्रिया से उत्पन्न होता है। जो उत्पन्न होगा उसका विनाश भी निश्चित है। शब्द इन्द्रियों से उत्पन्न भी हो जाते हैं और इन्द्रियों से ग्रहण भी, इसलिए शब्द इन्द्रियातीत नहीं हैं, और जो इन्द्रियातीत नहीं

है वह निश्चित ही अनित्य होगा। इन्द्रियातीत तो परमाणु और आकाश हैं जो की नित्य हैं।

[यह समझना आवश्यक है कि ब्रह्माण्ड की उत्पत्ति को ब्लैक होल से माना जाता है। एक स्वर्णमयी हिरण्यगर्भ में अचानक प्रस्फुटन से द्रव्य, आकाश, ऊर्जा और चेतना की उत्पत्ति हुई, जहाँ पर एक सत्ता संघनित होकर अनंत घनत्व के साथ कभी स्थिर हुआ करती थी, जिससे यह चारो तत्व (समय को आकाश अर्थात स्पेस का ही भाग समझना चाहिए) अलग-अलग होकर उत्पन्न हो गए। यह प्रश्न उठना जायज है कि जब ब्लैक होल को खोजा जा चुका है और यह सिद्धांत लगभग सिद्ध हो चुका है कि ब्रह्माण्ड की उत्पत्ति भी किसी समय हुई तो भला ऊर्जा, द्रव्यमान, आकाश और चेतना को हम नित्य कैसे मान सकते हैं?

वस्तुतः ब्लैकहोल इन चारो की एकात्मता ही है, जिसे आधुनिक भाषा में सिंगुलरिटी कहते हैं। ब्लैकहोल में यह चारो एक साथ पाए जाते हैं।

इस पर यह प्रश्न उठता है कि क्या स्पेस भी कोई वस्तु है, जो ब्लैकहोल में गायब हो गया? वह तो खाली स्थान भर था।

वास्तव में स्पेस अर्थात आकाश जिसे हम खाली स्थान समझते हैं, उसकी भी अपनी सत्ता है। उसमें भी ग्रिड अथवा फिल्ड पाया जाता है। बड़े-बड़े आकाशीय पिंड जिनके बीच हमें गुरुत्व का आकर्षण समझ में आता है, वास्तव में वह दूसरे पिंड को नहीं खींच रहे होते हैं। वह तो आकाश जिसको हम खाली स्थान समझ रहे होते हैं, उसके ग्रिड अथवा छड़ों को खींच रहे होते हैं जिस कारण उसमें एक प्रकार का ढलान बन जाता है। उस ढलान पर दूसरा छोटा पिंड लगातार सरक कर चलता रहता है। इसको अन्य प्रकार से समझते हैं। हम सभी रोज़ प्रकाश से बनने वाले छाया को महसूस करते हैं और यह जानते हैं की प्रकाश आकाश में सीधी रेखा में चलता है। यदि आकाश खाली स्थान के बजाय कोई ग्रिड है तो अगर उस ग्रिड को हम मोड़ दें, तो प्रकाश भी मुड़ जाएगा। आज से 100 वर्ष पूर्व ही सूर्यग्रहण के समय अपने प्रयोगों से महान वैज्ञानिक एडिंग्टन ने यह सिद्ध कर दिया था कि बड़े आकाशीय पिंडों के आकर्षण

से आकाश की ग्रिड टेढ़ी हो जाती हैं, जिससे प्रकाश भी सीधे के बजाय टेढ़े-मेढ़े चलने लगता है। अतः स्पेस अथवा आकाश की भी अपनी एक अलग सत्ता है, वह खाली स्थान भर नहीं है। इसी प्रकार यह जानना आवश्यक है कि काल हर समय एक चाल से नहीं चलता है। वह भी अलग-अलग है, ब्लैक होल में काल का फैलाव शुरू हो जाता है और वह धीरे-धीरे इतना फ़ैल जाता है कि घटनाक्रम में परिवर्तन दिखना ही बंद हो जाता है। काल की सत्ता भी ब्लैक होल में है, पर उसका अत्यंत फैलाव उसे शांत रखता है। इस तरह जब सिंगुलरिटी में विक्षोभ से विस्फोट होता है तो यह चारो सत्ताएं अलग-अलग प्रकट हो जाती हैं। वास्तव में रहती वह पहले से ही हैं अर्थात परमाणु, ऊर्जा, दिशा-काल और चेतना ब्लैकहोल में भी अनंत समय से स्थित थे, अतः ब्लैक होल के आधार पर भी इनकी अनित्यता को कहना उचित नहीं होगा।]

इस विमर्श पर जबाब देते हुए गौतम ऋषि कहते हैं कि शब्द को अनित्य ही समझना चाहिए क्यूंकि उनकी उत्पत्ति देखी जाती है और साथ ही इन्द्रियां उनकों ग्रहण कर सकती हैं। अर्थात शब्दों की उत्पत्ति हम स्पष्ट रूप से देखते हैं। जब स्वर यंत्र अपने प्रयास से वायु में कम्पन करके तरंगो को आकाश में स्थित वायु में भेजती है तभी शब्द उत्पन्न होता है। अतः शब्द किसी कारण अथवा साधन से उत्पन्न होने से अनित्य हैं। जो भी उत्पन्न हो रहा है, उसका नाश होगा। इसी प्रकार शब्दों को ग्रहण करने का काम इन्द्रियां करती हैं। हम जानते हैं कि इन्द्रियां कभी भी इन्द्रियातीत वस्तुओं को नहीं देख सकती, जैसे कि वह परमाणु को कभी नहीं देख सकती अथवा प्रकाश के एक फोटान को वह नहीं देख सकती। जब परमाणु आकर्षण (अट्रैक्शन) और धारणा (बॉन्डिंग) से कोई स्वरूप ग्रहण करता है अथवा करोड़ों फोटान एक साथ मिलकर एक प्रकाश पुंज बनाते हैं तभी हम उसे अपनी आँखों से देख पाते हैं। हम जानते हैं कि जो इन्द्रियातीत है, वहीं नित्य है बाकी सभी पदार्थ अनित्य हैं। शब्दों को हमारा कान ग्रहण करता है, अतः यह नित्य नहीं हो सकता है। यह अनित्य ही होगा।

अब उत्पत्ति के आधार पर जो किसी वस्तु के अनित्यता (विनाश) को सिद्ध किया गया उस पर प्रतिपक्षी द्वारा संशय उत्पन्न करते हुए कहा

जाता है कि यह कहना कि कोई वस्तु उत्पन्न हुई है तो उसमें नित्यता असंभव है, किसी भी प्रकार से उचित नहीं है क्यूंकि जैसे कहीं कोई घड़ा था और अब वह टूट गया, टूट जाने के बाद उस घड़े का अभाव हो गया। अब जो यह अभाव उत्पन्न हुआ, वह सदा-सदा के लिए नित्य बना रहेगा। तात्पर्य यह है कि कोई वस्तु उत्पन्न हुई और वह अपने उत्पत्ति के कुछ क्षण बाद नष्ट-भ्रष्ट हो जाय, तो उसके अभाव की नित्यता हो जायेगी। इसी प्रकार शब्द उत्पत्तिमान होने के बावजूद भी नित्य हो सकता है।

साथ ही नाशवान पदार्थों के बारे में जो यह तर्क रखा गया कि यह परमाणुओं (अविनाशी मूल कणों) में धारणा और आकर्षण के कारण संयुक्त होने से बनता है, उचित नहीं है। क्यूंकि इससे यह अर्थ भी निकल रहा है कि जो अविनाशी हैं, उसे हम और अधिक बार विभाजित नहीं कर सकते। जैसे कि हम परमाणु और फोटॉन आदि को अविनाशी इसीलिए मान रहे हैं क्यूंकि वह मूल कण हैं, यह किसी और छोटे कण से नहीं बने हैं। अब हम आत्मा और आकाश की बात करें तो यह भी नित्य और मूल हैं जबकि हम देखते हैं कि रोजमर्रा के जीवन में आत्मा को सुखी-दुखी अथवा आकाश को पूरब-पश्चिम में विभाजित कर सकते हैं। इसलिए दोनों तर्क जो शब्द के नाशवान होने के सिद्धि में दिए गए, चाहे वह उत्पित्तवान होने का हो अथवा अविभाज्य होने का, उचित नहीं है क्यूंकि उत्पत्तिवान घड़े के टूटने के बाद उसके अभाव की नित्यता है और नित्य अविनाशी आत्मा और आकाश को भी हम विभाजित कर सकते हैं।

अब इन दोनों भ्रान्तिओं का समाधान करते हुए गौतम ऋषि कहते है कि किसी भी विषय में तत्व ज्ञान और गौण ज्ञान अलग-अलग होता है। जब हम अपने विवेक का पूर्ण प्रयोग करके तत्वज्ञान को जान लेंगे तो इस तरह की भ्रांतियों में नहीं फसेंगे। सर्वप्रथम हमें यह समझना होगा कि नित्यता क्या होती है। जो विषय अथवा वस्तु सभी काल में एक जैसा स्थिर रहे, उसी को नित्य कहा जाएगा। अतः यह जो कहा गया कि घड़ा उत्पन्न हुआ फिर नष्ट हुआ फिर उसके अभाव की नित्यता हो गयी, गलत है। इसमें लगातार घटनाक्रम बदल रहा है, पहले मिट्टी था, उससे

कीचड़ बना, फिर कच्चे मिट्टी का घड़ा बना, फिर आग में गया, उसके बाद घड़ा बनकर निकला, फिर टूट गया, फिर नष्ट-भ्रष्ट हुआ और अंत में मिट्टी में मिल गया। इतने परिवर्तनों के बाद भी हम किसी वस्तु को भला नित्य किस प्रकार कह सकते हैं? हाँ, उसके आधारभूत परमाणु को अवश्य नित्य कह सकते हैं क्यूंकि वह जब घड़ा नहीं था तब भी मिट्टी के रूप में था, जब कीचड़ बना तब भी उसी में था, जब आग में गया तब भी था, जब टूटा तब भी था और जब मिट्टी में मिल गया तो भी वह उसी रूप में बना रहा। अतः घड़ा अथवा घड़े का अभाव किसी भी तरह से नित्य नहीं है, बल्कि उसका परमाणु नित्य है।

इसी तरह से यह बात भी पूर्णतया सत्य है कि जो नित्य है, वहीं मूल है, जो मूल है, वह अविभाज्य है। इसको सुखी आत्मा दुखी आत्मा एवं आकाश के विभाजन आदि का उदाहरण देकर खंडित नहीं कर सकते हैं क्यूंकि आत्मा में जो सुख-दुःख होता है, वह उसका अपना नहीं होता, बल्कि मन के सम्बन्धों से होता है। मन को यदि हटा लिया जाय तो आत्मा अपने नित्य आनंद स्वरुप में चली जाती है। किसी के साथ कितनी भी बड़ी दुर्घटना हो जाय, यदि वह नींद अथवा कोमा में चला जाय अर्थात खुद को अपने अहंकार यानि शरीर, मन, इन्द्रिय से अलग कर के नित्य आनंदमय स्वरुप में चला जाय तो आनंद ही मिलता है। इसी प्रकार आकाश के भी भेद वास्तविक नहीं है, वह तो केवल कल्पना से बताने की सुविधा के हिसाब से बाँट दिए गए हैं। जिस वस्तु को थोड़े देर पहले हम अपने परिप्रेक्ष्य में पूरब में बता रहे थे, उसकी तरफ चलते-चलते उससे आगे बढ़ गए तो आकाश में उस वस्तु की स्थिति हमसे अब पश्चिम में हो गयी। अतः यह वास्तविक विभाजन नहीं है।

अब यह संशय उत्पन्न होता है कि घड़ा आज है, कल नहीं है पर उसकी जाति (घड़ा जैसा कोई वस्तु होता है, इसका भाव) हर काल में है और वह इन्द्रियों को पता रहता है, अतः जातियों (घड़ापन या घड़त्व) की नित्यता तो इन्द्रियों द्वारा बोधगम्य है, तो भला नित्य वस्तुओं को इन्द्रियातीत क्यों कहा जाए?

चूंकि यह जातियां भी कभी न कभी प्रकट ही हुई हैं तथापि जातीयता को नित्य मान लें तो शब्द तो संतान की भाति एक के बाद एक उत्पन्न होते हैं। सारे शब्द एक साथ तो नहीं आते हैं। सबसे पहले एक शब्द, फिर उसके पीछे दूसरा शब्द इस प्रकार एक क्रम चलता रहता है। जैसे- किसी जाति में संतान उत्पन्न होती है और मृत्यु को प्राप्त हो जाती है, उसके बाद फिर संतान उत्पन्न होती है और फिर मृत्यु को प्राप्त होती रहती है, उसी प्रकार शब्द भी पैदा हो होकर नष्ट होते रहते हैं।

अब जो आकाश और आत्मा आदि में विभाजन अथवा उसके भी अलग-अलग प्रदेश बताकर यह कहा गया था कि जब परमाणु और फोटॉन आदि की भाति यह भी मूल हैं, तो इसका विभाजन कैसे हुआ, उसको और भी स्पष्ट करते हैं। द्रव्य दो प्रकार के हैं, कारण (एलिमेंट्री) द्रव्य और कार्य (कंसॉलिडेटेड या यूनिफाइड) द्रव्य। कारण (एलिमेंट्री) द्रव्य वह है, जिससे अन्य द्रव्यों का निर्माण होता है और वह इन्द्रियातीत (इन्द्रियों की क्षमता से परे) हैं। वह या तो इतनें सूक्ष्म होते हैं कि इन्द्रियाँ उनको नहीं देख/महसूस कर सकतीं अथवा वह इतने विस्तृत होते हैं कि इन्द्रियाँ सम्पूर्णता से उनको नहीं देख सकतीं। आकाश (स्पेस) एवं आत्मा (कॉन्सियसनेस), यह दोनों कारण (एलिमेंट्री) द्रव्य सर्वव्यापी हैं, अर्थात ऐसा कहीं कोई स्थान नहीं जहाँ आत्मा अथवा आकाश न हो। ये जहाँ पर क्रिया रूप वस्तुओं से सम्पर्क में हैं, वहां भी हैं और जहाँ संपर्क में नहीं हैं, वहाँ भी हैं। इनका विभाजन वास्तव में जो अनित्य नाशवान वस्तुए हैं उसके संपर्क के आधार पर किया जाता है। वास्तव में इनके भीतर कोई विभाजन नहीं है। जैसे- कोई कहे कि आज उत्तर प्रदेश में आकाश में बादल रहेंगे जबकि दिल्ली में आसमान साफ़ रहेगा, तो इसका अर्थ यह नहीं है कि दिल्ली और उत्तर प्रदेश के आकाश में कोई बटवारा हो गया, बल्कि इसका अर्थ यह है कि आकाश तो सर्वत्र एक ही है, बस जो अनित्य क्रियारूप बादल है वह कहीं है और कहीं नहीं है। इसी तरह आत्मा (कॉन्सियसनेस) भी कही है और कहीं नहीं है, ऐसा नहीं होता बल्कि वह सब जगह है, पर जो मन होता हैं वह एक बार में एक ही हिस्से से ज्ञान लेने देता है।

उच्चारण से पहले शब्द नहीं होता है, इसमें कोई संशय नहीं है। अगर होता तो वह कहीं न कहीं खोजने पर मिल जाता। जो वस्तु खोजने पर भी किसी प्रकार से नहीं मिल रही है, उसकी सत्ता स्वीकार नहीं की जा सकती। कई बार हम कोई वस्तु खोजते हैं, पर वह तुरंत नहीं मिलता, बाद में किसी झोले, संदूक आदि में मिल जाता है। इससे ऐसा प्रतीत होता है कि कई बार वस्तु सीधे-सीधे खोजने पर नहीं मिलती बल्कि उसका पहले आवरण मिलता है, आवरण हटाने पर वस्तु भी उसमें मिल जाती है। लेकिन शब्द के मामले में ऐसा कुछ भी प्रतीत नहीं होता क्यूंकि यदि यह मान लिया जाय कि शब्द पहले से था और उसे प्रयास से आवरण के बाहर निकाला गया, जिस कारण उसकी उपलब्धि हो रही है तो शब्द का आवरण तो प्राप्त होना चाहिए, पर ऐसा कोई आवरण भी नहीं है। अतः यह माना जाना चाहिए कि शब्द उत्पन्न हो रहा है, न की उसको आवरण के बाहर निकाला जा रहा है। जो वस्तु उत्पन्न हो रही है, वह देश-काल और परिस्थिति से अलग नहीं हो सकती और उसका नाश भी निश्चित है। अतः शब्द अनित्य अर्थात नाशवान है।

अब प्रतिपक्षी शब्द की स्थिति को लेकर स्वयं सशंकित है। वह कहता है कि शब्द या तो अविनाशी है अथवा नाशवान। अविनाशी है तो शब्द बोलने के बाद किसी आवरण में छिप जाता होगा और नाशवान है तो नष्ट हो जाता होगा। तीसरी तो कोई संभावना नहीं हो सकती।

अब वह शब्द को अविनाशी बताने के लिए नया तर्क का जाल बुनते हुए कहता है कि जैसे शब्द के नाश होने की प्रक्रिया न दिखने पर भी उसको नाशवान माना जा सकता है, वैसे ही आवरण के न दिखने पर भी उसे आवरण में छिपा माना लेना चाहिए।

इस संशय का समाधान करते हुए गौतम ऋषि कहते हैं कि इस तरह का संशय किसी भी प्रकार से उचित नहीं है क्यूंकि यह संशय सिद्धांतों के विपरीत है। जिसकी उपलब्धि ही नहीं है, उसकी सत्ता कैसे स्वीकार कर ली? क्यूंकि सत्ता तो उसी की स्वीकार हो सकती है जो उपलब्ध है।

जो वस्तु है ही नहीं, उसके लिए कहा जा रहा है कि अमुक वस्तु नहीं है, सिद्ध करो, जबकि सिद्ध तो किसी विषय, वस्तु, घटना एवं सत्ता को कर सकते हैं। अब जो है ही नहीं, वह सिद्ध कहाँ से होगा?

अतः ऐसा तर्क और संशय दोषपूर्ण है। साथ ही यह तर्क अन्योन्याश्रित भी है क्यूंकि पहले यहीं नहीं पता है कि आवरण है भी की नहीं, फिर आवरण की कल्पना कर ली गयी, फिर उस कल्पना के खंडन के साधन को खोजा गया और फिर कहा गया कि खंडन का साधन उपलब्ध नहीं है, इसलिए आवरण है। यह पूरी की पूरी कहानी काल्पनिक है। इसमें एक भी ऐसा हेतु अथवा उदाहरण नहीं जो शंका से मुक्त हो। संशय का निराकरण दूसरे संशय से नहीं हो सकता। इस प्रकार के तर्क अन्योन्याश्रित दोष से युक्त हैं, अतः शब्द को अनित्य और नाशवान माना जाना चाहिए, जो देश-काल और परिस्थिति के अनुसार उत्पन्न और नष्ट होते हैं।

अब अगला संशय उत्पन्न करते हुए कहा जाता है कि शब्द अस्पर्शवान है। जितने भी पदार्थ संयुक्त होते हैं जैसे की पृथ्वी, जल, वायु वह अपने अवयव से मिलकर बने होते हैं। जो पदार्थ अवयव (कॉम्पोनेन्ट) से मिलकर स्वयं को अवयवी (कम्पलीट) के रूप में विकसित करते हैं, वह सब स्पर्शवान होते हैं। जबकि जो मूल अवयव अर्थात परमाणु हैं वह इन्द्रियों के स्पर्श में नहीं आते हैं और अतीन्द्रिय बने रहते हैं। शब्द का भी कोई स्पर्श नहीं होता है, जैसे मूल कणों परमाणु, फोटान आदि का नहीं होता है। इसीलिए जैसे परमाणु नित्य है, उसी प्रकार शब्द भी अस्पर्शवान होने से नित्य और नाश से मुक्त है। वह अनंत काल से था और अनंत काल तक उसी प्रकार बना रहेगा। उसमे कोई परिवर्तन नहीं हो सकता, कहने वाला बस उसे प्रकट भर कर देता है, कोई नया ज्ञान नहीं देता है। अतः शास्त्रों आदि में कोई नया ज्ञान नहीं लिखा गया है, वह अनादि काल से अपरिवर्तनीय और अविनाशी अवस्था में है, उसको लिखने वाले केवल समय-समय पर आवरण से निकालकर प्रकट करते रहे हैं। इस कारण उनकी सत्ता जस की तस स्वीकारी जानी चाहिए।

इस संशय का समाधान करते हुए गौतम ऋषि कहते हैं कि जैसे कर्म भी उत्पन्न होता है पर वह स्पर्शवान नहीं होता और फिर कर्म का नाश हो जाता है, उसी प्रकार शब्द भी उत्पन्न होता है और उसका नाश हो जाता है। अतः स्पर्श के आधार पर किसी वस्तु को नित्य अथवा अनित्य ठहरा देना किसी भी प्रकार से उचित नहीं है। जैसे- कोई वस्तु किसी स्थान पर पड़ी है, किसी को कभी ध्यान आया कि उस वस्तु को एक जगह से हटाकर दूसरी जगह ले जाना चाहिए। इस प्रकार कर्म मानस में उत्पन्न हुआ, फिर हाथों से उस वस्तु पर बल लगाया गया और वह वस्तु एक जगह से दूसरे जगह चली गयी। अब कर्म क्रियारूप में आ गया और कार्य होने के बाद वह समाप्त हो गया।

परमाणुओं के समूह (द्रव्य) को, फोटान के समूह (ऊर्जा) द्वारा दिशा और काल के सम्बन्ध में परिवर्तित करना ही कर्म है।

जैसे- किसी बड़े पत्थर को तोड़ना है, किसी ने फोटान के समूह (अर्थात ऊर्जा) को परमाणुओं के समूह (अर्थात पत्थर) पर लगाया और वह अपने दिशा-काल (अर्थात स्पेस टाइम) के पुराने दायरे को तोड़कर अलग-अलग जगह चला गया। यहीं तक कर्म था, जिसके बाद कर्म का नाश हो गया। इन सबके बीच एक-एक फोटान, परमाणु, दिशा और काल स्वयं के स्वरुप में जस के तस स्थिर हैं, परन्तु उनके समूह से जो अवयवी बना था, वह छिन्न-भिन्न हो गया और उसका सम्बन्ध दिशा और काल (स्पेस टाइम) में बदल गया।

इस प्रकार कर्म के बारे में कोई कहे कि इसका स्पर्श कैसा होगा तो यह कोई नहीं बता सकता। जिसने पत्थर पर बल लगाया उसको पत्थर का स्पर्श तो मालूम है पर इस स्पर्श के द्वारा हाथ के ऊर्जा का पत्थर में स्थानांतरण किस प्रकार हो रहा है, यह दिखाई नहीं पड़ता। जैसे- बैटरी चार्ज करते हुए इलेक्ट्रान किस प्रकार एक जगह से दूसरे जगह जाकर एकत्रित हो रहे हैं, वह देखने अथवा स्पर्श से पता नहीं चल रहा पर वह कार्य कभी शुरू हुआ और बैटरी के इस्तेमाल पर एक न एक दिन समाप्त हो जायेगा। अतः स्पर्श के आधार पर किसी वस्तु को नित्य अथवा अनित्य कहना उचित नहीं है।

दूसरी बात यह है कि पृथ्वी, जल आदि जो पंचभूत के हिस्से हैं वह संयुक्त द्रव्य हैं, अतः इनका स्पर्श होता है, इसमें कहीं कोई संशय नहीं है क्यूंकि ये अलग-अलग असंख्य परमाणुओं से बने हैं जबकि शब्द तो आकाश का गुण है। आकाश सकल ब्रह्माण्ड में एक ही है। अर्थात आकाश अथवा स्पेस-टाइम जिन ग्रिड से मिलकर बना है ऐसा कोई स्थान नहीं जहाँ उसकी सततता समाप्त हो जाय। जो ग्रिड ब्रह्माण्ड के इस कोने पर है, उसी ग्रिड का विस्तार दूसरे कोने तक है।

इसको इस प्रकार समझते हैं, जैसे- चुम्बक के चारो और हम लोहे का चूर्ण रखकर उसमे थोड़ा कम्पन दें तो वह वक्राकार रेखाओं में चुम्बक के दोनों तरफ सज जाता है, और यह एक सतत रेखा में रहता है। यह रेखा चुम्बक के दोनों ध्रुवों को जोड़ती है, उसी प्रकार आकाश में जो ग्रिड है वह ब्रह्माण्ड के इस कोने से उस कोने तक सतत रूप से विराजमान है। आकाश अखिल ब्रह्माण्ड में एक ही है अतः उसके द्वारा संयुक्त पदार्थ बनाना असंभव है, जबकि पृथ्वी, जल, वायु एवं अग्नि संयुक्त पदार्थ है क्यूंकि वह असंख्य परमाणुओं अथवा फोटान के समूह से बने हैं। इसी प्रकार आत्मा (कॉन्सियसनेस) भी अलग-अलग जगह अलग-अलग नहीं है, वह विराट चेतना हर जगह एक ही है। इसलिए आकाश और आत्मा दोनों असंयुक्त भी हैं, नित्य भी हैं और संयुक्तता के अभाव में बिना स्पर्श के भी हैं।

उपरोक्त उदाहरणों से स्पष्ट होता है कि परमाणु समूह स्पर्शवान होकर भी नित्य हो सकते हैं जबकि आकाश और आत्मा नित्य होकर भी अस्पर्शवान। अतः स्पर्श के आधार पर नित्यता अथवा अनित्यता की सिद्धि नहीं हो सकती है। शब्दों को मानसिक कर्म के द्वारा स्वरयंत्र में क्रिया उत्पन्न करके जिह्वा, ओष्ठ और तालु आदि को संयुक्त करके उत्पन्न किया जाता है, वह अस्पर्शवान होते हुए भी अनित्य और नाशवान हैं।

अब प्रतिपक्षी द्वारा अगला संशय उत्पन्न किया जाता है। अब कहते हैं कि शब्द का सम्प्रदान होते हुए स्पष्ट ही दिखाई देता है अर्थात गुरु शब्दों

को अपने शिष्यों को प्रदान करता है। कोई वस्तु किसी के पास थी तभी तो उसने किसी अगले व्यक्ति को वह दिया।

इसका समाधान करते हुए एक मध्यस्थ कहता है कि शब्द यदि अध्यापन से पहले और अध्यापन के बाद उपलब्ध होता तो उसके नित्यता को स्वीकार कर सकते हैं परन्तु शब्द तो उसके पहले और उसके बाद अनुपलब्ध हो जाता है।

इस पर प्रतिपक्षी कहता है कि मध्यस्थ ने जो अनुपलब्धता की बात कही है वह उचित नहीं है क्यूंकि शब्द तो गुरु के हृदय में पहले से ही था और जब उन्होंने उसका उच्चारण कर दिया तो वह छिपे से प्रकट भाव में आ गया और फिर वह उच्चारण पुनः शिष्य के मस्तिष्क में जाकर स्मृति के रूप में बैठ गया। जैसे- अँधेरे बंद कमरे में वस्तुओं की उपस्थिति होने पर भी दीपक के अभाव में वह नहीं दिखते, उसी प्रकार उच्चारण के अभाव में शब्द हमें दिखाई नहीं पड़ता। अतः प्रत्यक्ष अनुपलब्धता के आधार पर शब्द की नित्यता पर कोई प्रश्न खड़ा नहीं हो सकता।

उपरोक्त दोनों संशयों (अर्थात प्रतिपक्षी और मध्यस्थ दोनों के) का ठीक से समाधान करते हुए गौतम ऋषि कहते हैं कि शब्द कोई अध्यापक अपने शिष्य को शब्द प्रदान कर रहा है, उस नाते उसकी नित्यता अथवा अनित्यता साबित नहीं कर सकते क्यूंकि यदि शब्द नित्य है तो भी वह प्रदान किया जा सकता है और अनित्य है तो भी उसको बनाने के लिए जिन पदार्थों को संयुक्त करना है, उसको कर्मों द्वारा संयुक्त कर के प्रदान किया जा सकता है। जैसे- किसी बड़े व्यक्ति ने किसी भिक्षुक को एक स्वर्णमुद्रा दान में दी तो यह कह पाना संभव नहीं है कि वह उसके पास खानदानी रूप से उपलब्ध थी अथवा उसने स्वयं बनवाकर दान दिया है। अतः नित्यता-अनित्यता का निर्णय सम्प्रदान के आधार पर कभी नहीं हो सकता है।

इसी प्रकार यह कहना कि शब्द गुरु के पास पहले से रहते हैं, वह बस उच्चारण के माध्यम से शिष्य को देता है, यह भी उचित नहीं है। वस्तुतः गुरु और शिष्य दोनों विश्लेषण से नए नए शब्दों को पुराने शब्द अवयवों

से उत्पन्न करते रहते हैं और उत्पन्न होने से वह नाशवान भी होता है। इसे ठीक प्रकार से समझे तो इसका अभिप्राय यह है कि जो गुरु, शिष्य को ज्ञान देने आया है उसके पास ज्ञान के अवयव मौजूद होते हैं तभी तो वह शिक्षा देने के योग्य है, परन्तु वह उन अवयवों को जोड़कर अंततः अपना एक अलग शब्द अथवा विचारधारा उत्पन्न करता है, जिसमें पूर्व में प्राप्त ज्ञान के साथ ही उसका अपना भी ज्ञान और विश्लेषण जुड़ा हुआ होता है। तात्पर्य यह है कि जिस गुरु ने शिष्य को ज्ञान दिया उसने कहीं से ज्ञान प्राप्त किया होगा पर बाद में उसने अपनी विश्लेषण क्षमता और देश-काल परिस्थिति को उस पुराने ज्ञान में संयुक्त कर दिया और एक नया ज्ञान उत्पन्न हो गया। अतः शब्द पुराने ज्ञान, नए विश्लेषण तथा देश-काल परिस्थिति से संयुक्त होकर उत्पन्न होता है। शब्द संयुक्त और उत्पत्तिवान होने से अनित्य और नाशवान ही है।

अब शब्द के अनित्य होने पर प्रतिपक्षी द्वारा नए तरीके से संशय उत्पन्न किया जाता है। इसके लिए कहते हैं कि हम मंत्र, जप आदि का अभ्यास देखते ही रहते हैं। जो वस्तु नाशवान है वह लगातार बार-बार इन्द्रियों से भला कैसे ग्रहण हो सकती है?

इस पर कहते हैं कि कोई वस्तु बार-बार दिखाई दे तो इसका मतलब यह नहीं है कि वह वस्तु अविनाशी है। यह भी हो सकता है कि बार-बार उस वस्तु को प्रयास से बनाया जा रहा हो। अतः बार-बार ग्रहण होने भर से शब्द को नित्य स्वीकार नहीं कर सकते हैं। किसी बाइक के शोरूम में वर्षों से प्रतिदिन एक ही तरह की नयी बाइक दिखाई पड़ रही है तो इसका यह अर्थ नहीं है कि एक ही बाइक सालों साल से वहां रखी हुई हैं। असल बात यह है कि बाइक हर रोज़ बदल जा रही है। नयी वाली बिक कर पुरानी हो रही है, उसके स्थान पर दूसरी नयी बाइक आ जा रही है।

अब इस जबाब पर नए तरीके से संशय उठाया गया कि यह जो कहा है कि एक ही शब्द जो बार-बार हम सुनते रहते हैं, वह हर बार अलग-अलग उत्पन्न होता है, उचित नहीं है। जब हर बार अलग अलग उत्पन्न हो रहा है तो उसका भाव अथवा अर्थ हर बार एक ही क्यों मिलता रहता है?

जब पहली बार घड़ा कहा जाएगा तब भी घड़ा ही अर्थ होगा और सौवीं बार घड़ा कहा जाएगा तब भी घड़ा का ही भाव हृदय में उत्पन्न होगा। इसलिए अलग-अलग बार सुनाई या पढ़े जाने वाले इन शब्दों को एक दूसरे से अलग नहीं माना जाना चाहिए। यह सब वास्तव में एक ही हैं और उसी एक नित्य का प्रकटीकरण भर हैं।

इसका जबाब देते हुए गौतम ऋषि कहते हैं की जो नित्य है, वह सतत है, और जो सतत है वह बार-बार कैसे घटित हो सकता है? और जो बार-बार घटित हो रहा है वह नित्य किस प्रकार से हो सकता है? अर्थात किसी को एक ही मानेंगे तो उसकी पुनरावृत्ति कैसे हो सकती है। किसी वस्तु अथवा घटना की पिछली घटना की तरह फिर से घट जाना पुनरावृत्ति है, पर वह घटना अथवा वस्तु पुरानी घटना अथवा वस्तु कदापि नहीं रह सकती। किसी को एक कह दिया है, तो उसका दोहराव नहीं हो सकता है और दोहराव हो गया तो वह एक नहीं हो सकता है। अतः यह स्वीकार कर लेना की बार-बार घटित हो रहा है वह स्वयं में घटना के अलग-अलग होने की स्वीकारोक्ति है।

उदाहरण से समझते हैं, जैसे कि कोई घड़ी है, उसका घंटे का काटा हर घंटे पर आगे बढ़ रहा है समान रफ़्तार से, उसी प्रकार हर 12 घंटे में काटा फिर से उसी स्थिति में आ जा रहा है, परन्तु इसका अर्थ यह नहीं है कि समय लौट कर फिर उसी पुराने जगह आ गया। समय जो पुराना था वह चला गया, नया समय आ गया है। कोई व्यक्ति एक रास्ते से रोज़ जा रहा है, इसका अर्थ यह नहीं है कि उस रास्ते से गुजरने की रोज़ की घटना पुराने की सततता है, बल्कि हर दिन जब वह उस रास्ते से गुजर रहा है तो हर दिन नयी संभावना बनी हुई है। इस प्रकार घटनाक्रम में दोहराव और एकरूपता दिखाई देने भर से उसे एक ही घटना का बार-बार प्रकटीकरण मानने के बजाय हर बार नयी घटना स्वीकार करना ही उचित होगा।

अब पुराने संशय को ही नए प्रकार से उठाया जाता है कि जितने भी अनित्य अर्थात नाशवान पदार्थ हैं उन सबमे हमें नाश होने का चिन्ह

दिखाई देता है। जैसे- कोई घड़ा है, वह टूट गया तो उसके टुकड़े हमें दिखाई देते हैं, पर शब्द के नाश होने का कोई चिन्ह प्रकट नहीं होता है। जैसे अवयवों के संयोग से उत्पत्ति होती है, उसी प्रकार उनके वियोग से नाश होता है, पर शब्दों के वियोग का कोई चिन्ह दिखाई नहीं पड़ता।

इस पर गौतम ऋषि कहते हैं कि शब्द यदि नाशवान नहीं होते तो वह सदैव सुनाई देते रहते, पर जब कोई शब्द बोला गया, उसके कुछ ही समय पश्चात उसका इन्द्रियों से सुनाई देना बंद हो जाता है। इसी प्रकार शब्द संयुक्त एवं उत्पत्ति वाले धर्म से युक्त होने से भी स्पष्ट अनुमानित किया जा सकता है कि यह निश्चित ही काल के साथ नष्ट होगा।

आगे उदाहरण देते हुए कहते हैं कि यदि किसी घंटे के ऊपर चोट करके आवाज उत्पन्न की जाय तो वह आवाज होती रहती है। परन्तु यदि उसमें हमने हाथ लगा दिया तो झट से उसकी आवाज नष्ट होकर कर्ण इन्द्रियों के ग्राह्यता से दूर हो जाती है, जिससे समझ में आता है कि हम आवाज को ऊर्जा देकर उत्पन्न भी कर सकते हैं और उसको ऊर्जा के प्रभाव से नष्ट भी कर सकते हैं।

इसी बात को आगे बढ़ाते हुए ऋषि कहते हैं कि यदि तुम यह मान लो की शब्द के विनाश का कोई कारण दिखाई नहीं पड़ता तो यह भी उचित नहीं है, प्रथम तो घंटे पर हाथ लगाते ही उसकी आवाज बंद हो जाती है और दूसरी बात की यदि शब्दों का नाश नहीं हो रहा होता तो कान में निरंतर शब्द गूंजते रहते और जब जिस ज्ञान को पाना होता तब मन को उस ज्ञान की तरफ लगाकर उसे पूरा का पूरा पा लेते, परन्तु ऐसा कभी भी देखने को नहीं मिलता। न तो हमारे कानों में शब्द लगातार गूंजते रहते हैं और न ही मन को लगाकर पुराने किसी शब्द को वैसे का वैसा हम पा सकते हैं। अतः शब्द नाशवान है।

अब जो स्पर्श के आधार पर घंटे में शब्द के नाश का उदाहरण दिया, उसमें प्रतिपक्षी द्वारा संशय उत्पन्न किया जाता है और कहा जाता है की शब्द तो आकाश का गुण है और शब्द एवं आकाश दोनों ही स्पर्शवान

नहीं है, अतः उसका नाश किसी भी प्रकार से स्पर्श से नहीं हो सकता हैं। वास्तव में शब्द घंटे में पहले से था जब उस पर चोट किया गया तो उसमें स्थित शब्द का आविर्भाव अर्थात प्रकटीकरण भर हो गया जबकि जब उसे पुनः स्पर्श दिया गया तो शब्द फिर से तिरोभाव में चला गया अर्थात छुप गया।

इसका समाधान करते हुए गौतम ऋषि कहते हैं कि जब किसी घंटे पर जोर से प्रहार करते हैं तो उसकी ध्वनि अलग प्रकार की होती है और धीरे प्रहार करते हैं तो अलग प्रकार की होती है। इसी प्रकार घंटे के निचले हिस्से पर चोट करने पर अलग ध्वनि सुनाई पड़ती है जबकि ऊपरी हिस्से पर से अलग ध्वनि। जब शब्द वहां पहले से था तो आखिर हर बार बदल क्यों जा रहा है? क्यूंकि शब्द प्रयत्न से अर्थात हाथ, हाथ में चोट के लिए डंडा, उस डंडे का घंटे पर प्रहार, प्रहार में बल, घंटे में स्थान आदि इन तमाम विषयों के संयुक्त होने पर उत्पन्न हो रहा है इसलिए इनमें से कुछ भी बदलने पर शब्द बदल जा रहा है। यदि शब्द छिपा हुआ होता तो उस आवरण को हम चाहे जैसे खोलते उसके भीतर का बंद उत्पाद बिलकुल वैसा का वैसा ही रहता।

(इस पर यह संशय भी उठ सकता है कि आवरण को निर्ममता से खोला जाय तो उसके अंदर के उत्पाद का क्षरण हो सकता है। परन्तु जिस वस्तु में हम क्षरण की कल्पना करेंगे वह भी अनित्य और नाशवान सिद्ध हो जायेगी। अतः शब्द अनित्य और नाशवान ही है, इसमें किसी भी प्रकार का कोई संशय नहीं रह जाता है।)

इस प्रकार शब्द जो ध्वनि के रूप में कानो से सुनाई पड़ते हैं उनकी हर प्रकार से वृहद परीक्षा लेकर उसे अनित्य और नाशवान सिद्ध कर दिया जाता है और तात्पर्य यह निकलता है कि शब्द विभिन्न परिस्थितिओं के आधार पर उत्पन्न होता है। उसको नित्य और स्थिर मानना उचित नहीं है। शब्द जिन कारणों के लिए बोले गए हैं, वह कारण ही लक्ष्य हैं न कि जिस प्रकार से शब्द बोले गए हैं वह लक्ष्य है।

प्रिय पाठकों, मैंने जानबूझकर अध्याय संख्या 06 को यहां से हटाकर अध्याय संख्या 12 के बाद रखा है।

यह पुस्तक दो दृष्टि से लिखा गया है, पहला तर्क सीखना और दूसरा सृष्टि के रहस्यों को ठीक ठीक समझना।

इस पुस्तक में अध्याय संख्या 06 एवं अध्याय संख्या 13 और 14 यह तीनों सृष्टि के रहस्यों को समझने में विशेष योगदान नहीं देते। इन अध्यायों की मुख्य भूमिका तर्कशास्त्र एवं न्याय के विद्यार्थियों, विशेष रूप से अधिवक्ताओं के काम के हैं, अतः इन तीनों अध्यायों को बाद में एक साथ अंत में रखा गया है, ताकि दर्शन और चेतना की इस यात्रा में किसी भी प्रकार का व्यवधान न पड़े।

उन तीनों अध्यायों को एक साथ पढ़ना ही उचित रहेगा, भले वह महर्षि वात्स्यायन के भाष्य में अलग क्रम में हैं।

सादर धन्यवाद।

अध्याय - 7

न्याय दर्शन

अब तक प्रमाणों की बहुत विस्तृत परीक्षा संपन्न की गयी, जिसके बाद प्रमेयों की परीक्षा शुरू की जायेगी। हम पहले अध्याय में यह देख चुके हैं कि प्रमेय कुल 12 प्रकार के हैं।

सबसे पहले प्रथम प्रमेय आत्मा का परीक्षण किया जाएगा।

कुछ लोगों का मत है कि आत्मा की अपनी अलग से कोई सत्ता नहीं है। यह मृत्यु से डरने वालों की एक कपोल कल्पना है। वास्तव में इन्द्रियों का समूह और उससे उत्पन्न बुद्धि ही आत्मा अथवा अवयवी है। आत्मा को इन सबसे अलग स्वतंत्र सत्ता मानना किसी भी प्रकार से उचित नहीं है। ऐसा मानने वालों को इन्द्रियवादी, इन्द्रियचैतन्यवादी अथवा चैतन्यवादी कहते हैं।

सर्वप्रथम इन्हीं के पक्ष का निराकरण करते हुए गौतम ऋषि कहते हैं कि जिस वस्तु को हम इन्द्रियों से देखते हैं, उसी को हाथों से ग्रहण भी करते हैं, उसी का स्पर्श करते हैं, उसी का स्वाद चखते हैं। सब इन्द्रियां अलग-अलग हैं पर उन सबका कोई एक धर्मी (धारणकर्ता) है जो इन सब इन्द्रियों को धारण करके उनसे आवश्यकतानुसार अलग-अलग कार्य करा रहा है अर्थात इन्द्रियों की भूमिका नौकर के समान है और कोई मालिक है जो इनको आदेशित कर रहा है। जो मालिक इन इन्द्रियों को आदेशित कर रहा है वहीं आत्मा है। यदि कोई व्यक्ति एक नींबू को छुए तो उसे उसके स्पर्श के साथ-साथ यदि स्वाद न भी ले तब भी स्मृति के आधार पर उसका पता चल जाता है। सभी इन्द्रिय अलग-अलग हैं फिर भी उनमें संयोजन देखने को मिल रहा है। वस्तुतः वह संयोजक ही आत्मा है।

इस पर इन्द्रियवादी कहता है कि ऐसा कहना किसी भी प्रकार से उचित नहीं है। यदि कोई अन्य पृथक सत्ता है, जो इन इन्द्रियों का संयोजन कर रही है तो वह अपने ऊपर निर्भर इन इन्द्रियों से जरुरत के अनुसार अलग-अलग समय अलग-अलग काम करा लेती। जैसे- मान लीजिये कि किसी के पास एक माली है, एक सफाई करने वाला है और एक भोजन बनाने वाला है, लेकिन यदि किसी कारण माली नहीं आया तो सफाई वाले से माली का काम लिया जा सकता है। यह संभव है कि सफाई वाला माली वाले की तरह एकदम ठीक काम न करे पर वह कुछ न कुछ काम तो कर ही लेगा। परन्तु इन्द्रियों के विषय में ऐसा देखने को नहीं मिलता है क्यूंकि जो इन्द्रिय जिस कार्य के लिए निर्धारित है वह उसी विषय को ग्रहण करती है। किसी भी कीमत पर जिह्वा से देखने का और आँख से चखने का काम नहीं हो सकता, इसलिए आत्मा को स्वीकारना ठीक नहीं है।

इस संशय का समाधान करते हुए गौतम ऋषि कहते हैं कि इन्द्रियवादी ने जो यह तर्क दिया कि प्रत्येक इन्द्रियां नियत काम करती हैं, वह स्वयं में प्रमाण है कि इनकी कोई अपनी स्वतंत्र सत्ता नहीं है, अपितु वह किसी व्यवस्था में बद्ध होकर कार्य कर रहीं हैं। कोई इनका ऐसा अध्यक्ष अथवा मुखिया है जो इनसे यह चाकरी करवा है। वह मुखिया वहीं है जो कहता है कि यह मेरी आँख है, यह मेरा कान है पर वह कान अथवा आँख स्वयं नहीं है। अगर कोई व्यक्ति आज अपने घर में सफाई कर रहा है, कल माली का काम कर रहा है, परसो भोजन पका रहा है, तो इसकी बड़ी संभावना है कि वह उस घर का मालिक हो। परन्तु जब कोई व्यक्ति किसी घर में रोज़ सफाई ही कर रहा है अथवा रोज केवल नियम से खाना ही पका रहा है तो स्पष्ट है कि वह उस घर में चाकरी कर रहा है जबकि मालिक कोई और ही है। अतः चेतन आत्मा का इन्द्रियों से भिन्न एक अस्तित्व है और वह इन सबका संचालन कर रहा है।

इन्द्रियवादी जहां इन्द्रियों को सम्पूर्ण मान लेते हैं वहीँ देहात्मावादी इस देह को ही सम्पूर्ण मानते हैं। वे कहते हैं कि इस देह के अतिरिक्त किसी

अन्य वस्तु जैसे आत्मा की पृथक सत्ता मानने का कोई औचित्य नहीं है। यह शरीर अपने आप में पूर्ण है। इन्द्रियों का अध्यक्ष यह शरीर ही है।

इस पर गौतम ऋषि कहते हैं कि यदि इस शरीर से भिन्न कोई आत्मा नहीं होती तो इस देह को जलाने से हिंसा होती और पाप होता, पर हम यह देखते हैं कि मृत्यु के बाद भी शरीर रहता है और जब उसको जलाया जाता है तो उसमें ऐसी कोई प्रतिक्रिया नहीं होती जिससे यह पता चले कि उसके साथ हिंसा हो रही है। अपितु मृत्यु के बाद शरीर को न जलाना अवश्य पाप माना जाता है। अतः शरीर के अतिरिक्त कोई है जो इन्द्रियों समेत इस शरीर का मालिक है। जब तक वह रहता है शरीर में प्रताड़ना होने पर हिंसा का चिन्ह मिलता है और उसके चले जाने पर शरीर में प्रताड़ना होने पर भी हिंसा का कोई चिन्ह दिखाई नहीं पड़ता।

इस पर शरीरवादी यह तर्क देता है कि यदि यह कहा जा रहा है कि इस शरीर के अतिरिक्त कोई नित्य आत्मा है जो इस शरीर का मुखिया है, तब तो इसके अनुसार कभी किसी के साथ हिंसा हो ही नहीं सकती क्यूंकि वह तो नित्य है। शरीर को मारा जाय, काटा जाय, इन्द्रियों को घायल कर दिया जाय, इन सबसे किसी भी प्रकार की हिंसा की संभावना नहीं बन सकती क्यूंकि ये सब तो इस भौतिक शरीर को परेशान कर सकते हैं पर इसका मालिक अर्थात तथाकथित नित्य आत्मा तो हर प्रकार से सुरक्षित है। तो आखिर ऐसा क्यों होता है कि जब कोई जीवित होता है और उसके साथ हिंसा होती है तो वह प्रतिक्रिया देने लगता है और पीड़ित दिखता है?

इन सब बातों से स्पष्ट है कि शरीर ही या तो सब कुछ है अथवा फिर जीवित व्यक्ति को घायल कर देने या मार देने में कोई हिंसा नहीं होती।

इसका समाधान करते हुए गौतम ऋषि कहते हैं कि यह प्रश्न उठाना किसी भी प्रकार से उचित नहीं है कि आत्मा के साथ हिंसा होती है अथवा नहीं। हिंसा तो आत्मायुक्त शरीर और इन्द्रियों में उपघात से ही हो सकती है। वास्तव में आत्मा मालिक है पर उसको सुख-दुःख, राग-द्वेष,

प्रयत्न आदि के लिए शरीररूपी साधन की आवश्यकता पड़ती है। आत्मा का कार्य बिना शरीर के संभव नहीं है।

आत्मा 'अहंकार' के कारण शरीर और इन्द्रियों को अपना समझता है, जब तक उसका शरीर के साथ लगाव है तब तक शरीर और इन्द्रियों के ऊपर हुए हिंसा को स्वयं के साथ हुआ समझकर दुखी होता है। एक बार जब मृत्यु के बाद शरीर से लगाव छूट जाता है, तो उस शरीर के साथ चाहे जो हो रहा हो उससे आत्मा को कोई फर्क नहीं पड़ता है। इसी कारण मृत्यु से पूर्व शरीर के प्रति आत्मा के अहंकार (लगाव) के कारण हिंसा होती है जबकि मृत्यु के बाद नहीं। जैसे- कोई व्यक्ति अपने घर के भीतर बैठा हुआ है, उस समय घर पर कोई हमला हो, बम विस्फोट हो, भूकंप आये तो वह घायल हो सकता है। परन्तु जब घर खाली हो, तब उस पर हमला करने अथवा घर गिरा देने से व्यक्ति पर कोई प्रभाव नहीं पड़ेगा। जिस प्रकार घायल होने के लिए व्यक्ति का घर में होना जरुरी है, उसी प्रकार हिंसा के लिए आत्मा का शरीर में रहना जरुरी है।

इसको अन्य उदाहरण से समझने का प्रयास करते हैं, यह मान लीजिये कि किसी व्यक्ति के पास पुस्तैनी सोना था, उस सोने को बड़े जतन से वह संचय करके सुरक्षित रखता है। परन्तु एक दिन पता चला कि उस सोने की चोरी हो गयी। इस घटना से वह व्यक्ति बहुत दुखी होगा, भले सोने का वह कोई उपयोग नहीं कर रहा था। वह पीढ़ी दर पीढ़ी बस ऐसे ही पड़ा हुआ था, पर उसके प्रति जो उसका अहंकार और अपनापन है, उस कारण उसे सोने के चोरी हो जाने का बहुत दुःख होगा।

अब एक ऐसे व्यक्ति के बारे में कल्पना करिये, जिसके बाप दादा के पास खूब सोना था पर उन्होंने इस व्यक्ति से उस सोने के बारे में कभी चर्चा ही नहीं की। वह सोना कहीं घर में सुरक्षित पड़ा हुआ था। एक दिन एक चोर ने जिसको इस सोने के बारे में पता था, चुरा लिया। इस घटना से जिस व्यक्ति का सोना था, उसे कभी भी कोई फर्क नहीं पड़ेगा और इसके पीछे का एकमात्र कारण यह होगा कि उसको कभी सोने का अहंकार था ही नहीं।

दोनों के पास सोना था, दोनों के किसी काम का नहीं था, बस पड़ा हुआ था, परन्तु जिसको सोने से अहंकार था वह दुखी होगा और जिसको नहीं था, वह सहज भाव में बना रहेगा।

अतः जीवन में जो भी हिंसा, दुःख, सुख, राग, द्वेष आदि उत्पन्न होते हैं, सब अहंकारजनित ही होते हैं। जब तक आत्मा को शरीर का अहंकार है, तभी तक हिंसा हो सकती है।

आगे गौतम ऋषि कहते हैं कि जिस वस्तु को बाए आँख से देखा, उसे हम दाहिने आँख से देखकर भी पहचान लेते हैं। अतः इन्द्रियों की सत्ता को मान लेना उचित नहीं है क्यूंकि अगर इन्द्रियां हीं स्वतंत्र रूप से विषयों को जानकर खुद ही विश्लेषण कर लेतीं तो एक इन्द्रिय की जानकारी दूसरे तक नहीं जा पाती, परन्तु ऐसा वास्तव में नहीं है। एक कान से जो सुना, उसे फिर से दूसरे कान से सुना तो पहचान लिया कि यह वहीं आवाज है। इसका स्पष्ट अर्थ है कि आँख अथवा कान बाह्य जगत में उपलब्ध जानकारियों को अंदर तक ले जाने वाले साधन भर हैं। अंदर 'अन्य' कोई है जो उन सूचनाओं को विश्लेषित भी करता है और सुरक्षित भी रखता है। बाद में वहीं अंदर बैठा 'अन्य' पूर्व की सूचनाओं के आधार पर नयी सूचनाओं को विश्लेषित करने का भी काम करता है। वह 'अन्य' आत्मा ही है।

इस बात पर संशय उठाते हुए प्रतिपक्षी कहता है कि यह मान लेना कि दायी आँख और बायीं आँख दो अलग-अलग इन्द्रियां हैं, उचित नहीं है। इसी प्रकार दोनों तरफ के कानों को भी अलग-अलग मानना उचित नहीं है। वास्तव में यह दोनों एक ही हैं, बस आँख के बीच में नाक की हड्डी आ जाने से यह दो लगने लगा। किसी नदी में एक सेतु बना देने से वह दो नदी नहीं हो जायेगी, बस उसके दो हिस्से हो जाएंगे, पहला सेतु के एक तरफ और दूसरा दूसरी तरफ। इसलिए यादाश्त और उपलब्धि को आधार बनाकर जो आत्मा को सिद्ध किया गया, वह गलत है। वस्तुतः दोनों आँख अथवा दोनों कान अंदर से एक ही हैं।

इसका समाधान करते हुए ऋषि कहते हैं कि यदि आँख दो नहीं हैं बल्कि एक ही है, तब तो इस हिसाब से एक आंख के खराब होने पर दूसरा भी

खराब हो जाय अथवा एक कान से बहरा हो जाने पर दोनों कान से सुनाई देना बंद हो जाए। परन्तु ऐसा कुछ भी देखने को नहीं मिलता। कई बार लोग जन्म से ही केवल एक आँख लेकर पैदा होते हैं, अतः आंख और कान को दो मानना चाहिए। कोई भी वस्तु जब एक इकाई के रूप में कार्य करती है तो उसका कोई भी एक हिस्सा खराब हो जाय तो खराबी का असर पुरे तंत्र पर पड़ता है। लेकिन जब किसी वस्तु की सत्ता स्वतंत्र हो तो अन्य किसी वस्तु के खराबी से उस पर असर नहीं पड़ता है। एक कान के खराब होने पर दूसरे कान पर कोई फर्क न पड़ना, यह स्पष्ट बताता है कि दोनों कानों की अपनी अलग-अलग स्वतंत्र सत्ता है। अतः इन्द्रियां स्वतंत्र रूप से विश्लेषण करके ज्ञान नहीं प्राप्त कर सकतीं, कोई उनके ऊपर भी विश्लेषण के लिए बैठा है।

इस पर पुनः संशय करते हुए इन्द्रियवादी कहता है कि यह कहना किसी प्रकार उचित नहीं है कि एक आँख के खराब होने से दूसरे से काम चल जाता है, इसलिए इन दोनों को अलग-अलग मानना चाहिए क्यूंकि यदि हम किसी पेड़ के एक हिस्से को काट दें, तो भी उसका शेष हिस्सा हमें फल फूल देता रहेगा। इसी प्रकार आँख एक ही है। ऐसा नहीं है कि कोई अन्य उसके ऊपर बैठकर दोनों आँखों का संयोजन करा रहा है बल्कि दोनों एक होने से पहले से ही संयोजित हैं। अतः आत्मा को मानने का कोई औचित्य नहीं है।

इस संशय का समाधान करते हुए गौतम ऋषि कहते हैं कि यह जो उदाहरण दिया गया वह किसी भी प्रकार से उचित नहीं है क्यूंकि वृक्ष अवयवी है और उसकी शाखाएं अवयव हैं। जबकि आँख में ऐसा सम्बन्ध नहीं है। एक आँख दूसरे आँख का अवयवी नहीं है और यदि नाक के बीच की हड्डी न भी हो, तो भी उनके गोलक, लेंस, कार्निया रेटिना और नसें अलग-अलग हैं। अतः आँख दो हैं, यह प्रत्यक्ष सिद्ध है। एक आँख से देखे गए पदार्थ को दूसरी आँख से पहचाना जा सकता है, यह भी सिद्ध है। अतः किसी इन्द्रिय की अपनी स्वतंत्र सत्ता नहीं होती बल्कि वह आत्मा का साधन भर है। आत्मा इन्द्रियों के द्वारा विषयों को जानने का काम करती है।

अभी तक तो हमने केवल दो आँखों, दो कानों आदि के ही आपसी संबंधों की चर्चा की, परन्तु एक प्रकार के इन्द्रिय से प्राप्त जानकारी से दूसरे प्रकार के इन्द्रिय को भी प्रभावित होते स्पष्टता से देखा जाता है। जैसे- किसी ने बहुत अच्छे व्यंजन को देखा, देखने का यह कार्य आँख ने किया पर उसको देखते ही जीभ उसका स्वाद पाने के लिए लालायित हो गयी और मुँह में पानी आने लगा। जिह्वा अलग अंग है और आँख अलग, पर एक ने दूसरे पर प्रभाव डाल दिया जबकि आँख कभी भी स्वाद लेने का और जिह्वा कभी भी देखने का काम नहीं कर सकती। इसका स्पष्ट मतलब है कि कोई भिन्न सत्ता है, जो सभी इन्द्रियों से प्राप्त सूचनाओं का संचय कर रहा है और एक के जानकारी से दूसरे को प्रभावित कर रहा है। इन्द्रियों को साधन की तरह इस्तेमाल करने वाला वह भिन्न सत्ता आत्मा ही है।

इस बात को लेकर अब फिर से संशय करते हुए कहा जाता है कि यह कहना कि एक इन्द्रिय ने किसी विषय को देखा तो दूसरे इन्द्रिय से भी उस विषय से संबंधित ज्ञान उत्पन्न होना शुरू हो जाता है, अतः हमें इन इन्द्रियों के अतिरिक्त किसी अन्य को इनके अध्यक्ष के रूप में मानना चाहिए, उचित नहीं है। इसका कारण यह है कि जो ज्ञान अन्य इन्द्रियों से उत्पन्न होता है, वह तो एक प्रकार की स्मृति ही होती है। स्मृति के कारण ही बाकी इन्द्रियां खुद को उस पदार्थ से जुड़े पूर्व अनुभवों को महसूस करके सक्रिय हो जाती हैं। जैसे- किसी ने मिठाई को आँखों से देखा तो उसकी जिह्वा भी सक्रिय हो गयी। लेकिन यह मान लीजिये कि किसी ने मिठाई का स्वाद कभी लिया ही न हो अर्थात उसके जिह्वा को मिठाई के स्वाद का कोई पूर्व अनुभव अथवा स्मृति न हो तो उसकी जिह्वा किसी भी प्रकार से सक्रिय नहीं हो सकती है। अतः इन्द्रियों से इतर आत्मा को मानना उचित नहीं है। जिसे आत्मा कहा जा रहा है, वह वास्तव में केवल स्मृति भर है।

इसका समाधान देते हुए ऋषि अपना मत रखते हैं। स्मृति इन्द्रियों का विषय हो ही नहीं सकता क्यूंकि यदि इन्द्रियाँ स्वयं में विषयों का ज्ञान प्राप्त करती और स्मरण करती तो एक ही शरीर के भीतर कई कर्ता हो जाते, पर कर्ता अर्थात इस शरीर का "मैं" तो केवल एक ही है।

दूसरी बात, इन्द्रियों को ही अपने आप में पूर्ण मान लिया जाय तो हम इस बात पर पहले से ही सहमत हैं कि प्रत्येक इन्द्रिय अपना काम करती है तो फिर इनमें आपस में संयोजन कैसे हो गया? इसी प्रकार मृत व्यक्ति में भी इन्द्रियां रहती हैं और विषय भी सामने होता है, पर प्रतिक्रिया कोई नहीं होती। इन्द्रियों को ही स्मृति का आधार मानने पर और भी समस्या है। जैसे- कोई व्यक्ति आँख के साथ पैदा हुआ लेकिन मान लीजिये कि जन्म के कई साल बाद किसी बीमारी से वह अंधा हो गया, पर अंधा होने के बाद भी दृष्टि वाली उसकी स्मृति बनी रहती है। उसको एक-एक घटनाक्रम स्मृति में दिखाई देता है। उसको स्वप्न की अवस्था में एक-एक घटना पुरे बारीकी से दिखती है। लेकिन यदि कोई जन्मांध व्यक्ति हो, तो ऐसी कोई भी संभावना नहीं बनती। अतः स्मृति किसी भी प्रकार से इन्द्रियों का विषय नहीं हो सकता।

इसी प्रकार गौतम ऋषि कहते हैं कि स्मृति को केवल पूर्व के अनुभव तक सीमित करना भी उचित नहीं है क्यूंकि स्मृति में तो वह कल्पनाएं भी आती हैं जिनको इन्द्रियों ने कभी देखा, सुना अथवा जाना भी नहीं था। जो कभी चाँद पर नहीं गया, वह भी चाँद के सपने देख सकता है। हर व्यक्ति रोज़ नयी नयी कल्पनाएं करता रहता है। बहुत सी कल्पनाएं बिलकुल ही नयी होती हैं। वस्तुतः मनुष्य के विकासक्रम में इन कल्पनाओं की सबसे अहम् भूमिका है। नवीन कल्पनाएं कर उसको साकार करना, यही मनुष्यता के विकास का जरुरी पोषण है। स्मृति और सोच का मतलब केवल पुराने अनुभवों का इकट्ठा होना भर ही नहीं है। अतः कर्ता इन इन्द्रियों से भी आगे का है, वहीँ पुराना याद रखते हुए नए कल्पनाओं को लाता है, फिर उन कल्पनाओं में रंग भरता है और अंत में उसे साकार भी करता है।

अब प्रश्नकर्ता इस बात को तो स्वीकार कर लेते हैं कि कोई इन्द्रिय से भिन्न ऐसा कर्ता है, जो सबका संयोजन कर रहा है एवं सब इन्द्रियों से विषयों का ज्ञान ले रहा है, साथ ही साथ नई सोच को भी उत्पन्न कर रहा है। लेकिन अब इस बात पर संशय करते हैं कि इन्द्रियों से इतर कुछ है, जो इन सबका अध्यक्ष है लेकिन उसे आत्मा मानने की क्या

आवश्यकता है? यह सब काम तो मन भी कर लेगा क्यूंकि मन ही है जो इन्द्रियों से जुड़कर ज्ञान को होने देता है। अतः स्मृति, नवीन सोच, कल्पना, स्वप्न आदि सब उसी के माध्यम से हो रहा है।

इसका निराकरण करते हुए गौतम ऋषि कहते हैं कि जैसे इन्द्रियाँ हैं, वैसे ही मन है, कर्ता के लिए साधन है। इन्द्रियों से सारे बाह्य विषय प्राप्त होते हैं। कौन सा विषय कब प्राप्त करना है और कौन सा नहीं करना है, यह निर्णय मन के हाथ में होता है। परन्तु यदि हमने आत्मा के बजाय मन को स्वीकार कर लिया और यह कहा की मन ही है जो ज्ञान प्राप्त करता है तो इससे कोई अंतर उत्पन्न नहीं होगा। यह तो केवल आत्मा का नाम बदलकर मन करने जैसा है। अब जब मन को ही हमने आत्मा मान लिया तो वह ज्ञान का साधन जो एक बार में एक इन्द्रिय के ज्ञान को आने देता है, उसका कोई और नाम रखना होगा। अतः मन को ज्ञाता मान लेने पर भी उसमें सारे गुण आत्मा के होने से केवल संज्ञा का भेद होगा परन्तु अर्थ वही रहेगा।

मन को एक बार में एक विषय का ज्ञान कराने वाले साधन के बजाय मंता मान लिया जाय तो उस मंता को भी तो मनन करने के लिए किसी साधन की आवश्यकता होगी और वह साधन जो होगा उसमें फिर से सारे गुण तो मन वाले ही आ जायेंगे। सभी प्रकार से केवल नाम का ही अंतर पड़ रहा है, न कि कोई वास्तविक भेद। अतः इस सिद्धांत पर कोई आक्षेप नहीं लग पा रहा है कि आत्मा, इन्द्रियों से अलग ज्ञाता के रूप में विराजमान है जो ज्ञान के साधनों का प्रयोग कर ज्ञान प्राप्त करता है।

आगे कहते हैं कि अनुमान से भी यह प्रमाणित होता है कि इन्द्रियों के बाद मन भी ज्ञान का एक आवश्यक साधन है ज्ञाता के लिए। क्यूंकि विषयों को देखकर, सुनकर, चखकर, सूंघकर, स्पर्श कर हमें ज्ञान तो प्राप्त होता ही है, लेकिन बहुत बार हम सुख, दुःख, विक्षोभ, नैराश्य, कुंठा आदि का भाव केवल सोचने अर्थात मनन करने भर से ग्रहण करते हैं। जीवन की ढेर सारी उपलब्धियां ऐसी होती हैं जिनका इन पांच इन्द्रियों से कोई विशेष लेना देना नहीं होता। उदाहरण के लिए, किसी चिकित्सक

के पास कोई असाध्य बीमारी का मरीज़ आया और उस चिकित्सक ने बीमारी की ठीक-ठीक पहचान करके उसे स्वस्थ कर दिया तो उसके बाद उस चिकित्सक को जो सुख और संतुष्टि का एहसास होता है, वह देखने, सुनने, सूंघने, स्पर्श करने अथवा चख लेने से प्राप्त नहीं हो सकता। यह आनंद तो मनन के कारण ज्ञाता को प्राप्त होता है। अतः मन और अन्तःकरण को हम नकार नहीं सकते हैं। अन्तःकरण का अर्थ है- वह कान जो अंदर होता है अर्थात जो अंदर की आवाज को सुन लेता है। वह अंदर की आवाज मनन के कारण ही उत्पन्न होती है और मनन बिना मन के किसी भी प्रकार से संभव नहीं है।

इस प्रकार आत्मा की भी अपनी सत्ता है, यह सिद्ध होता है। आगे अब यह विचार किया जाता है कि आत्मा नित्य है अथवा अनित्य।

सर्वप्रथम गौतम ऋषि आत्मा की नित्यता को बताते हुए कहते हैं कि आत्मा को नित्य ही समझना चाहिए। जो बालक अभी-अभी उत्पन्न हुआ, जिसके इन्द्रियों ने कोई अभी विशेष वाह्य विषयों के अनुभव प्राप्त नहीं किये उसमें भी पैदा होने के साथ ही सुख-दुःख, इच्छा-द्वेष आदि गुण पाए जाते हैं। अर्थात कोई न कोई साधन ऐसा है जो इन संवेदनाओं को जन्म से लेकर आ रहा है, वहीँ साधन आत्मा है। बिना पूर्वाभ्यास के यह संवेदनाएं नहीं आ सकतीं।

आत्मा को यदि उत्पन्न हुआ मानें तो फिर प्रश्न यह खड़ा हो जाएगा कि इसका उपादान कारण क्या है?

अर्थात सत्ताशील वस्तुओं को न तो उत्पन्न किया जा सकता है और न ही नष्ट कर सकते हैं, वह जितनी थीं उतनी ही बनी रहेंगी। वह केवल एक प्रकार से दूसरे प्रकार में परिवर्तित हो सकती हैं। अतः यदि आत्मा है, तो यह पता करना आवश्यक है कि आखिर इसने किससे परिवर्तित होकर आत्मा का रूप ग्रहण किया है? क्यूंकि कारणविहीन सत्ताएं (एलिमेंट्री पार्टिकल एवं मूलभूत सत्ताएं) ही मूल तत्व होने से नित्य और अमर होती हैं। यदि आत्मा का कोई कारण नहीं है तो वह बेसिक अथवा आधारभूत होने से निश्चय ही नित्य और अमर है।

पर जैसा कि शब्द प्रमाण के समय कहा गया था कि शब्द से जो ज्ञान उत्पन्न होता है, वह भी बिना उपादान कारण के उत्पन्न होता है, उसी प्रकार मान लिया जाय कि आत्मा भी बिना उपादान कारण के इस शरीर में उत्पन्न हो गया तो यह भी उचित नहीं होगा क्यूंकि शब्द और ज्ञान आदि 'गुण' हैं जो बिना उपादान कारण के अपने स्वाभाविक आश्रयों में पाए जाते हैं जबकि आत्मा एक 'द्रव्य' है। अतः जब तक आत्मा का उपादान कारण सिद्ध नहीं होता, आत्मा नित्य एवं अविनाशी ही स्वीकार की जायेगी।

इस पर शंका करते हुए प्रतिपक्षी द्वारा कहा जाता है कि जैसे कोई कमल का फूल है, उसमें जन्म से ही कली बनने, खिलने, मुरझाने आदि की वृत्ति होती है अथवा सूरजमुखी है, उसमें सूर्य के अनुसार चलने की वृत्ति होती है, ठीक उसी प्रकार शरीर में सुख-दुःख, इच्छा-द्वेष आदि की वृत्ति स्वयं से उत्पन्न हो जाती है। अतः सुख दुःख आदि गुणों से युक्त यह आत्मा शरीर में अपने आप स्वाभाविक तौर पर उत्पन्न होता है। वह कहीं और से नहीं आता।

इस दृष्टांत पर गौतम ऋषि कहते हैं कि यह जो कमल का दृष्टांत दिया गया वह उचित नहीं है क्यूंकि कमलदल और सूरजमुखी आदि पर जो कर्म स्वयं से होता हुआ दिख रहा है, वह वास्तव में शीत, ग्रीष्म, सूर्य, चन्द्रमा, तापमान आदि के प्रभावों के कारण है। वह स्वयं से नहीं हो सकता जब तक कि यह सब परिस्थितियां उसको न दी जाय। उदाहरण के लिए, पृथ्वी पर जब कहीं दिन होता है, उसी समय कहीं पर रात भी होती है, अतः जो कमल एक जगह खिल रहा होता है, ठीक उसी समय किसी अन्य जगह पर बंद हो रहा होता है। प्रकृति के कारण होने वाले परिवर्तनों को स्वाभाविक परिवर्तन नहीं मान सकते क्यूंकि जैसे ही प्रकृति बदलती हैं कर्म भी बदल जाता हैं। जो फसल एक स्थान पर जनवरी में होती है, वहीं फसल किसी अन्य स्थान पर मौसम में अंतर के कारण अगस्त में होती है।

वास्तव में कमलदल का संस्कार जिस प्रकार प्रकृति से उत्पन्न होता है उसी प्रकार जो जीव पैदा होता है, उसका भी संस्कार उसके पूर्वजन्मों के

संस्कार से प्राप्त होता हैं। बच्चा पैदा होते ही अपना मुँह माँ के स्तन की तरफ कर देता है अथवा चिड़िया का बच्चा अंडा से निकलते ही अपना चोंच माँ की तरफ कर देता है अर्थात हर जीव के भीतर जिजीविषा है, वह पूर्व जन्मों से लगातार प्राप्त होता रहता है। अतः यह सब स्मृतियाँ अथवा जिजीविषा शक्ति पैदा होते समय ही जीव के साथ होती हैं। अतः कोई न कोई है, जो इनको लेकर लगातार चल रहा है जो सतत विद्यमान है, वहीँ नित्य है और वहीँ आत्मा है।

गौतम ऋषि के इस तर्क पर प्रतिपक्षी द्वारा अब नए प्रकार से संशय किया जाता है और कहता है कि बच्चा अपने माँ के स्तन की तरफ जन्म से बिना सिखाये ही आकर्षित होता है, यह बात तो बिलकुल ठीक है परन्तु इसके लिए पूर्वजन्म के स्मृतियों को मानने की कोई आवश्यकता नहीं है क्यूंकि लोहा भी तो निर्जीव (आत्माविहीन) होकर स्वभावतः ही बिना किसी स्मृति अथवा यादाश्त के चुम्बक की तरफ आकर्षित हो जाता है। अतः बच्चों में जो माँ के स्तन के प्रति आकर्षण है, वह भी चुम्बक की तरह स्वभावतः ही है।

इस पर गौतम ऋषि कहते हैं कि यह बात तो ठीक है कि चुम्बक स्वयं से बिना किसी स्मृति आदि के ही लोहा की ओर अथवा दोनों एक दूसरे की ओर आकर्षित होते हैं परन्तु यह जो आकर्षण की प्रक्रिया है वह किसी दूसरे में दिखाई नहीं देती है। कहने का अर्थ यह है कि चुम्बक लोहे को ही खीचता है पर सोना, चांदी, पीतल, कांसा आदि को तो आकर्षित नहीं करता। अब जब सबको नहीं खींच रहा है बल्कि किसी विशिष्ट धातु को ही खींच रहा है तो चुम्बक में यह जो चुंबकत्व का गुण है वह स्वाभाविक अर्थात अकारण नहीं है। इसका भी कारण है और वह है चुम्बकीय क्षेत्र जो केवल लोहे को ही आकर्षित करता है न कि अन्य धातु को। इसी प्रकार बालक जो माँ के स्तन की ओर आकर्षित हो रहा है किसी और की तरफ नहीं, वह भी किसी कारण से आकर्षित हो रहा है, न कि स्वभाव से। वह कारण है आत्मा में रची बसी पूर्व जन्म की स्मृतियाँ और संस्कार। स्मृतियों में आहार का अभ्यास उसको स्तन की तरफ आकर्षित कर रहा है। शरीर तो नष्ट हो जाता है परन्तु फिर भी

कुछ न कुछ मूलभूत स्मृतियाँ हैं और वह आत्मा के माध्यम से एक शरीर से दूसरे शरीर में स्थानांतरित हो रही हैं।

यही कारण है जिससे वीतराग पुरुष का फिर से जन्म नहीं होता है, जिस पुरुष को तत्व का ज्ञान हो गया, विषयों में उसकी किसी भी प्रकार की प्रवृत्ति नष्ट हो जाती है। जब विषयों में प्रवृत्ति नष्ट हो गयी तो सुख और दुःख भी नष्ट हो गया। जब सुख और दुःख नष्ट हो गया, तो न किसी को पाने की इच्छा बची न किसी से दूर जाने का द्वेष। जब इच्छा और द्वेष ही न रहा तो फिर प्रयत्न की भी आवश्यकता न रही। जब प्रयत्न ही समाप्त हो गया तो कर्म अपने आप ही नष्ट हो गया। कर्म के नष्ट हो जाने से कर्मफल का नाश हो गया और जब कर्म फल ही नहीं रहा तो कारण ही समाप्त हो गया। आत्मा का शरीर में प्रवेश अर्थात जन्म जिस कारण से होता है, वह कारण है कर्मफल। जब कारण का नाश हो गया तो कार्य-कारण सिद्धांत के अनुसार कार्य का होना भी रुक जाएगा। अतः तत्वज्ञानी पुरुष मोक्ष अर्थात मुक्ति को प्राप्त कर लेता है।

स्मृतियाँ कारण से आती हैं और वह कारण है आत्मा, इस बात पर प्रतिपक्षी द्वारा अब संशय करते हुए कहा जाता है कि जैसे सगुण धर्म वाला कोई घड़ा है, जब क्रिया द्वारा उसे बनाया जाता है तो कार्यरूप में उसमें रंग, रुप आदि स्वयं प्रकट हो जाते हैं अर्थात जब मिट्टी से घड़ा बनाया जा रहा था तब मिट्टी में न रंग था और न ही मिट्टी में कोई विशेष आकार था, पर जब उसे बनाया गया और आग में पकाया गया तो उसमें यह सब गुण स्वयं से प्रकट हो गए। उसके लिए किसी स्मृति, कारण आदि की आवश्यकता नहीं पड़ी। उसी प्रकार जब यह शरीर उत्पन्न हुआ तो उसमें भी स्मृति और सुख-दुःख, राग-द्वेष आदि गुण स्वयं से प्रकट हो गए। अतः पुनर्जन्म, कर्मफल आदि के संकल्पना की आवश्यकता प्रतीत नहीं होती।

इसका समाधान करते हुए गौतम ऋषि कहते हैं कि घड़े से आत्मा में उत्पन्न सुख, दुःख, राग आदि गुणों की तुलना कभी नहीं कर सकते। इसका कारण यह है कि घड़े के रुप अर्थात आकार का घड़े से समवाय

(पारिभाषिक) सम्बन्ध है। वह कारण जो कार्य में उपस्थित रहता है, वह समवाय कारण कहलाता है, उसके बिना कार्य को परिभाषित ही नहीं कर सकते हैं। कोई घड़ा बना तो उस घड़े को बनाने के लिए मिट्टी की भी जरुरत लगी और कुम्हार के चकरी की भी, पर घड़ा जब एक बार बन गया तो उसमें मिट्टी तो रहेगा पर चकरी नहीं होगी। जो मिट्टी है वह समवाय कारण है और जो चकरी है वह निमित्त कारण। इसी प्रकार घड़े को घड़ा तभी कह सकते हैं अथवा तभी तक कह सकते हैं जब तक उसका रंग-रुप घड़े के जैसा बना रहे अर्थात घड़े के रंग-रुप को हमेशा घड़े के साथ रहना ही होगा। वह रंग-रुप नहीं होगा तो उस पात्र को कभी भी घड़ा की संज्ञा नहीं दी जा सकती। परन्तु आत्मा में ऐसी बात नहीं देखी जाती। आत्मा में सुख, दुःख, राग, द्वेष आदि गुण हो भी सकते हैं और नहीं भी। किसी में थोड़ा गुण हो सकता है, किसी में ज्यादा।

अर्थात जहाँ घड़े का रंग-रुप ही घड़ा है वहीँ आत्मा की अपनी स्वतंत्र सत्ता है। उसमें राग-द्वेष आदि गुण हो भी सकते हैं और नहीं भी। अतः सगुण द्रव्यों की भांति उसकी उत्पत्ति नहीं मान सकते।

इस प्रकार प्रथम प्रमेय आत्मा की परीक्षा हर प्रकार से भलीभांति पूर्ण की जाती है और उसकी सत्ता को स्वीकार कर लिया जाता है।

इस प्रसंग के बाद अब दूसरे प्रमेय अर्थात शरीर की परीक्षा शुरू की जाती है।

शरीर के विषय में गौतम ऋषि कहते हैं कि मनुष्य का यह शरीर पार्थिव है अर्थात यह शरीर पृथ्वी के ही आकार का एक विकार है। पृथ्वी में पाए जाने वाले गुण जैसे ठोसपना और गंध आदि इसमें मुख्यता से पाया जाता है। ऐसा नहीं है कि यह केवल पृथ्वी से ही बना है अपितु इसमें अन्य चारो महाभूतों के भी गुण पाए जाते हैं। जल का गुण जैसे स्नेहन और द्रव्यत्व भी पसीने, रक्त, और अंततः मूत्र आदि के रुप में पाया जाता है। अग्नि का गुण ऊष्मा के रुप में स्पष्ट रुप से प्रकट होता है। इसी प्रकार प्राणवायु का लगातार आना जाना जीवन का आधार है, स्पष्ट रुप से सबको पता है। यह सभी महाभूत आकाश अर्थात स्पेस में ही

अवस्थित होते हैं। अतः शरीर पाँचों महाभूत से मिलकर बना है जिसमें से पृथ्वी सबसे प्रमुख है।

जब तक शरीर में आत्मा रहती है, इसमें द्रव्यत्व अर्थात लोच बना रहता है, रक्त का प्रवाह भी बना रहता है, प्राणवायु का आना जाना भी लगा रहता है, शरीर में ऊष्मा भी बनी रहती है, परन्तु जब एक बार आत्मा शरीर से अलग हो गयी, यह शरीर कठोर हो जाता है, इसका लोच समाप्त हो जाता है, रक्त प्रवाह बंद हो जाता है, रक्त जम जाता है, प्राणवायु का आना जाना भी समाप्त हो जाता है, इसकी ऊष्मा नष्ट हो जाती और शरीर ठंडा पड़ जाता है। इस प्रकार द्रव, वायु और अग्नि गायब हो जाते हैं और पृथ्वी का ही गुण अंततः बचता है। अर्थात पृथ्वी का गुण ही पूरी तरह से हर परिस्थिति में बना रहता है, चाहे आत्मा हो अथवा न हो। इसीलिए श्रुति आदि में भी हर प्रकार से इसे पार्थिव अर्थात पृथ्वी से बना (अर्थात मिट्टी का) माना गया है।

प्राणवायु का संचार तो माँ के गर्भ में नहीं देखा जाता है, वह तो पैदा होने के कुछ पल बाद ही शुरू होता है, तो क्या पहले प्राणवायु का काम नहीं था शरीर में?

वास्तव में बिना प्राणवायु के तो निषेचन तक की प्रक्रिया नहीं हो सकती, जब यह शरीर एक कोशिका से बनना शुरू होता है, तब भी प्राणवायु शरीर को माँ के रक्त के माध्यम से प्राप्त होती रहती है। इसी प्रकार ऊष्मा भी माँ से प्राप्त होती है। माँ के शरीर से निकलने के बाद शरीर को काम करने में थोड़ा वक्त लगता है, उस वक्त के लिए ऊष्मा की व्यवस्था ब्राउन फैट नामक विशेष संरचना से पूर्ण होती है।

इस प्रकार शरीर जब एक कोशिका के रुप में होता है तब भी उसमें सभी पंचभूत होते हैं और जब वह खरबों कोशिकाओं का समूह बन जाता है तब भी उसमें सभी गुण होते हैं। वास्तव में शरीर की मूल इकाई वह कोशिका ही होती है।

इस प्रकार दूसरे प्रमेय शरीर की परीक्षा पूर्ण होती है।

अध्याय - 8

न्याय दर्शन

अब विस्तार से अगले प्रमेय अर्थात इन्द्रियों की परीक्षा शुरू की जाती है, जो आत्मा एवं शरीर के बाद तीसरा एवं दर्शन की दृष्टि से आत्मा की ही भांति बेहद महत्वपूर्ण प्रमेय है। इसकी परीक्षा भी बेहद विस्तृत एवं बारम्बार की गयी है ताकि इसके वास्तविक स्वरुप, कार्य एवं प्रकार का भली प्रकार ज्ञान हो सके।

इसमें प्रतिपक्षी द्वारा सबसे पहला संशय यह उत्पन्न किया जाता है कि इन्द्रियां भौतिक हैं अथवा अभौतिक? इसके पीछे दो विपरीत तर्क देकर बात को शुरू किया जाता है।

यदि हमें किसी वस्तु को देखना है तो आँखों में पुतली का होना अति आवश्यक है। उसकी अनुपस्थिति में वस्तु सामने उपस्थित हो तो भी हमें दिखाई नहीं पड़ सकती। उसी प्रकार कान का पर्दा सुनाई देने के लिए अति आवश्यक है, वरना तेज़ ध्वनि होने पर भी कानों को कुछ भी सुनाई नहीं देता। अतः ऐसा लगता है कि इन्द्रियाँ यहीं दोनों पुतलियां और कान के परदे आदि हैं, जिस कारण हमें विषयों का ज्ञान होता है। अतः इन्द्रियाँ भौतिक हैं।

अब दूसरा व्यक्ति इससे भिन्न संशय खड़ा करते हुए कहता है कि ऐसा मालूम पड़ता है कि इन्द्रियां अभौतिक हैं क्यूंकि यदि कोई वस्तु रखी हुई है और उस वस्तु एवं पुतली के बीच एक पर्दा रख दिया जाय तो उस वस्तु का दिखाई देना बंद हो जाता है। इसी प्रकार किसी बंद घर के भीतर होने वाले आवाज को अवरोध होने के कारण हम कान होने पर भी नहीं सुन सकते। अतः विषयों की प्राप्ति के साधन वह किरण

अथवा ध्वनि तरंग हैं जो किसी घटना अथवा वस्तु से चलती हैं और आँखों, कानों तक पहुँचती हैं। आगे वह और तर्क बढ़ाते हुए कहता है कि आँख की पुतली छोटी सी होती है, फिर भी एक तरफ जहाँ वह बड़े से बड़े तारे, सूर्य आदि को भी देख लेती है, वहीँ दूसरी तरफ छोटे से छोटे जीव को भी पहचान जाती है। इन्द्रियां भौतिक होतीं तो इतने सूक्ष्म से लेकर बेहद वृहद दृश्य सबको ग्रहण करने में परेशानी का सामना करना पड़ता। इसी प्रकार यदि आँख की पुतली ही इन्द्रिय होती तो आँख के बहुत पास अथवा बहुत दूर रखी वस्तु भी दिखाई पड़ती, पर ऐसा सच में नहीं होता। जो वस्तु आँख से बहुत दूर अथवा बहुत पास है वह दिखाई ही नहीं पड़ती, अतः लगता है कि इन्द्रियाँ अभौतिक हैं।

अब इसका समाधान करते हुए गौतम ऋषि कहते हैं कि इन्द्रियों को अभौतिक मानने की कोई आवश्यकता नहीं है। वास्तव में जब किसी वस्तु से निकले प्रकाश के किरणपूंज का आँख से सन्निकर्ष होता है, तब वह वस्तु हमें दिखाई पड़ती है। इसी प्रकार जब किसी वस्तु से निकली ध्वनि तरंग का संपर्क हमारे कान के परदे से होता है, तो हमें वह ध्वनि सुनाई पड़ती है। इसी प्रकार यह कहना कि आंख छोटी होती है और वह बड़े से बड़े ग्रह आदि को देख लेती है तो ऐसा ही उदाहरण तो दीपक का भी है, जो भौतिक है। दीपक की लौ बेहद छोटी सी होती है, परन्तु उसके प्रकाश से सम्पूर्ण कक्ष प्रकाशित होता स्पष्ट दिखाई पड़ता है। अतः इन्द्रियों को अभौतिक मानने के लिए जो बातें कही गयी हैं, वह भौतिक वस्तुओं में भी सहजता से पाई जाती हैं। अतः इन्द्रियों को भौतिक ही समझना चाहिए।

इस पर संशय करते हुए प्रतिपक्षी अब दूसरा तर्क लाते हुए कहता है कि यह मानना किसी भी प्रकार से उचित नहीं है कि आँख और वस्तु के बीच कोई किरण होती है जो उन दोनों का सन्निकर्ष कराकर दृश्य अथवा विषय को प्राप्त कराती है। दीपक में तो स्पष्ट तौर पर किरण निकलती हुई पता चलती हैं पर आँखों में ऐसा कुछ भी दिखाई नहीं पड़ता और न ही दिखने वाले वस्तु में कोई किरण नज़र आती है। अतः यह बात ठीक प्रतीत नहीं होती कि आँख और दृश्यमान वस्तु के बीच किसी प्रकार से किरण के माध्यम से संपर्क है।

इसका समाधान करते हुए गौतम ऋषि कहते हैं कि जो बात अनुमान से सिद्ध है, उसकी प्रत्यक्ष उपलब्धि की आवश्यकता नहीं है। उदाहरण के लिए, कोई यह कहे कि अभी वर्षा हुई है पर मैंने बादल नहीं देखा, अतः मैं यह नहीं मान सकता कि यह वर्षा बादल के आने से ही हुई है, तो इस प्रकार का तर्क अनुचित है। यह बात स्पष्ट है कि बारिश बिना बादल के हो ही नहीं सकती, अतः वर्षा अपने आप में बादल के होने का सूचक है। इसी प्रकार हम यह जानते हैं कि आँख और वस्तु दोनों के होने पर भी उनके बीच में कोई दीवार खड़ी कर दी जाय तो वह दिखाई देना बंद हो जाता है, अतः कोई न कोई ऐसी व्यवस्था है जो उन दोनों को आपस में जोड़ रही है।

दूर-दूर स्थित दो वस्तु एक दूसरे से किसी प्रकार का सम्बन्ध बना रहे हैं तो उनके बीच किसी न किसी प्रकार का सम्बन्ध जैसे द्रव्य, ऊर्जा, तरंग अथवा आकाश का होगा ही होगा। इसके बिना उन दोनों के बीच किसी प्रकार का तालमेल असंभव है।

भौतिक के इसी सिद्धांत के आधार पर आइंस्टाइन ने इस बात पर बेहद आश्चर्य जताया था कि आखिर दो सुदूर करोड़ों प्रकाश वर्ष की दूरी पर स्थित पिंड एक दूसरे से कैसे प्रभावित हो रहे हैं, जिस कारण गुरुत्व बल उत्पन्न हो रहा है? जब तक उन दोनों पिंडो, ग्रहों के बीच किसी प्रकार का सम्बन्ध नहीं होगा तो उनका एक दूसरे की तरफ आकर्षण असंभव है। इसी कारण उन्होंने यह बताया कि वास्तव में आकाश अर्थात स्पेस की भी अपनी सत्ता है और वह फिल्ड के रूप में है। बड़ा पिंड उस फिल्ड को अपनी तरफ आकर्षित करके एक प्रकार का ढलान तैयार कर देता है, जिस कारण कोई अन्य पिंड अपने हिसाब से तो सीधा रास्ता चल रहा होता है पर स्पेस में ढलान होने से उसमें जो वक्रता आ जाती है उस कारण एक छोटा पिंड, बड़े पिंड का चक्कर लगाने लगता है। अतः स्पेस खाली स्थान नहीं है, बल्कि एक प्रकार का फील्ड है, बिलकुल इलेक्ट्रानिक अथवा मैग्नेटिक फिल्ड की भाति। अतः इस ब्रह्माण्ड में कहीं भी दो वस्तुओं के बीच किसी भी तरह का तालमेल होना है, तो उनके बीच द्रव्य, तरंग अथवा फील्ड का सम्बन्ध अवश्य होगा। इसी प्रकार वस्तु

और आँख के बीच सम्बन्ध बन रहा है तो उनको जोड़ने वाली तरंग का होना निश्चित है। भले उसकी उपलब्धि हो अथवा न हो, पर अनुमान प्रमाण से यह बात सिद्ध है।

आगे कहते हैं कि द्रव्यों के उपस्थिति का निश्चय उनके गुणों से भी किया जाता है अर्थात कोई द्रव्य साक्षात् भले न प्रकट हो पर उसका गुण मिल रहा है तो हमें पता चल जाता है कि वह द्रव्य उपस्थित है। अर्थात कहीं से गुलाब की सुगंध आ रही है, अब यह सुगंध बागवानी में आ रही है तो हम बिना गुलाब को देखे ही कह देंगे कि कहीं न कहीं गुलाब लगा हुआ है अथवा घर में से ऐसी सुगंध आ रही है तो कह देंगे की घर में कहीं या तो गुलाब रखा है अथवा उसका इत्र। इसी प्रकार जब कोई हवा ऐसी चल रही हो जो ठंडी हो, तो भले उसमें जल के परमाणु दिखाई न दें, हम यह जान जाते हैं कि यह आसपास के किसी नदी के तट से आ रही है। अर्थात गुणों का मिलना स्वयं में द्रव्य की पुष्टि कर देता हैं। उसका साक्षात् दिखना आवश्यक नहीं है।

अपनी बात आगे बढ़ाते हुए गौतम ऋषि कहते हैं कि इस ब्रह्माण्ड में प्रत्येक वस्तु का रूप हो तभी हम उसे मानेंगे, वरना नहीं मानेंगे ऐसी समझ ठीक नहीं है। वास्तव में जिन पदार्थों की सत्ता है, वह दो प्रकार के हैं पहला उद्भूत और दूसरा अनुभूत। जब किसी सत्ता का रूप स्पष्ट दिखाई दे तो उसे हम उद्भूत कहते हैं, जैसे- अग्नि। अग्नि का रूप हमें स्पष्ट रुप से प्रकट दिखता है। जल अपने द्रव अथवा ठोस रूप में हैं तो दिखाई पड़ता है अर्थात उद्भूत अवस्था में रहता है पर जैसे-जैसे भाप बनता जाता है, वह उद्भूत से अनुभूत अवस्था में पहुंच जाता है। अनुभूत उस अवस्था को कहते हैं जब कोई वस्तु हमें दिखाई भले ही न दे रही हो पर उसका अनुभव हमारी ज्ञानेन्द्रियाँ करने में सक्षम हैं। उदाहरण के लिए, वायु और गंध हमें दिखाई नहीं पड़ती है फिर भी उसका स्पर्श और महक हमें प्राप्त होता है, जो उसकी उपस्थिति सिद्ध करने के लिए पर्याप्त है। सूर्य की किरणें जब तेज़ होती हैं तब तो वह उससे निकलती दिखाई पड़ती हैं, पर जैसे-जैसे सूर्य मंद पड़ता जाता है उसकी किरणें उद्भूत से अनुभूत होती जाती हैं। क्यूंकि मंद सूर्य के

कारण भी सभी वस्तुएं हमें दिखाई पड़ती हैं, अतः उससे प्रकाश की किरणें आती तो हैं पर वह तेज़ सूर्य की भाति उद्भूत नहीं होती। इसी प्रकार आकाश हमें खाली स्थान लगता है, पर वह समस्त वस्तुओं को समाहित करने के लिए स्थान देता है। इस कारण उसकी सत्ता सिद्ध है परन्तु अनुभूत है।

वस्तु और नेत्र के बीच किरणों का सम्बन्ध भले ही हमें दिखाई न दे पर उसका अनुभव विभिन्न प्रयोगों से स्पष्ट नज़र आता है। अतः ये नेत्र रश्मि अथवा किरणें निश्चित ही हैं, पर अनुभूत हैं।

अब प्रश्न यह है कि आखिर नेत्र की जो रश्मि है, वह उद्भूत क्यों नहीं है?

इसका उत्तर देते हुए गौतम ऋषि कहते हैं कि हमारे इन्द्रियों की रचना इस ब्रह्माण्ड में जो अनुभूत और उद्भूत वस्तुएं हैं, उनका परिचय करने के लिए होती हैं। वास्तव में इन्द्रियां तो जीवात्मा के ज्ञान का साधन भर हैं। स्वयं इन्द्रियों के लिए ज्ञान प्राप्त करना कोई लक्ष्य नहीं है। अतः नेत्र की ज्योति को उद्भूत होने की कोई आवश्यकता भी नहीं है। वास्तव में व्यक्ति स्वयं से स्वयं का आँख, कान, नाक, जिह्वा आदि नहीं देख पाता क्यूंकि यह सब इन्द्रियां संसार के विषयों का ज्ञान कराने के लिए हैं न कि स्वयं के प्रकटीकरण अथवा ज्ञान कराने के लिए। इसी कारण इन्द्रिया उद्भूत नहीं हैं, बल्कि अनुभूत हैं।

नेत्र और वस्तु के बीच जो रश्मि है, उसके बीच में कोई आवरण आ जाय तो वस्तु का दिखाई पड़ना बंद हो जाता है। रुकावट के कारण किसी वस्तु का लक्ष्य तक न पहुंच पाना यह स्पष्ट बताता है कि नेत्र रश्मि भी भौतिक पदार्थ है। इसी प्रकार से नेत्र भी भौतिक पदार्थ ही है, जिससे यह रश्मि जुड़कर पदार्थ का ज्ञान कराती है। आगे अनुभूत और उद्भूत को समझाने के लिए और भी उदाहरण रखते हुए कहते हैं कि बहुत सी वस्तुएँ अलग-अलग समय पर उद्भूत और अनुभूत में बदलती रहती हैं। जैसे- जल, द्रव और ठोस अवस्था में उद्भूत है और वाष्प अवस्था में अनुभूत, उसी प्रकार जुगनू और तारे आदि दिन में सूर्य के प्रकाश के आ जाने पर दिखाई नहीं पड़ते हैं लेकिन इसका यह अर्थ बिलकुल भी नहीं है

कि वह दिन में समाप्त हो जाते हैं और रात में उत्पन्न होते हैं। इसलिए नेत्र रश्मि भले ही दिखाई न दे पर वह अनुमान से स्पष्ट रूप से सिद्ध है।

अब उपरोक्त बात पर प्रतिपक्षी संशय उठाते हुए कहता है कि जो जुगनू और तारों का उदाहरण दिया गया, वह किसी भी प्रकार से उचित नहीं है। यह बात ठीक है कि दिन में जुगनू और तारे दिखाई नहीं देते हैं पर रात्रि में तो उनको हम देखते हैं। जबकि हम नेत्र और वस्तु के बीच के रश्मि अथवा किरणों को न तो दिन में देख सकते हैं और न ही रात में। जिस पदार्थ की उपलब्धि किसी भी समय न हो, उसे हम किस प्रकार मान लें? उदाहरण के लिए, यदि किसी वृक्ष में रश्मि उपस्थित है, तो रश्मि हमें भले ही दिन में दिखाई न दे पर रात को तो दिखेगी, इसी प्रकार यदि नेत्र में रश्मि अथवा किरणों का सन्निघर्ष होता तो वह भले ही दिन में दिखाई नहीं पड़ता पर रात्रिं में तो उसे दिखना ही चाहिए था।

इस संशय का समाधान करते हुए गौतम ऋषि पुनः कहते हैं कि प्रत्यक्ष उपलब्धि किसी पदार्थ के सत्ता का आधार नहीं होती। पदार्थों के दर्शन के लिए या तो किसी और का प्रकाश अथवा उसका स्वयं का प्रकाश होना जरुरी है। जैसे- दीपक को देखने के लिए दीपक का प्रकाश ही काफी है, लेकिन अँधेरे कक्ष में रखे किसी वस्तु को देखने के लिए दीपक के प्रकाश की आवश्यकता है। परन्तु किसी भी प्रकार का प्रकाश केवल स्थूल उद्भूत वस्तुओं को दिखा सकता है न की अतीन्द्रिय एवं अनुभूत वस्तुओं को। चाहे जितना प्रकाश कर दिया जाय पर वायु नहीं ही दिखता, इसी प्रकार परमाणु भी नहीं दिखता, आकाश अर्थात स्पेस भी दिखाई नहीं पड़ता, इलेक्ट्रिक फिल्ड और मैग्नेटिक फिल्ड भी नहीं दिखते, पर वह न दिखते हुए भी सत्तावान होते हैं।

आगे ऋषि कहते हैं कि जो अभिव्यक्त है उसी को दूसरा अभिव्यक्त, अभिभाव में (छिपे हुए अवस्था में) डाल सकता है। जो अभिव्यक्त नहीं है उसमें अभिभाव नहीं मिल सकता है अर्थात जो स्वयं प्रकाशित है, उसी को अन्य प्रकाशस्रोत छुपा सकता है पर जो वस्तुएँ प्रकाशित नहीं

हैं उसे कोई अन्य प्रकाशस्रोत छिपाने के बजाय उल्टा देखने में ही मदद करेगा। जैसे- सूर्य के प्रकाश में तारे नहीं दिखेंगे, दीपक का प्रकाश ठीक से नहीं दिखेगा, जुगनू की रोशनी नहीं दिखेगी पर दीपक का वह हिस्सा जो स्वयं अभिव्यक्त अर्थात प्रकाशित नहीं है अथवा जुगनू के शरीर का वह हिस्सा जो स्वयं प्रकाशित नहीं है वह और ज्यादा अच्छी प्रकार से दिखेगा। लेकिन नेत्र की ज्योति अभिव्यक्त नहीं है इसी कारण वह किसी भी प्रकार से अर्थात प्रकाश की उपस्थिति अथवा अनुपस्थिति दोनों में दिखाई नहीं पड़ती।

हालांकि तीव्र ज्योतियुक्त तमाम जीवों के नेत्र की ज्योति अभिव्यक्त होती है अर्थात वह अँधेरे में प्रकट हो जाती हैं। जैसे शेर, बाघ, बिल्ली आदि के नेत्र रात में प्रकाशित होते हैं जिसका अर्थ है कि उनके नेत्र में ज्योति तो दिन में भी रहती है पर वह सूर्य के प्रकाश के कारण दिखाई नहीं पड़ती। इसी ज्योति के द्वारा यह जीव रात्रि में देखने में सक्षम होते हैं। वास्तव में इन जीवों के आँखों में एक विशेष व्यवस्था पायी जाती है, जिसके अंतर्गत इन जीवों की आँखें अतिरिक्त रोशनी अथवा ज्योति को वापस लौटा देती हैं जो खुद इनको देखने में मदद करता है। इसी प्रकार की व्यवस्था अन्य जीवों में भी मिलती है पर उनकी नेत्र ज्योति इतनी तेज़ नहीं होती कि वह उद्भूत और अभिव्यक्त हो जाय।

उपरोक्त संवाद बेहद क्लिष्ट है अतः इसके सारांश को ठीक से निम्न प्रश्न उत्तर से समझें।

1- बेहद छोटे और बेहद बड़े दोनों प्रकार के पदार्थों को ग्रहण करने से इन्द्रियां अभौतिक प्रतीत होती हैं।

नहीं, इन्द्रियां भौतिक हैं क्यूंकि देखने के लिए वस्तु और नेत्र के बीच किरणों का मिलान होना चाहिए। छोटे बड़े से कोई लेना देना नहीं है।

2- पर जो किरण बताया जा रहा है वह कहीं दिखाई तो नहीं पड़ती।

जिस पदार्थ की उपस्थिति सहज अनुमान से संभव है, उसमें प्रत्यक्ष उपलब्धि की क्या आवश्यकता? द्रव्य और गुण में से द्रव्य की उपलब्धि

होती है न की गुण की। आँख एवं दृश्यमान वस्तु दोनों द्रव्य हैं सो उनकी उपलब्धि है जबकि किरण आँख का गुण है सो उसकी उपलब्धि नहीं है। साथ ही बहुत से द्रव्य ऐसे होते हैं जो केवल अनुभवों से ही पता चलते हैं। उनकी प्रत्यक्ष उपलब्धि संभव नहीं है। वैसे भी इन्द्रियों की रचना दूसरे पदार्थों को जानने-समझने के लिए हुई है, न कि उनके खुद के गुणों को देखने के लिए। आगे अन्य उदाहरण भी देते है और कहते हैं कि दिन में उल्का और जुगनू नहीं दिखते पर वह होते तो हैं ही।

3- परन्तु नेत्र की रश्मि तो रात्रि में भी नहीं दिखती तो फिर उसके सत्ता को क्यों मान लिया जाय?

वायु के समान ही सत्ता की स्वीकार्यता के लिए किसी वस्तु का प्रत्यक्ष दिखना आवश्यक नहीं है। लेकिन फिर भी हम नेत्र की ज्योति खोजना ही चाहें तो बहुत से जीवों की आँखें घनघोर रात्रि में भी चमकती नज़र आती हैं जो उसकी सत्ता को सिद्ध करती हैं।

अभी तक के चर्चा में इन्द्रियों के भौतिक होने पर सहमति बन चुकी है। दूसरा विवाद का विषय यह था कि जो विषय दिखाई नहीं दे रहा है अर्थात आँख और पदार्थ के बीच रश्मि अथवा किरण का सम्बन्ध उसे स्वीकार किया जा सकता है की नहीं, उस पर इतनी सहमति बन पायी है कि रश्मि अदृश्य होकर भी सत्ताशील हो सकती है।

अब तीसरा संशय खड़ा किया जाता है कि यह जो कहा गया कि आँख को किसी विषय का ज्ञान प्राप्त करने के लिए रश्मि अथवा किरण का सम्बन्ध आवश्यक है, वह किसी भी प्रकार से उचित नहीं है क्यूंकि यह देखा जाता है की कांच, जल तथा अन्य पारदर्शी वस्तु के आवरण को वस्तु और नेत्र के बीच रख देने से भी नेत्र को वस्तु का ज्ञान मिलता रहता है। जिस तथाकथित रश्मि की बात की जा रही है, यदि वह वास्तव में उपस्थित है तो भला कांच उसको क्यों नहीं रोक रहा है? भौतिक के नियम उस पर भी लागू होने चाहिए।

इस संशय का समाधान करते हुए गौतम ऋषि सबसे पहले संशय का खंडन करते हुए कहते हैं कि यदि रश्मि नहीं होती तब तो दीवार बना

देने, पर्दा लगा देने के बाद भी वस्तु का ज्ञान होना चाहिए था पर ऐसा होता तो नहीं है। फिर वह अपने मत का मंडन करते हुए कहते हैं कि कांच, बिल्लौर या अन्य पारदर्शी वस्तुएं स्वच्छ वस्तुए हैं। अतः यह प्रकाश के किरण को स्वयं से पार होने देती हैं, यह इन वस्तुओं का अपना स्वभाव है। आगे वह कहते हैं कि धुप में किसी पात्र में रखा पानी पूरी तरह ढककर रख दिया जाय तो भी वह गरम हो जाता है। देखने में तो ऐसा प्रतीत होता है कि चारो ओर से पानी ढका है और पात्र के भीतर अन्धकार है, इसलिए उसमें सूर्य की ऊष्मा का पहुंचना असंभव है, बावजूद इनके ऊष्मा उस घड़े के दीवार से धीरे-धीरे अंदर पहुंचकर शीतल जल को गरम कर देती है। इसी प्रकार किसी बर्तन में जल रखकर उसके नीचे आग जला दी जाती है तो वह ऊष्मा भी ठोस धातु के परत को पार करता हुआ पानी को गरम कर देता है। पर यदि वहीँ जल काठ की हांडी में हो तो ऊष्मा का संचार नहीं होता। कहने के तात्पर्य यह है कि ऊष्मा का वास्तविक रूप अतिसूक्ष्म किरण की ही भाति है, जो तमाम भेद को पारकर भी पहुंच जाता है। वहीँ लकड़ी आदि में ऐसा गुण नहीं मिलता तो वह पार नहीं कर पाता है। इसी प्रकार कांच, बिल्लौर आदि का अपना गुण है कि वह अतिसूक्ष्म रश्मि को आर-पार जाने देते हैं, जबकि कोई दीवार और पर्दा आदि लगा दें तो वह उसको रोक देते हैं। जिस तरह बर्तन और घड़े को ऊष्मा की किरणें पार कर जाती हैं उसी तरह कांच और बिल्लौर को प्रकाश की किरणें पार कर जाती हैं। जैसे- लकड़ी को ऊष्मा का कण पार नहीं कर पाता उसी तरह दीवार और परदे को प्रकाश की किरणें पार नहीं कर पाती। अतः यह तर्क उचित नहीं है कि कांच और बिल्लौर आदि के आवरण से कोई रोक नहीं होता, सो किरण हैं ही नहीं।

इतने के बाद भी यह संशय फिर से किया जाता है कि दो विरोधी घटनाएं मिल रही है जिस कारण इस बात पर विश्वास करने का कोई आधार नहीं है कि दृष्टिज्ञान के लिए वस्तु और नेत्र के बीच रश्मि का संयोग होना चाहिए। एक तरफ कांच के दूसरे तरफ रखे वस्तु की उपलब्धि हो रही है, वहीँ दूसरी तरफ दीवार के पार वस्तु की उपलब्धि नहीं हो पा रही हैं, अतः द्वन्द अभी भी बना हुआ है कि किसको माने और किसको न माने।

इस पर गौतम ऋषि कहते हैं कि इस ब्रह्माण्ड में हर वस्तु अलग-अलग है, सबका व्यवहार अलग अलग है, एक वस्तु विभिन्न वस्तुओं के साथ भी अलग-अलग अलग व्यवहार करती है। अर्थात धातु के बर्तन में पानी गरम हो जाता है, लकड़ी में नहीं होता है, चुम्बक लोहे को खींच लेता है, कांसे से ऐसा व्यवहार नहीं करता। इसी प्रकार किरण पूंज के साथ कांच और बिल्लौर का व्यवहार अलग प्रकार का है और बाकी का अलग प्रकार का।

अंत में कहते हैं कि जो बात अनुमान और दृष्टान्त अर्थात उदाहरणों से बार-बार सिद्ध है, उसमें बेवजह शंका उत्पन्न करना उचित नहीं है। उदाहरण देकर सिद्ध किये जा चुके प्रसंग को इस प्रकार से बार-बार दोहराना अनुचित है। अन्य कोई अलग तर्क न होने की दशा में यह चर्चा यहीं समाप्त होती है और स्वीकार किया जाता है कि नेत्र और वस्तु के बीच रश्मि अर्थात ज्योति के माध्यम से संपर्क होता है, जिसके बाद ही उस वस्तु की सूचना इन्द्रियों को मिल पाती है।

इन्द्रियों और विशेष रूप से नेत्र की परीक्षा समाप्त कर के अब यह चर्चा शुरू किया जाता है कि इन्द्रियाँ एक ही हैं अथवा अनेक?

इस पर प्रतिपक्षी द्वारा संशय करते हुए प्रश्न किया जाता है कि कभी तो अलग-अलग स्थानों पर अलग-अलग सत्ता मिलती है, तो कभी अलग-अलग स्थानों पर एक ही सत्ता पायी जाती है। अतः यह समझ नहीं आता है कि इन्द्रियां एक ही हैं अथवा अनेक?

अर्थात आँख, नाक, कान, जिह्वा आदि अंग अलग-अलग जगह पर अलग-अलग हैं पर इनसे ज्ञान प्राप्त करने वाला जीवात्मा पुरे शरीर में एक ही है। आँख, नाक आदि अपना अलग-अलग काम करते हैं पर सूचना उस एक ही ''मैं'' को जाती है, जो कहता है की मैंने अपनी आँखों से देखा, अपने कानों से सुना।

(विमर्श में बार बार आत्मा के सिद्धी के लिए एक "मैं" की बात आती है। इस पर कुछ लोग यह कहकर बचाव करते हैं कि वास्तव में सभी

इन्द्रियां भिन्न-भिन्न न होकर एक ही इन्द्रिय हैं, बस उनकी बाहरी बनावट अलग-अलग दिखाई पड़ती है। इस प्रकार वह उस एक "मैं" को एक इन्द्रिय की व्याख्या से काटने का प्रयास करते हैं। ऐसे लोगों को एकेन्द्रियवादी कहते हैं।)

इस पर एकेन्द्रियवादी सबसे पहले यह तर्क देता है कि ऐसा प्रतीत होता है कि वास्तव में इन्द्रिय तो केवल त्वचा भर है, स्थान-स्थान पर अलग-अलग विकार और परिवर्तन से यह त्वचा ही अलग-अलग इन्द्रियों का निर्माण कर रही है। त्वचा ने ही कहीं आँख बना दिया, कहीं कान बना दिया, कहीं मुड़कर के नाक बना दिया, कहीं मोटा होकर जिह्वा बना दिया। इनको अलग-अलग नहीं मानना चाहिए। त्वचा को प्रधान इन्द्रिय मानकर अन्य सभी को उसका विकार मान लेना ही ज्यादा सही होगा।

इस पर गौतम ऋषि कहते हैं कि उपरोक्त तर्क ठीक नहीं हैं, क्यूंकि त्वचा से अन्य इन्द्रियों के विषयों की प्राप्ति असंभव है। मान लीजिये कोई अँधा अथवा बहरा व्यक्ति है, तो उसकी त्वचा तो बिलकुल स्वस्थ है, बावजूद इसके वह अपने त्वचा से देख या सुन नहीं सकता। त्वचा का विषय है स्पर्श और उससे केवल उसी की प्राप्ति होती है।

इसके जबाब में एकेन्द्रियवादी कहता है कि आँख को तो त्वचा की तरह मानोगे। जैसे- कहीं पर धुंआ हो तो आँख के पुतली के अतिरिक्त बाकी बचे हिस्से में जलन होना शुरू हो जाता है और यह पता लग जाता है कि धुआँ हैं जबकि दृश्य देखने का काम बाकी बचा हिस्सा यानी आँख की पुतली करती है। बिलकुल उसी प्रकार सभी इन्द्रियाँ वास्तव में त्वचा ही हैं, और वहीं अलग-अलग जगह अलग-अलग सूचनाओं को एकत्र करती है। इसलिए त्वचा को ही एक प्रमुख इन्द्रिय मानने में कोई आपत्ति प्रतीत नहीं होती।

इस बात पर गौतम ऋषि कहते हैं कि जो यह बात कही गयी कि आँख का एक हिस्सा दृष्टि में सहायक है जबकि एक हिस्सा धुँआ की पहचान कर लेता है, वह स्वयं एक इन्द्रिय की बात को खंडित करता है अर्थात एक हिस्सा अलग विषय की प्राप्ति करता है जबकि दूसरा अलग विषय।

इस स्थिति में इन्द्रिय तो स्वतंत्र और भिन्न-भिन्न हो गयीं। और यदि त्वचा ही एकमात्र इन्द्रिय है, उसी से सभी विषयों की प्राप्ति हो जाती अर्थात त्वचा से ही देखा जाता और उसी से ही सुना जाता। लेकिन वास्तव में ऐसा होता नहीं है। कोई व्यक्ति अंधा होता है तो कोई व्यक्ति बहरा, पर त्वचा तो उनमें भी पायी जाती है बावजूद इसके वह देख अथवा सुन नहीं सकते।

(यह बात ठीक है कि आँख, नाक, कान, जिह्वा आदि में वहीँ एपिथीलियम पायी जाती है जो त्वचा में होती है, थोड़ा बहुत ही अंतर होता है पर इन्द्रियां केवल वास्तव में इतनी भर नहीं हैं। उदाहरण के लिए आँख में यदि कार्निया खराब हो जाय तो भी दृष्टि चली जायेगी, लेंस खराब हो जाय तो भी वहीँ स्थिति होगी, यह दोनों ठीक हों पर रेटिना खराब हो जाय तो भी काम नहीं बनेगा और यह तीनों ठीक हों लेकिन इन सूचनाओं को ले जाने वाली नस न ठीक हो तो भी दृष्टि संभव नहीं होगा। अतः त्वचा का जो विकार इन्द्रियों में बाहर से नज़र आता है, इन्द्रियां केवल उतनी भर नहीं हैं। इन्द्रियों की संरचना बेहद कठिन है। सभी भागों का ठीक होना विषयों की प्राप्ति के लिए आवश्यक है।

त्वचा और नेत्र आदि के व्यवहार में भी बहुत अंतर है, अतः उनको एक इन्द्रिय मान लेना किसी भी प्रकार से उचित नहीं है। त्वचा उसी वस्तु का ज्ञान प्राप्त करती है जो वस्तु सीधे इसके संपर्क में आती है अर्थात स्पर्श को जानने के लिए जो विषय अथवा वस्तु है, उसका त्वचा से संयोग होना जरुरी है। जबकि आँख से जो वस्तु देखते हैं, वह वस्तु सीधे आंख के संपर्क में नहीं आती। वस्तु दूर होता है, नेत्र और वस्तु के बीच का सम्बन्ध अदृश्य किरणों के द्वारा बनता है, इसी तरह ध्वनि कहीं और से उत्पन्न होती है, पर कान से केवल उसके तरंगों का संपर्क भर होता है और उसके गुणों को जान जाते हैं। अतः त्वचा और आँख-कान में यह मूलभूत अंतर है। इसी प्रकार नाक भी दूर के पदार्थों के बारे में ज्ञान प्राप्त कराता है। यह बात उचित है कि जिह्वा और त्वचा में यह थोड़ी सी समानता अवश्य है कि दोनों ही अपने से सीधे संयोग प्राप्त किये वस्तु के बारे में जानकारी देती हैं।)

आगे गौतम ऋषि कहते हैं कि इन्द्रियों के कुल पांच विषय हैं जो अलग-अलग हैं। शब्द, स्पर्श, रूप, रस और गंध ये पाँचों अलग-अलग विषय हैं। एक से दूसरे के बारे में नहीं जान सकते अर्थात किसी ने कहा यह वस्तु बेहद मीठा है तो जिस व्यक्ति ने कभी मीठा न खाया हो वह कदापि नहीं जान सकता कि मीठा नामक स्वाद कैसा होता है। हाँ, यदि उसने मीठा खाया है और उसका स्वाद उसके स्मृति में सुरक्षित है तो भले ही समझ जाय लेकिन उस स्मृति को बनाते वक्त भी जिह्वा ने ही रस को समझने और याद करने का काम किया था। किसी ने कहा कि अमुक वस्तु की खुशबु गुलाब जैसी है, पर जिसने चित्र में गुलाब देखा हो पर कभी वास्तव में गुलाब न सुंघा हो, वह बिलकुल भी नहीं समझ पायेगा कि गुलाब की खुशबू कैसी होती है। अतः सभी विषय एक दूसरे से स्वतंत्र हैं और उनको ग्रहण करने वाली इन्द्रियाँ भी एक दूसरे से स्वतंत्र हैं।

इन्द्रियां जीवात्मा के लिए साधन हैं अथवा जीवात्मा के शरीर में वह खिड़की हैं, जिससे बाहर के विषयों की जानकारी होती हैं। यह सब जीवात्मा के लिए ही समर्पित हैं। जो वस्तु अत्यधिक निकट है, उसे स्पर्श से त्वचा जान लेता है, जो दूर हैं उसे नेत्र देख लेता है, जिसे न त्वचा स्पर्श कर सकती है और न ही नेत्र देख सकता है उसको कान सुन सकता है, जिस वस्तु का रूप भी ढका हो एवं शांत भी हो उसका पता नाक लगा लेता है। सब परस्पर विरोधी गुण भले प्रतीत हो रहें हो पर वास्तव में यह सब मिलकर जीवात्मा को सम्पूर्ण विषयों की उचित जानकारी देने के लिए कार्य करते हैं।

अब इन्द्रियों एवं उनके विषयों को अलग-अलग स्वीकार करने के बाद प्रतिपक्षी द्वारा इस बात पर संशय खड़ा किया जाता है कि विषय कुल मिलाकर पांच ही हैं। इस संशय को खड़ा करते हुए कहा जाता है कि यह कहना ठीक नहीं है कि इन्द्रियों के विषय केवल पांच ही हैं क्यूंकि हर इन्द्रिय के विषय में भी विषयांतर पाया जाता है। कहने का तात्पर्य यह है कि रूप को एक ही विषय मान लिया गया पर रूप तो लाल, हरा, नीला, पीला आदि सैकड़ो प्रकार का है। इसी प्रकार स्वाद भी खट्टा, मीठा, तीखा आदि अनेक प्रकार का है। अतः सभी इन्द्रियों के विषय अनेक प्रकार के

हैं। इसी प्रकार स्पर्श में एक बार हम उष्मा महसूस करते है जबकि एक बार वस्तु के सतह (कोमलपना/ कठोरपना) को महसूस करते हैं।

इसका समाधान करते हुए गौतम ऋषि कहते हैं कि इन्द्रियों के विषयों को पांच ही मान सकते हैं, उससे ज्यादा नहीं अर्थात विषयों में जो गुणात्मक (क्वालिटेटिव) अलगाव है वह तो पांच ही है, बाकी सब मात्रात्मक (क्वान्टिटेटिव) अलगाव हैं। जैसे- रंग तो वास्तव में एक ही गुण है, फिर जो हमें लाल, हरा, नीला, पीला आदि रंग दिखते हैं, यह सब दृश्य प्रकाश के बैंड में ही अलग-अलग आवृत्ति एवं तरंगदैर्घ्य की किरणें हैं। इसमें से सब मिलकर सफ़ेद बना लेती हैं और सब गायब हो जांय तो काला बना लेती हैं। जो भी अन्य रंग हैं वह इन्हीं कुछ मूल रंगों के अलग-अलग अनुपात में मिलाने से बन जाता हैं, जैसे धानी रंग बनाने के लिए पीला और हरा रंग को मिला दिया गया। इनमें वास्तव में कोई मूलभूत अंतर नहीं है। इसी प्रकार आवाज़ तेज़ भी होती है और धीमी भी, पर इसमें भी कोई गुणात्मक अंतर नहीं है, बल्कि यह एक ही प्रकार की ध्वनि तरंगें हैं जिनमें मात्र डेसीबल में अंतर है।

यह जो रंग हैं, वह वास्तव में आवृत्ति एवं तरंगदैर्घ्य की प्रकाश किरणें हैं जिनका वेग (स्पीड) समान है। इसी प्रकार ध्वनि तरंगों में भी अलग-अलग आवृत्ति एवं तरंगदैर्घ्य की ध्वनि तरंगे हैं पर सबका वेग एक समान है। इन सब अलग-अलग गुणों के लिए इसी प्रकार अपनी-अपनी तय इन्द्रियाँ हैं।

विषय पांच से ज्यादा होती हैं, इस बात का जब गौतम ऋषि खंडन कर देते हैं तो अब प्रतिपक्षी द्वारा नया संशय खड़ा किया जाता है और कहा जाता है कि जब अलग-अलग रंग, रूप, ध्वनि आदि को एक एक गुण मान लिया गया तो इस हिसाब से तो सारे अलग-अलग विषयों को भी एक ही मान लेने में कोई समस्या नहीं होनी चाहिए क्यूंकि सबमें कुछ मूलभूत समान गुण हैं, जैसे- यह सब विषय हैं और इन सभी को इन्द्रियाँ ग्रहण करती हैं अर्थात 'विषयपना और इन्द्रियों से ग्रहण होना' यह तो समान रूप से सभी विषयों में पाया जा रहा है।

अब इस संशय का समाधान करते हुए गौतम ऋषि जीवात्मा के मूलभूत चरित्र का वर्णन करते हैं।

जीवात्मा सुख-दुःख, इच्छा-द्वेष, राग आदि जो भी महसूस करके अथवा इनसे प्रेरित होकर प्रयत्न रूपी कर्म करता है, वह ज्ञान के ही आधार पर करता है अर्थात 'ज्ञान' आत्मा का साधन है और 'ज्ञान' का साधन ये पांच इन्द्रियाँ हैं। ज्ञान कुल मिलाकर एक गुण है जिसकी प्राप्ति पांच प्रकार से होती है। रूप, स्पर्श, गंध, स्वाद और शब्द इन पांच माध्यमों से ज्ञान की प्राप्ति होती है। अतः इन्द्रियों को पांच ही मानना चाहिए। इसी प्रकार इन्द्रियाँ भी पांच अलग-अलग स्थान पर हैं, आँख अपनी जगह पर है, कान अपनी जगह, जिह्वा अपनी जगह, नाक अपनी जगह और त्वचा अपनी जगह। सब अपने अपने जगह सभी जीवों की जातियों में स्थिर हैं, जीवन भर स्थिर हैं।

इसी तरह सबकी गति स्थिर है। आँख प्रकाश के किरणों से ही संयुक्त होकर ज्ञान करा सकती हैं, कान ध्वनि के तरंग को ही ग्रहण कर सकता है। नाक इन दोनों को ग्रहण नहीं कर सकता पर वह वायु में विद्यमान उन अतिसूक्ष्म परमाणुओं को महसूस कर सकता हैं, जो किसी भी प्रकार से दिखाई नहीं पड़ सकते, यहाँ तक की माइक्रोस्कोप से भी नहीं। पाँचों इन्द्रियों की बनावट में भी स्पष्ट अंतर है आँख, नाक, कान, जिह्वा आदि की संरचना में स्पष्टता से अंतर देखने को मिलता है। आँख और नाक जहां अपने अपने तरंगों को अधिक से अधिक मात्रा में इकट्ठा कर एक जगह केंद्रित करने के हिसाब से बने हैं, वहीं जिह्वा और त्वचा की संरचना इस प्रकार है कि वह अधिक से अधिक फैलकर अपने विषयो को ज्ञान के लिए पहुचा सकें।

इन पाँचों इन्द्रियों के कारण भी अलग-अलग हैं अर्थात जिह्वा का कारण रस, घ्राण का कारण पृथ्वी, त्वचा का कारण वायु, नेत्र का कारण तेज़ और त्वचा का कारण वायु है।

इस प्रकार हम देखते हैं कि इन पाँचों विषयों में मूलभूत पांच अंतर हैं पहला ज्ञान का लक्षण, दूसरा इन्द्रियों का स्थान, तीसरा इन्द्रियों की

गति, चौथा इन्द्रियों की आकृति और पांचवा इन्द्रियों का कारण। अतः इन अलग-अलग विषयों को किसी भी प्रकार से एक नहीं मानना चाहिए।

आगे कहते हैं कि इन्द्रियों के कारण पंचभूत ही हैं और कोई नहीं है। इन पाँचों भूतों में स्पष्ट रूप से अलग-अलग पांच गुण प्रत्यक्ष होते हैं। पृथ्वी से गंध, वायु से स्पर्श, जल से रस, अग्नि से रूप और आकाश से शब्द। यह अलग-अलग इन्द्रियां अपने इन्हीं कारण भूतों से बनती हैं और इन्हीं को ग्रहण भी करती हैं।

इन पाँचों भूतों में गुणों की व्यवस्था को बतलाते हुए कहते हैं कि इनकी व्यवस्था निम्नवत है।

आकाश और वायु में एक-एक गुण अर्थात क्रमशः शब्द और स्पर्श

अग्नि में दो गुण अर्थात रूप और स्पर्श (गरम अथवा ठंडा का स्पर्श)

जल में तीन गुण अर्थात रूप, रस और स्पर्श

पृथ्वी में चार गुण अर्थात रूप, रस, स्पर्श और गंध

अब प्रतिपक्षी इस बात पर संशय जताते हुए कहता है कि यदि पंचभूत ही इन्द्रियों के कारण हैं तो फिर यह जिन इन्द्रियों को बनाते हैं उसमें यह सारे गुण क्यों नहीं पाए जाते? उदाहरण के लिए, जो यह कहा गया कि घ्राण का कारणभूत पृथ्वी है, तो फिर घ्राण से केवल गंध की प्राप्ति होती है जबकि रूप, रस और स्पर्श की प्राप्ति नहीं हो पाती है। बचे हुए गुणों के लिए अलग इन्द्रियाँ कार्य करती हैं। अतः सारे गुणों की उपलब्धि सम्बंधित इन्द्रिय में नहीं प्राप्त हो रही है।

अब इस बात का समाधान करते हुए गौतम ऋषि कहते हैं कि वास्तव में सभी भूतों में अपना व्यक्तिगत एक ही गुण पाया जाता है, पर भूतों में दूसरे भूत से मिलने की प्रवृत्ति होती है। जैसे- पृथ्वी एक भूत है और उसका एक गुण है गंध, परन्तु हम जानते हैं कि वर्षा का रस (जल) उसमें अवशोषित हो जाता है, सो उसका गुण भी पृथ्वी में आ जाता है। इसी प्रकार उसमें प्रकाश के संयोग के कारण अग्नि का गुण भी आ जाता

है और पृथ्वी में सूक्ष्मता से वायु भी पाया जाता है सो उसका भी गुण मिलता है। इस प्रकार पृथ्वी में अन्य भूतों के गुण आ जाते हैं।

उदाहरण के लिए, कुछ लोगों में बीमारी के कारण लार का बनना बंद हो जाता है, ऐसी स्थिति में कोई वस्तु कितनी भी स्वादिष्ट हो, उसका स्वाद नहीं मिल पाता है, पर जब कोई ऐसी स्वादिष्ट वस्तु हो जिसमें ठीक मात्रा में पहले से पानी हो तो इस बीमारी से ग्रसित व्यक्ति को भी रस की प्राप्ति हो जाती है। इसी प्रकार कई बार वायु अथवा जल सुगन्धित अथवा दुर्गन्धित लगता है, पर यह उसका अपना गुण नहीं है। उसमें जब तक पृथ्वी के परमाणु नहीं मिलेंगे, यह गुण आना असंभव है।

अब यह भूत किस प्रकार आपस में मिलते है, इसकी व्यवस्था बताते हुए ऋषि कहते हैं कि अगले में पिछले मिले हुए हैं अर्थात पृथ्वी में जल, अग्नि और वायु मिले हुए हैं। जल में अग्नि और वायु मिले हुए हैं। अग्नि में वायु मिला है। वायु में स्वयं वायु है और यह सब आकाश में व्यवस्थित हैं। अतः पृथ्वी रूपी कार्य में चार गुण, जल रूपी कार्य में तीन गुण और अग्नि रूपी कार्य में दो गुण पाए जाते हैं पर वह जिन-जिन अन्य परमाणुओं से मिलकर इस कार्य रूप में उपस्थित हुए हैं उनको हटा लिया जाय तो कारणरूप पृथ्वी, जल अथवा अग्नि में शुद्ध रूप से केवल एक-एक ही मूल गुण बचेगा।

इस पर प्रतिपक्षी संशय करते हुए कहता है कि ऐसा कहना उचित नहीं है कि मूलभूत (कारण) द्रव्य में केवल एक ही गुण होता है क्यूंकि पृथ्वी और जल दोनों का रूप दिखाई पड़ता है। अर्थात यदि जल अपने शुद्ध अवस्था में रहे तो वह निश्चय ही तरल अथवा रसयुक्त रहता है, परन्तु तब भी उसमें रूप और स्पर्श पाया जाता है। इसी प्रकार पृथ्वी बिना अग्नि अथवा जल के संयोग के हो तब भी वह दिखाई भी पड़ती है और स्पर्श भी होता है। अतः यह कहना कि मूलभूत (कारण) द्रव्य में केवल एक ही गुण होता है, किसी भी प्रकार से ठीक नहीं है।

इस पर गौतम ऋषि कहते हैं कि कारणभूतों में कई गुण प्रत्यक्ष रूप से देखे जाते हैं, इसमें कहीं कोई संशय नहीं है, पर जो गुण उसका अपना

विशिष्ट गुण होगा वहीं प्रधान माना जाएगा। वायु में स्पर्श है, इसके अतिरिक्त कुछ भी नहीं है। अतः वह उसका प्रधान गुण है, इसी प्रकार आकाश में प्रधान गुण तरंग अर्थात शब्द है और कुछ भी नहीं। अग्नि में स्पर्श और रूप दोनों है पर रूप उसका सबसे विशिष्ट गुण है। जल में रस, स्पर्श और रूप तीनों है पर रस सबसे प्रधान गुण है। इसी प्रकार पृथ्वी के चारों गुणों में से गंध ही प्रधान है।

प्रधान गुण वह होता है जो सहज और सरल रूप से किसी द्रव्य के लिंग अर्थात पहचान के रूप में प्रकट हो जाय। जैसे ही कोई जल की कल्पना करेगा तो उसके मस्तिष्क में सबसे पहले उसकी शीतलता, तरलता ही उभर कर आएगी, इसी प्रकार वायु की कल्पना करने पर सबसे पहले उसका शीतल अथवा गर्म स्पर्श उभर कर आएगा, अग्नि की कल्पना करने पर उसका तेज़ एवं प्रकाश ही उभर कर आता है, जबकि खाली स्थान में तरंग के अतिरिक्त ऐसा कुछ नहीं है जो उसकी याद दिला सके। अतः यह जो लिंग अर्थात पहचान हैं वहीं मूलभूत द्रव्यों का मूल गुण समझना चाहिए। जैसे- किसी ने घाट याद किया तो उसे काशी बिना प्रयास के याद आ जायेगा, क्यूंकि घाट काशी का लिंग अर्थात पहचान है।

आगे ऋषि कहते हैं कि जिन-जिन इन्द्रियों के साथ जिन-जिन भूतों का सम्बन्ध होता है, वे वे इन्द्रियां उन उन भूतों के प्रमुख (अर्थात लिंग) गुणों को ग्रहण करती हैं। जैसे नाक गंध को, जिह्वा रस को, कान शब्द को, आँख रूप को और त्वचा स्पर्श को। एक इन्द्रिय अन्य इन्द्रिय के गुण को ग्रहण नहीं कर सकती।

वास्तव में संसर्ग के बिना इन्द्रियाँ किसी विषय को ग्रहण नहीं कर सकती हैं।

यह समझना आवश्यक है कि सभी भूत एक दूसरे पर आश्रित हैं। पृथ्वी गंध को पहुंचाने के लिए वायु पर आश्रित है, वायु स्पर्श के लिए अग्नि अर्थात ऊर्जा पर आश्रित है, वायु जब तक ऊर्जा पाकर चलेगा नहीं तब तक उसका स्पर्श होगा नहीं। पृथ्वी और जल, अपना रूप ग्रहण कराने के

लिए प्रकाश अर्थात अग्नि पर निर्भर हैं। अग्नि को अपना स्पर्श महसूस कराने के लिए वायु की आवश्यकता है। शब्द को बनाने में भी पृथ्वी, जल अथवा वायु का आपस में अथवा एक दूसरे से घर्षण होना आवश्यक है। घर्षण के लिए पुनः ऊर्जा की आवश्यकता है। यह सब एक-दूसरे से मिल जुलकर ब्रह्माण्ड की इस व्यवस्था को चला रहे हैं। इन सबके अपने-अपने कुछ मुख्य गुण है और उन गुणों के लिए विशिष्ट इन्द्रियां हैं।

आगे इस बात का समाधान किया जाता है कि जो गुण ग्रहण किया जाता है, वह स्वयं इन्द्रियों का होता है अथवा जो वाह्य विषय हैं, उसका है।

इस पर गौतम ऋषि कहते हैं कि ऐसा नहीं है कि जो इन्द्रियाँ जिन कारणभूतों से बनी हैं, उनका गुण उनमें पहले से विद्यमान है अर्थात ऐसा नहीं है कि गुलाब का सुगंध पहले से नाक में विद्यमान था बस उसे देखकर अथवा छूकर नाक का एक विशेष हिस्सा सक्रीय होकर गुलाब का सुगंध महसूस करा दिया अपितु इन्द्रियां जब किसी बाह्य विषय के संयोग में आती हैं तभी वे उस बाह्य विषय के गुण को सीधे ग्रहण करके उसको महसूस कराती हैं।

कोई भी स्वयं से स्वयं को ग्रहण नहीं कर सकता है। ग्रहण करने के लिए किसी न किसी साधन की आवश्यकता होती है। इन्द्रियों के पास कोई अतिरिक्त साधन नहीं है जिससे वह स्वयं को ग्रहण कर सकें। जो घटना, विषय अथवा वस्तु इन्द्रियों के संपर्क में किसी भी प्रकार से आती हैं, इन्द्रियाँ उनको ग्रहण कर लेती हैं। घटना, ध्वनि तरंग के रूप में आये तो कान ग्रहण करता है, प्रकाश तरंग के रूप में आये तो आँख ग्रहण करती है, उष्मा के तरंग के रूप में आये तो त्वचा ग्रहण करता है, अतिसूक्ष्म परमाणु के रूप में वायु से संयुक्त होकर आये तो नाक से ग्रहण होता है, रस के रूप में आये तो जिह्वा ग्रहण करती है, सीधे संपर्क में आये तो त्वचा ग्रहण करती है। जब तक वाह्य विषय किसी न किसी रूप में इन्द्रियों से संसर्ग स्थापित नहीं कर लेते वह ग्रहण नहीं किये जा सकते। अतः इन्द्रियां बाह्य विषयों को ही ग्रहण करती हैं, न की स्वयं अपने अंदर के विषय को।

अब इस पर संशय उठाते हुए प्रतिपक्षी कहता है कि कान बंद कर लेने पर भी कई बार अनुगूँज सुनाई पड़ती है। कान बंद कर लेने से तो बाह्य विषय और कान के बीच जो सम्बन्ध था, वह तो टूट गया, फिर कैसे कान को आवाज सुनाई दे रही है? कहीं ऐसा तो नहीं कि कान के भीतर ही आवाज होती है?

इसका समाधान करते हुए गौतम ऋषि कहते हैं कि शब्द के लिए आकाश अर्थात स्पेस की आवश्यकता होती है और वह कान के भीतर बंद करने के बाद भी उपस्थित रहता है, अतः हम कान बंद करके ॐ आदि का उच्चारण करें तो उसका कम्पन भी कान के भीतर उपस्थित स्थान में शुरू हो जाता है, अतः हमें आवाज सुनाई देने लगती है।

वास्तव में कान के परदे के बाद के हिस्से में खाली स्थान पाया जाता है, यदि वह खाली है तो आवाज सुनाई देती है पर यदि वह किसी बीमारी आदि से द्रव से भर गया तो सुनाई देना बंद हो जाता है। अतः शब्द के लिए जो भूत चाहिए, वह इन्द्रिय के भीतर ही उपलब्ध है। पर जब हम आँख या नाक को बंद कर लें तो हमें दिखना अथवा गंध आना बंद हो जाता है क्यूंकि अग्नि अथवा गंध, आंख या नाक के भीतर उपस्थित नहीं होता। अतः कान बंद करने का उदाहरण उपयुक्त नहीं है।

अनुगूँज का उदाहरण कुछ उसी प्रकार है कि किसी के नाक के भीतर गुलाब जल का लेप कर दिया जाय और कहा जाय कि नाक बंद करने के बाद भी गंध आ रही है, इसलिए यह माना जाना चाहिए कि विषय का इन्द्रिय से संयोग होना आवश्यक नहीं है। जबकि इस उदाहरण में विषय तो पहले से ही इन्द्रिय के संयोग में था।

इस प्रकार पांच भूत, उनके पांच प्रमुख गुण, उनकी पांच अलग-अलग इन्द्रियां, इन्द्रियों से वाह्य विषय का संयोग आदि की बात स्थापित करके तीसरे प्रमेय अर्थात इन्द्रियों की चर्चा समाप्त की जाती है।

अध्याय - 9

न्याय दर्शन

पिछले अध्याय में आत्मा, शरीर और इन्द्रियों का विस्तार से परीक्षण किया गया। इस अध्याय में चौथे प्रमेय बुद्धि की परीक्षा विस्तारपूर्वक की जायेगी।

बुद्धि के सम्बन्ध में सबसे पहले इसके नित्यता की परीक्षा की जाती है और यह पता लगाया जाता है कि यह नित्य है अथवा अनित्य। इस चर्चा की शुरुआत के लिए दो विरोधी धर्मों के उदाहरणों से बुद्धि की तुलना की जाती है।

यह कहा जाता है कि कभी तो बुद्धि अर्थात ज्ञान प्रयासपूर्वक उत्पन्न होने से नाशवान प्रतीत होता है, तो कभी आकाश की भाँति स्पर्शहीन होने से नित्य लगता है। कई बार ज्ञान, आत्मा का गुण होने से नित्य समझा जाता है जबकि कई बार ऐसा प्रतीत होता है कि यदि आत्मा हो भी लेकिन इन्द्रियों और पदार्थों के बीच संयोग न हो तो भला यह कैसे उत्पन्न हो सकता है?

कहने का तात्पर्य यह है कि जो सत्ता निर्जीव है अर्थात जिसमें आत्मा नहीं है, वह सत्ता किसी वस्तु, विषय अथवा घटना की उपस्थिति में भी कोई ज्ञान प्राप्त नहीं कर सकती और जो सत्ता जीवनमय अर्थात आत्मायुक्त है, यदि उसमें विषय को ग्रहण करने वाली इन्द्रियों की कमी हो जाय अथवा उस विशेष विषय की ही कमी हो जाय तो आत्मा के रहते हुए भी कोई ज्ञान प्रकट नहीं हो सकता है। जैसे- मुर्दे में आत्मा का अभाव होने से सामने दृश्य होने पर भी ज्ञान का अभाव रहता है जबकि

जीवित व्यक्ति यदि अँधा है तो दृश्य उपस्थित होने पर भी वह ज्ञान प्राप्त करने में असफल रहता है।

इस चर्चा को और आगे बढ़ाते हुए कहा जाता हैं कि प्रत्यभिज्ञान की उपस्थिति यह दर्शाती है कि बुद्धि अर्थात ज्ञान नित्य है।

प्रत्यभिज्ञान का अर्थ है प्रति-अभि-ज्ञान अर्थात 'साथ में पर बाद में - पिछला ज्ञान'।

जैसा पहले देखा था, बाद में वैसा ही देखा तो पिछले ज्ञान की स्मृति से इस नए वस्तु का ज्ञान हो गया। किसी वस्तु को कहीं देखकर उसके बारे में ज्ञान अर्जित कर लिया, और कुछ समय पश्चात जब फिर से उस वस्तु को देखा तो सारा ज्ञान जो स्मृति के रूप में सुरक्षित था, उत्पन्न हो गया। यहीं प्रत्यभिज्ञान है जिससे ऐसा प्रतीत होता है कि ज्ञान नित्य है।

इन दोनों प्रकार के बातों का जबाब देते हुए गौतम ऋषि कहते हैं कि प्रत्यभिज्ञान के द्वारा जो बुद्धि को अविनाशी बताने की बात कही गयी, वह संशययुक्त है। अभी तो यह सिद्ध होना बाकी ही है कि क्या वास्तव में प्रत्यभिज्ञान बुद्धि का ही गुण है अथवा किसी और का?

उसके पहले यह भी सिद्ध होना बाकी है कि बुद्धि किसी अन्य द्रव्य के आश्रित गुण है अथवा प्रत्यभिज्ञान धारण करने वाला द्रव्य (गुणी)।

यदि हम बुद्धि अर्थात ज्ञान को स्मृति धारण करने वाला 'कर्ता' मान लें तो बुद्धि ही ज्ञान को पाने वाला हो जाएगा। कोई स्वयं को स्वयं से कैसे पा सकता है?

ज्ञान को प्राप्त करने वाला तो आत्मा है, यह बात पहले से ही सिद्ध है। पर जब हम बुद्धि को भी ज्ञान प्राप्त करने वाला बना देंगे तो एक ही शरीर के भीतर दो कर्ता हो जाएंगे, जो असंभव है। अतः प्रत्यभिज्ञान और स्मृति के माध्यम से बुद्धि को अविनाशी स्वीकार करना बिलकुल अनुचित है।

जो लोग यह समझते हैं कि ज्ञान जीवात्मा का नहीं अंतःकरण अथवा बुद्धि का गुण है और ज्ञान तो एक प्रकार का कर्म है, वह अनुचित है। चेतना, चेतना के फलस्वरूप उत्पन्न जिज्ञासा, जिज्ञासा से उत्पन्न ज्ञान, ज्ञान से उत्पन्न प्रत्यभिज्ञान एवं विश्लेषण, विश्लेषण से उत्पन्न सुख-दुःख, यह सब आत्मा के ही आश्रित हैं। आत्मा के बिना इनकी कोई स्वतंत्र सत्ता नहीं है। जैसे- हमारे आत्मा को बाह्य विषयों को सुनने के लिए बाहरी कान की आवश्यकता पड़ती है, उसी प्रकार आत्मा को अपनी आवाज सुनने के लिए अन्तःकरण की आवश्यकता होती है। जैसे बाहर का कर्ण (कान) आत्मा का एक उपकरण भर है, उसी प्रकार यह अन्तःकरण भी ज्ञान प्राप्ति का ही एक साधन है।

वास्तव में अंतःकरण अथवा बुद्धि साधन है, इस साधन से किया गया कर्म ज्ञान है। जीवात्मा को जब बाह्य ज्ञान पाने की इच्छा होती है तो वह बुद्धि को काम पर लगा देता है और बुद्धि मन के द्वारा इन्द्रियों को। कई बार इसका उल्टा भी होता है अर्थात बाह्य विषय इन्द्रियों को आकर्षित करते हैं, वह इन्द्रिय मन को, मन बुद्धि को और अंत में बुद्धि आत्मा को ज्ञान पहुंचाने लगता है। पर जब जीवात्मा को उपलब्ध ज्ञान के विश्लेषण से कोई निर्णय लेना होता है तो वह अपने अंतःकरण को काम पर लगा देता है। वह अन्तःकरण विश्लेषण शक्ति से ज्ञान को उत्पन्न करा के आत्मा को उसकी आवाज सुनाता है।

इस प्रकार हर परिस्थिति में आत्मा 'कर्ता' है।

बुद्धि और अंतःकरण 'साधन' हैं।

इन्द्रिय, मन, स्मृति और विश्लेषण क्षमता 'करण' (अर्थात कार्य में सहायक) हैं जबकि ज्ञान 'कार्य' है।

जीवात्मा जैसे आँखों से देखता है, कानों से सुनता है, वैसे ही मन से मनन करता है, बुद्धि से जानता (ज्यानता/ज्ञानता) है।

जैसे- कान जीवात्मा के लिए सुनता है, वैसे ही मन और बुद्धि भी आत्मा के लिए साधन हैं।

कुछ लोग यह मानते हैं कि आत्मा और बुद्धि में कोई विशेष अंतर नहीं है, बल्कि उसका सम्बन्ध आग और उससे निकलने वाली लौ की तरह है। जैसे आग स्थिर रूप से कभी राख के भीतर दबा हुआ है, तो कभी उसमें लौ भी रहती है। पूरब की हवा चली तो लौ पश्चिम की तरफ बढ़ी, अब उससे मिलने वाली उष्मा और प्रकाश का अधिकतर भाग पश्चिम दिशा को ही प्राप्त होगा, इसी प्रकार हवा की दिशा बदल गयी तो ऊष्मा और प्रकाश को पाने वाला भाग भी बदल जाएगा। इसी प्रकार बुद्धि और आत्मा अलग-अलग नहीं है।

अब इसका जबाब देते हुए ऋषि कहते हैं कि यदि अग्नि को कर्ता (वृत्तिमान) मानकर उसके लौ को विषयवृत्ति मान लेने के उदाहरण को हम स्वीकार कर लें तो ऐसी अवस्था में यह मानना होगा कि यह जो अलग-अलग समय पर अलग-अलग विषयों का ज्ञान हो रहा है, वह अग्नि का एक दिशीय फैलाव भर से हो रहा है। अतः जब विषय वृत्तियों को हम मोड़ कर वृत्तिमान में लगा देंगे तो सभी विषयों का ज्ञान एक साथ मिलना शुरू हो जाना चाहिए।

इसको आसान भाषा में समझते हैं, जैसे कहीं कोई दीपक जल रहा है और हवा के कारण कभी उसकी लौ पूरब जाए तो पूरब में ठीक से प्रकाश मिलना शुरू हो जाता है और पश्चिम जाए तो पश्चिम में प्रकाश मिलना शुरू हो जाता है। अब किसी ने उसकी जगह एक लालटेन जला दिया। लालटेन चारो तरफ से ढका हुआ है, अतः उस पर वाह्य हवा का कोई प्रभाव नहीं है तो ऐसी परिस्थिति में वह सारी दिशाओं को प्रकाशित करने लगता है।

लेकिन जब हम इस उदाहरण को बुद्धि पर लागू करें तो अपने चित्त के वृत्तियों (विषयों की तरफ भागने की प्रवृत्ति) का पूर्ण रूप से निरोध भी कर दें, तब भी हमें एक साथ कई ज्ञान प्राप्त नहीं होता। अग्नि के उदाहरण में उसकी लौ और उसके स्वयं के अस्तित्व में अंतर नहीं होता है अर्थात वृत्ति (विषयों की तरफ भागने की प्रवृत्ति) और वृत्तिमान (विषयों की तरफ भागने वाला) एक ही होते हैं। अतः ऐसी परिस्थिति में यदि हम किसी लालटेन या ढेबरी से अग्नि के लौ को गायब कर दें तो

अग्नि भी गायब हो जायेगा। परन्तु यदि हम बुद्धि के वृत्तियों (विषयों में रत रहना) का निरोध योग आदि साधन से कर दें तो ऐसा कभी नहीं देखा जाता कि स्मृति, प्रत्यभिज्ञान आदि का नाश हो जाय, बल्कि वह जस का तस बना रहता है। अतः वृत्ति और वृत्तिमान (कर्ता/ज्ञान प्राप्त करने वाला) दोनों अलग-अलग हैं।

वृत्तिमान के नाश से वृत्ति का नाश अवश्य होता है पर वृत्ति के नाश से न पूर्व की अर्जित वृत्तियाँ (स्मृति, ज्ञान) नष्ट होती हैं और न ही वृत्तिमान।

आत्मा कर्ता है, ज्ञान कर्म है, बुद्धि साधन है, मन और इन्द्रियाँ करण (सहायक) हैं।

वृत्ति और वृत्तिमान के भेद को न मानने पर चित्त के वृत्तियों को सिकोड़ने पर वह लालटेन के प्रकाश की भाति एक साथ सब दिशीय ज्ञान को प्राप्त कराने वाला हो जाना चाहिए था, पर ऐसा हुआ नहीं। अब इसके कारण की चर्चा करते हुए कहते हैं कि वास्तव में वृत्ति अलग है, वह मन के द्वारा अलग-अलग दिशा में चलती रहती है। मन जब जिस इन्द्रिय से संयोग करता है, तब उस इन्द्रिय से विषय वृत्ति बुद्धि में आने लगती है और जैसे ही मन किसी और इन्द्रिय से जा मिला, वैसे ही उस दूसरे इन्द्रिय की वृत्ति प्राप्त होनी शुरू हो जाती है।

मन अत्यधिक सूक्ष्म है और तीव्र गति से चलायमान भी। अतः वह बहुत तेज़ी से अलग-अलग समय पर अलग-अलग इन्द्रियों से ज्ञान प्राप्त करता रहता है। सारी इन्द्रियाँ एक साथ अलग-अलग विषयों से संयोग कर रही होती हैं पर मन जिस इन्द्रिय का चयन करता है, उसी की सूचना बुद्धि में पहुंचकर ज्ञान का रूप ले, आत्मा को प्राप्त होती है।

योगाभ्यास आदि से चित्त की वृत्तियों को नियोजित कर के बुद्धि को स्थिर बनाया जाता है, न कि बुद्धि की समाप्ति होती है। अतः वृत्ति को न तो बुद्धि का विरोधी मानना चाहिए और न ही बुद्धि को ही वृत्ति मान लेना चाहिए, बल्कि वृत्ति को बुद्धि का एक साधन मानना चाहिए।

मन के विषय में अपना मत रखते हुए ऋषि कहते हैं कि मन को सूक्ष्म और गतिमान समझना चाहिए। यदि मन सर्वव्यापी होता तो उसको गति की आवश्यकता नहीं पड़ती। वह बंदर की भाति एक डाल से उछल कर दूसरे डाल पर पहुँचता रहता है। यदि वह सर्वव्यापी होता तो इसको उछल-कूद मचाने की कतई कोई भी आवश्यकता नहीं पड़ती। लेकिन मन अलग-अलग समय अलग-अलग इन्द्रियों से संयोग करके अलग-अलग विषयों का बोध कराता रहता है।

अब इस बात का खंडन करते हुए प्रतिपक्षी कहता है कि यह बात कहना उचित नहीं है कि मन सूक्ष्म है और वह विचरण करता रहता है, अपितु यह लगता है कि मन तो सर्वव्यापी है और चित्त में जो जो वृत्तियाँ आती जाती हैं, उनसे वह संयुक्त होकर उन-उन विषयों का ज्ञान कराता रहता है। इसके लिए उदाहरण देते हुए कहते हैं कि जैसे कोई स्फटिक है, वह वास्तव में होता तो पारदर्शी और स्वच्छ ही है, पर उस पर लाल रंग की वस्तु की छाया पड़ी तो वह लाल दिखने लगा, पीला पड़ा तो पीला दिखने लगा। इसी प्रकार मन तो स्फटिक की तरह स्थिर है, पर विभिन्न रंगों के समान उस पर जैसी-जैसी वृत्ति का प्रभाव पड़ता है, वैसा वैसा ही विषय उससे बुद्धि को प्रकट होने लगता है। मन तो विभु अर्थात सर्वव्यापी और स्थिर है, विषयों की वृत्तियाँ उस पर अपना प्रभाव जमाकर उसमें स्वयं को प्रकट करा लेती हैं।

इस पर गौतम ऋषि कहते हैं कि मन जब इन्द्रिय विशेष से संपर्क स्थापित करता है तो वह किसी विषय, वस्तु अथवा घटना के सम्बन्ध में ज्ञान उपलब्ध कराता है, न कि भ्रम पैदा कराता है। कहने का तात्पर्य यह है कि वास्तव में स्फटिक तो पारदर्शी ही रहता है पर उसमें अलग-अलग रंग की छाया पड़ने पर जो उसे हरा, लाल या नीला समझ लिया गया वह तो भ्रम है। कोई भी ज्ञानी व्यक्ति यह बात स्पष्ट रूप से पता कर सकता है कि स्फटिक वास्तव में पारदर्शी है और वह भ्रमवश अलग-अलग रंग का दिख रहा है। लेकिन यदि कोई मिठाई लोगों को खाने को दिया जाय तो उसको खाने वाला कोई मूर्ख व्यक्ति हो अथवा बुद्धिमान, सब के सब उसे मीठा ही बताएँगे। अर्थात

विषयों से जो सूचना आ रही है वह न केवल ज्ञान है, बल्कि सबके लिए स्थिर भी है।

ज्ञान को जो स्थिर बताया गया उस पर क्षणिकवादी अब नए प्रकार का संशय करता है और कहता है कि वास्तव में स्फटिक एक क्षणिक वस्तु है और जो यह कहा जा रहा है कि वह अलग-अलग प्रकाश और रंग के कारण भ्रम पैदा करता है, वह ठीक नहीं है। असल बात यह है कि उसमें हर पल कुछ गुण नष्ट हो रहे हैं और कुछ गुण उत्पन्न हो रहे हैं। इस बदलाव के कारण उससे जो सूचना हमारे आत्मा को पहुंच रही है, वास्तव में वह है तो ज्ञान ही, पर स्थिर नहीं है। स्फटिक किसी क्षण वास्तव में पारदर्शी होता है तो किसी क्षण वास्तव में किसी अन्य रंग का।

क्षणिकवादी के संशय का उत्तर देते हुए गौतम ऋषि कहते हैं कि यह जो बात कही गयी कि स्फटिक हर क्षण बदल रहा है, उसमें पुराना गुण नष्ट हो रहा है और नया उत्पन्न हो रहा है, उस बात का एक भी प्रमाण दिखाई नहीं पड़ता। कोई वस्तु नष्ट होती है और उससे कुछ नया बनता है तो उसमें हुई टूटफूट, उसका अपने अवयवों में टूटना, रूपांतरण होना आदि स्पष्ट दिखता है। लेकिन जब ऐसा कोई बदलाव और परिवर्तन का प्रमाण बिलकुल भी उपस्थित नहीं है तो ऐसी परिस्थिति में जो वस्तु, विषय अथवा घटना जैसी दिखाई पड़े वैसे ही स्वीकार करने का नियम है। आगे कहते हैं कि यदि स्फटिक में पुराना गुण नष्ट हुआ और नया उत्पन्न हुआ तो फिर उसका कोई कारण भी तो दिखना चाहिए पर ऐसा कोई कारण हमें दिखाई नहीं देता। जैसे- घड़ा है, वह टूट गया और अपने अवयवों में बदल गया तो किसी न किसी प्रकार का उसमें जोर, झटका आदि अवश्य लगा होगा। अकारण कभी कोई घटना नहीं घट सकती है। अतः कार्य के पीछे का कारण भी खोजना पड़ता है पर वह तो अनुपस्थित है।

इस पर क्षणिकवादी कहता है कि जब दूध से दही बनता है तब भी तो उसका कोई कारण दिखाई नहीं पड़ता पर कार्य होने से उसका कोई गुप्त कारण अवश्य स्वीकार किया जाता है। इसी प्रकार स्फटिक में भी एक

गुण के नाश और दूसरे के उत्पत्ति का कोई गुप्त कारण है, जो भले पता नहीं चल पाता, पर है अवश्य।

इस पर गौतम ऋषि कहते हैं कि भले ही दूध से दही बनने की प्रक्रिया में उसका कारण हमें दिखाई न देता हो, पर दूध फटता है, फिर उसमें जमाव शुरू होता है और फिर अंत में दही बन जाता है, यह सब स्पष्ट रूप से दिखाई देता है। एक वस्तु का नाश, दूसरे का उत्पन्न होना यह सब स्पष्टता से दिख रहा होता है। जबकि क्षणिकवादी ने जो स्फटिक को हर क्षण बदलता हुआ बताया था उसमें न तो स्फटिक के नाश का कारण दिख रहा है और न ही स्फटिक का विनाश दिख रहा है, न ही नए स्फटिक का बनना दिख रहा है। क्षणिकवादी के किसी भी बात का चाहे वह कारण हो, कार्य हो अथवा कार्य और कारण के बीच की प्रक्रिया हो, प्रमाण नहीं है। अतः किसी भी प्रमाण के अभाव में क्षणिकवादी की बात स्वीकार नहीं की जा सकती।

अर्थात जो अलग-अलग गंध, स्वाद, घटना आदि हम इन्द्रियों से ग्रहण करते हैं, वह सब वास्तव में अलग-अलग हैं और उनका ज्ञान सबके लिए स्थिर है अर्थात मन स्वयं से अलग-अलग घटनाओं को नहीं रच लेता है, बल्कि अलग-अलग घटनाएं वास्तव में घट रहीं होती हैं और इन्द्रियां उसको मन से जोड़कर बुद्धि के रूप में आत्मा को प्राप्त कराती हैं। कोई वस्तु मीठा है, तीखा है तो वह वास्तव में मीठा अथवा तीखा हैं, वह प्रेक्षक पर निर्भर नहीं है। सभी प्रेक्षकों के लिए वह समान रूप से मीठा अथवा तीखा रहेगा। हालांकि नेत्र से सम्बंधित बीमारी कलर ब्लाइंडनेस में इससे पीड़ित व्यक्ति को लाल और हरे रंग में अंतर करने में समस्या होती है पर यदि उन्हें गलती से लाल रंग, हरा दिखे तो भी यह मिथ्या ज्ञान उनके परिपेक्ष्य में स्थिर रहता है। हालांकि यह एक अपवाद की स्थिति है, फिर भी ऐसे लोगों का अपने परिप्रेक्ष्य में ज्ञान स्थिर है।

अब दूध से दही के उदाहरण पर जब गौतम ऋषि ने यह कहा कि "उसके विनाश का कारण दिखाई नहीं देता पर दूध का विनाश होकर दही बनते हुए अवश्य दिखता है" पर संशय करते हुए क्षणिकवादी कहता है कि यह

बात तो ठीक है कि दूध से दही बनते हुए दिखता है तो कोई न कोई कारण उसके लिए जिम्मेदार होगा, पर यह कहना उचित नहीं होगा कि दूध का विनाश होकर दही बनता है। ऐसा प्रतीत होता है की दूध में ही अन्य गुणों की उत्पत्ति भर हो गयी है। जैसे कोई कपड़ा हो और उस पर कुछ कढ़ाई कर के एक नया कपड़ा बना दिया जाय तो यह कहना उचित नहीं होगा कि यह नया कपड़ा पुराने कपड़े के विनाश से बना है, बल्कि यह कहेंगे की उस कपड़े में नए गुण के आने का परिणाम यह नया कपड़ा है।

(जब एक वस्तु नष्ट हो गयी तो वह विनाश है और जब एक वस्तु में पुराने गुण से अलग कुछ नए गुण आ जायँ तो यह परिणाम है। दूध से दही बनने में दूध का जो मधु रस है वह चला जाता है जबकि उसमें खट्टापन और जमाव का नया गुण आ जाता है।)

इसका जबाब देते हुए ऋषि कहते हैं कि वास्तव में जो यह कहा जा रहा है "दूध से दही बनना परिणाम है, न की विनाश है" तो यह जानना आवश्यक है की परिणाम और विनाश हमेशा विरोधी तत्व नहीं होते। कई बार विनाश और परिणाम साथ-साथ भी मिलते हैं। जैसे- मिट्टी के परमाणुओं का समूह लिया और उसमें पानी आदि मिलाकर उससे एक कच्चा मिट्टी का घड़ा बनाया तो अभी तक मिट्टी का विनाश तो नहीं कहा जा सकता पर एक परिणाम दिख रहा है। अब जब इसी कच्चे मिट्टी के घड़े को आग में डालकर पका दिया गया तो अब जो यह घड़ा बना इसमें मिट्टी का विनाश माना जाएगा और पक्के घड़े की उत्पत्ति कही जायेगी अर्थात यहाँ परिणाम और विनाश साथ-साथ हो रहा है।

अतः यह कहना की दही, दूध का परिणाम है, अतः उसे विनाश नहीं कहा जा सकता किसी भी प्रकार से उचित नहीं है। वास्तव में दही, दूध का परिणाम भी है और उसका विनाश भी।

ऋषि आगे कहते हैं कि वास्तव में पदार्थ तो सभी सत ही हैं और उनका मूलकण भी स्थिर है अर्थात परमाणु तो मूल अवस्था में जैसे थे वह हमेशा वैसे ही बने रहते हैं। मिट्टी था, तब भी परमाणु वैसे ही थे, कच्चे

मिट्टी का घड़ा बना तब भी परमाणु वैसे ही थे, पक्का घड़ा बन गया तब भी परमाणु स्थिर थे और किसी ने उसे तोड़ दिया तब भी परमाणु वैसे ही बने रहे। अतः मूल रूप से तो कोई भी पदार्थ अविनाशी ही है, पर सामान्य रूप से हम जिसे उत्पत्ति और विनाश कहते हैं वह वास्तव में नए रचना, नए गुणों की उत्पत्ति भर है। परमाणुओं ने एक नए प्रकार का रचना कर लिया जिससे उनमें एक नए प्रकार का गुण उत्पन्न हो गया तो इसी को हम पुराने द्रव्य का नाश और नए की उत्पत्ति स्वीकारते हैं।

जैसे- हाइड्रोजन और आक्सीजन के अपने परमाणु हैं, वह परमाणु भी तीन अलग-अलग प्रकार के मूल कणों से बने हैं, वह मूल कण भी तीन अलग-अलग तरह के टॉर्क से बने हैं। अब हाइड्रोजन और आक्सीजन को मिलाकर पानी बना दिया गया। तो यह जो पानी बना उसमे भी वहीं टॉर्क, वहीं मूल कण, वही परमाणु उपस्थित हैं पर उनके बीच की व्यवस्था अर्थात बांड बदल गया। अब बांड के बदलने से रचना में बदलाव हो गया, परिणामस्वरूप उनके गुणों में भी बदलाव हो गया। इस पानी को हम आक्सीजन और हाइड्रोजन के विनाश से उत्पन्न भी कहेंगे और उनके बीच हुए क्रिया का परिणाम भी कहेंगे, अतः विनाश वास्तव में रचनान्तर से गुणान्तर ही है।

अतः स्फटिक एवं दही का उदाहरण अनेकान्तिक दोष से युक्त है अर्थात ये उदाहरण दोनों पक्ष में घटने से मान्य नहीं हैं।

अतः विषयों का ज्ञान (वृत्ति) अलग है, उस ज्ञान को ग्रहण करने वाला (वृत्तिमान) अलग।

मन सूक्ष्म है और गतिशील भी।

वहीं इन्द्रियों से जुड़कर एक समय एक ही सूचना लेकर आता है।

वह सूचना बुद्धि के द्वारा विश्लेषित होती है।

अंत में उसे आत्मा (वृत्तिमान) प्राप्त करता है।

ज्ञान अनित्य है पर जब तक वह वर्तमान है, निर्विकल्पक (ऑप्शनलेस) होने से सबके लिए समान एवं स्थिर है। जो विषय जैसा है, वह सभी को वैसा ही प्राप्त होता है।

बुद्धि की वृत्तियाँ अनेक प्रकार की हैं और उनकी यह अनेकता भ्रान्ति नहीं बल्कि वास्तविकता हैं।

अब बुद्धि की परीक्षा करने के बाद इस बाद पर चर्चा शुरू की जाती है की यह जो ज्ञान अथवा बुद्धि (ज्ञान का साधन) है, वह किसका गुण है? अथवा यह जो ज्ञानार्जन हो रहा है, किसके लिए हो रहा है?

इस पर सबसे पहले गौतम ऋषि अपना मत रखते हुए कहते हैं कि ज्ञान न तो इन्द्रियों का गुण हो सकता है और न ही पदार्थ का, भले वह प्राप्त होता हो उन दोनों के संयोग से। पदार्थ के नष्ट हो जाने अथवा इन्द्रियों के नष्ट हो जाने पर भी ज्ञान बना रहता है। मान लीजिये कि किसी के घर के सामने एक वृक्ष था वह उसे रोज़ देखता था, एक दिन वह वृक्ष आंधी में नष्ट हो गया, उस परिस्थिति में भी देखने वाले को उस वृक्ष को लेकर जो जानकारी थी वह जीवनपर्यन्त बनी रही। अब एक दिन उस व्यक्ति की दोनों आँखे खराब हो गयी तो भी उसे उस वृक्ष का ज्ञान बना रहा। अर्थात वृक्ष का ज्ञान मिला वृक्ष और आँखों के संयोग के कारण, पर वह जुटाया गया ज्ञान वृक्ष अथवा आँख में संचित नहीं था। अतः पदार्थ और इन्द्रियों के नाश होने के बावजूद भी उनके संयोग से मिलने वाला ज्ञान स्थिर बना रहा।

अब आगे कहते हैं कि ज्ञान मन का भी गुण नहीं है क्यूंकि वह बाहर से एक बार में एक ही ज्ञान प्राप्त होने देता है। परन्तु जब मन को स्थिर करके समाधिस्थ स्थिति अथवा गहन चिंतन में जाया जाता है तो तमाम ज्ञान एक साथ उत्पन्न होने लगते हैं। अतः मन से भी गहरा कोई है जो ज्ञान को प्राप्त कर रहा है। मन यदि स्वयं ज्ञान का प्राप्तकर्ता होता तो वह कई ज्ञान एक साथ आने देता। भला वह स्वयं के गुण और कार्य में बाधा क्यों उत्पन्न करता?

इसको इस प्रकार समझें कि जब कभी किसी को गहन चिंतन करना होता है तो वह व्यक्ति ऐसा स्थान खोजने लगता है जहाँ पर शांति हो अर्थात मन को इधर-उधर लगाने वाले विषय उपस्थित न हों, तब मन स्थिर होकर शांत पड़ जाता है। ऐसे शान्ति अथवा समाधि की स्थिति में हमें एक साथ अनेक ज्ञान, उन अनेक ज्ञानों का आपसी सम्बन्ध आदि पता चल जाता है। इसीलिए चिंतन, ध्यान और समाधि के लिए शांत स्थान खोजा जाता है। दूसरा मन ही यदि ज्ञान का स्वामी है तो उसे अलग-अलग जगह काम पर कौन लगा रहा है? यदि उसे अलग-अलग जगह लगाया जा रहा है तो कोई न कोई अन्य उसके ऊपर मौजूद है, जो ज्ञान की इच्छा से उसे लगा रहा है। कई बार विषय, मन को इन्द्रियों से जोड़ते हैं तो अनेक बार ज्ञाता भी मन को किसी विषय से जोड़ने को आदेशित करता है। उदाहरण के लिए, कहीं कोई हलकी आवाज में गुप्त बात चल रही है, पर सामने अच्छा दृश्य भी चल रहा है। वह दृश्य रूपी विषय इन्द्रियों को आकर्षित कर रहा है और इन्द्रियाँ मन को उसमें लगा रहीं हैं, पर ज्ञाता अचानक मन को आदेश देता है कि स्वयं को कान से जोड़कर जो गुप्त मंत्रणा है उसे सुनो और उसका ज्ञान कराओ। अतः मन भी ज्ञाता नहीं है बल्कि वह भी इन्द्रियों की भाति ज्ञान का ही कारण और साधन है।

अब ऋषि की उपरोक्त बातों पर संशय खड़ा करते हुए प्रतिपक्षी कहता है कि एक बार में एक ज्ञान की प्राप्ति के आधार पर जो मन को ज्ञाता मानने से इनकार किया गया, बिलकुल वहीं स्थिति तो आत्मा को भी मानने में होगी। यदि हम आत्मा को विभु अर्थात सर्वव्यापी मान ले तो भी तो एक बार में एक ही ज्ञान हो रहा है। वह जब पुरे शरीर में एकरस सभी जगह फैला हुआ है तो उसे एक साथ कई ज्ञान की प्राप्ति में बाधा क्या है?

इसका समाधान करते हुए गौतम ऋषि कहते हैं कि ज्ञान आत्मा का गुण अवश्य है, पर उसकी प्राप्ति के लिए इन्द्रिय और मन का आपस में सन्निघर्ष आवश्यक है। जैसे- किसी पेड़ को काटने की क्रिया और उससे प्राप्त लकड़ी का उपयोग मनुष्य के द्वारा मनुष्य के लिए ही

होता है पर उसके लिए कुल्हाड़ी आवश्यक है, ठीक उसी प्रकार ज्ञान की इच्छा और उसकी प्राप्ति आत्मा को ही होती है पर मन एवं इन्द्रिय का संयोग उसके लिए आवश्यक है। मन एवं इन्द्रिय आत्मा के ज्ञान प्राप्ति के साधन भर हैं।

ज्ञान की प्राप्ति वास्तव में आत्मा की ही इच्छा होती है और उसी को प्राप्त होता है, अतः ज्ञान आत्मा का ही गुण हैं।

अब इस बात पर एक नया संशय खड़ा किया जाता है और कहा जाता है कि यदि ज्ञान को आत्मा का गुण मान लिया गया तब तो ज्ञान को भी नित्य अर्थात अविनाशी मानना चाहिए। नित्यत्व आत्मा का मूलभूत गुण है, अब भला उसमें विरोधी गुण कैसे आ सकता है। उसी को आगे बढ़ाते हुए कहते हैं कि ज्ञान के उत्पत्ति और विनाश का कारण भी तो पता नहीं चलता, इसलिए भी ज्ञान को स्थिर और नित्य ही मानना चाहिए।

यह बात उचित है कि ज्ञान की प्राप्ति के लिए इन्द्रिय और मन का संयोग होना आवश्यक है, अतः यह दोनों निमित्त कारण की तरह भूमिका अवश्य निभाते हैं पर ये समवाय कारण नहीं हैं। उदाहरण के लिए, कोई साड़ी बुनना है तो उसके लिए कपड़ा, रंग, जुलाहा और उसका हथकरघा चाहिए। पर जब एक बार साड़ी बनकर तैयार हो गयी तो साड़ी में केवल रंग और कपड़ा जाएगा, पर जुलाहा और उसका हथकरघा अपनी जगह स्थिर है। यह जो जुलाहा और हथकरघा है, वह निमित्त कारण हैं जिसके बाद में नष्ट हो जाने पर भी साड़ी यथावत बनी रहेगी। जो कपड़ा और रंग हैं, वह समवाय कारण हैं जो साड़ी के साथ हमेशा रहेंगे और उनके विनाश से साड़ी का विनाश हो जाएगा। इसी प्रकार मन और इन्द्रियां ज्ञान में सहायक तो हैं, पर वह ज्ञान के मूलभूत समवाय कारण नहीं हैं। अतः ऐसा लगता है कि ज्ञान कारणविहीन एवं नित्य है जिसकी प्राप्ति में मन केवल माध्यम भर है। यदि बुद्धि को अनित्य माना जाएगा तो वह आत्मा का गुण नहीं माना जा सकता है।

अब गौतम ऋषि उपरोक्त सभी प्रकार के संशयों का समाधान करते हुए कहते हैं कि ज्ञान शब्द के उच्चारण की भाति व्यवहार करता है। जैसे

एक शब्द प्रकट होता है तो पिछले शब्द का उच्चारण गायब होता जाता है, उसी प्रकार एक ज्ञान उत्पन्न होता है और दूसरा ज्ञान उसके पीछे नष्ट होता जाता है। अर्थात सभी घटनायें वास्तव में समय की धारा में एक के बाद एक घट रहीं हैं, ऐसा नहीं है कि सभी घटनाएं एक साथ घटित होकर पडी हुई हैं और हम उसे अपनी स्वेच्छा से बारी-बारी से देख रहे हैं। वस्तुतः समय की धारा ही घटनाओं को क्रम से सजाती है। एक नष्ट होता है, दूसरा प्रकट होता है।

आगे ऋषि कहते हैं कि यदि ज्ञान नष्ट नहीं होता तो फिर स्मृति और प्रत्यभिज्ञान कैसे उत्पन्न होता? स्मृति और प्रत्यभिज्ञान की उत्पत्ति भी इसीलिए होती है, जो भूतकाल की घटना होती है उसकी स्मृति हमें रहती है और उस स्मृति के माध्यम से किसी नए वस्तु में उस पुराने ज्ञान का सम्बन्ध स्थापित कर पुराने विषय को फिर देखकर पहचान लेते हैं। ऐसा नहीं है कि घटना होकर स्थिर पड़ी है और मन वहां जाकर फिर से जुड़कर सब याद दिलाता है। अतः बुद्धि अथवा ज्ञान को अनित्य ही मानना चाहिए।

(इस पुस्तक का अधिकाँश भाष्य पुराने भाष्य से तालमेल बिठाकर लिखा गया है पर यहाँ पर जो भाष्य है वह पुराने भाष्य से पूर्णतया भिन्न है, पुराने भाष्य उचित तरीके से प्रश्नों का उत्तर देने के बजाय उलझा देते हैं, जिससे पाठकों में शंका बनी रहती है।)

अब एक वादी जो ज्ञान को नित्य मानता है और समय के प्रवाह को मिथ्या मानता है, वह कहता है, जहाँ पर जो ज्ञान हुआ था, वहां पर वह ज्ञान पड़ा हुआ है। अर्थात समय के प्रवाह में घटनाएं क्रम से होकर मिट नहीं रहीं हैं वरन वह अपने-अपने जगह पर स्थिर हैं। मन चूकि बेहद सूक्ष्म और तीव्र वेग की क्षमता से युक्त है, अतः उसे जब भी आत्मा को ज्ञान कराना होता है वह तुरंत शरीर से निकल कर उस स्थान पर चला जाता है, जहाँ पर घटना घटित हुई होती है। अब उस स्थान से घटना की सूचना लेकर तुरंत आ जाता है।

इस पर गौतम ऋषि कहते हैं कि यह बात उचित नहीं है क्यूंकि मन हमेशा शरीर के अंदर ही भ्रमण कर सकता है। वह किसी भी परिस्थिति में शरीर से बाहर नहीं जा सकता।

(समय एक वास्तविकता है और उसी के धारा में एक घटना होकर समाप्त होती और दूसरी घटना शुरू होती है। हालांकि यह मानना की समय का प्रवाह सतत होता है, उचित नहीं है। वैशेषिक दर्शन हमेशा हर सत्ता के मूल कण को स्वीकार करता है अर्थात जैसे द्रव्य का मूलकण परमाणु है, ऊर्जा का मूल कण फोटान है उसी प्रकार समय की भी कोई मूल सीमा होगी, जिससे छोटा समय नहीं हो सकता। भारतीय वैशेषिक दर्शन का यह सिद्धांत है कि यदि किसी सत्ताशील को अनंत तक विभाजित कर देंगे तो सबसे आखिरी कण शून्य होगा, पर हम अनंत शून्य को जोड़कर कोई सत्ता नहीं बना पाएंगे। अतः शून्य से सत्ता का निर्माण नहीं हो सकता। इसी प्रकार समय भी प्रवाह में बहता दिखता तो है, पर वह भी डिज़िटल पाथवे की तरह व्यवहार करता होगा।)

अब वादी कहता है कि ऋषि का यह तर्क किसी भी प्रकार से स्वीकार नहीं किया जा सकता क्यूंकि अभी तो यह सिद्ध ही नहीं है कि मन केवल शरीर के अंदर ही विचरण कर सकता है। जब तक यह तथ्य सिद्ध नहीं होता कि मन शरीर के अंदर ही विचरण कर सकता है तब तक यहीं मानना उचित होगा कि किसी भी घटना की स्मृति उस स्थान पर होती है, जहां वह घटित हुई है और मन तीव्रता से जाकर वहाँ से ज्ञान लेकर आ जाता है।

इस पर ऋषि कहते हैं कि बिना शरीर के स्मृति नहीं हो सकती। जब मन किसी बात को स्मरण कर रहा होता है तो स्मरण करने वाले का शरीर शांत और स्थिर हो जाता है। वह उस क्षण के लिए ठहर सा जाता है। यदि मन शरीर के बाहर जाकर स्मरण कर रहा होता तो शरीर को धारण करने वाला मन जैसे ही बाहर जाता, यह गिर पड़ता। पर ऐसा होता नहीं दिखता।

मन में दो तरह की शक्ति होती है पहली **प्रेरक शक्ति** और दूसरी **धारक शक्ति**।

प्रेरक शक्ति का सम्बन्ध जन्मजात प्रेरणाओं जैसे- भूख-प्यास, काम, नींद, प्रेम, क्रोध, मद, आत्मगौरव, निंदा, स्तुति आदि से होता हैं, जबकि धारक शक्ति शरीर के अंगों को इसको धारण रखने की क्षमता देती है। गहरी नींद में जब मन निष्क्रिय हो जाता है, तब ये दोनों शक्तियां अर्थात प्रेरक और धारक नष्ट हो जाती हैं और आत्मा संतुष्टि में रहती है।

गहरी नींद में व्यक्ति को अपने धन, वैभव, काम, क्रोध, लोभ, मोह, राग, द्वेष, अहंकार आदि से मन की निष्क्रियता के कारण मुक्ति मिल जाती है, जिससे आत्मस्वरूप में हृदय रम जाता है, स्वयं से स्वयं का दर्शन होने से आनंद और संतुष्टि प्राप्त होता है। सब कुछ जो जुटाया उससे ज्यादा आनंद गहरी निद्रा देता है। इसी कारण वैभवशाली व्यक्ति भी गहरी नींद से आनंद ही प्राप्त करता है।

जाग्रत अवस्था वह है जब मन अपने कार्य में लगा रहता है, तब हमेशा वह किसी न किसी उधेड़बुन में लगा रहता है। निद्रा के समय मन शांत होकर निष्क्रिय हो जाता है, जिस कारण शरीर धारण क्षमता खो देता है। इसीलिए निद्रा के समय शरीर, गुरुत्व एवं अन्य बलों के खिलाफ स्वयं को स्थिर नहीं रख पाता। मान लीजिये कि कोई व्यक्ति किसी कुर्सी पर बैठा है, जब तक वह जाग्रत है तब तक मन के सक्रीय होने से वह स्थिर होकर बैठा रहता है पर जैसे ही निद्रा आयी वह बार-बार कुर्सी से संतुलन खोने लगता है।

स्मरण के समय शरीर असंतुलित होने के बजाय उल्टा और अधिक संतुलित एवं स्थिर हो जाता है, जो यह बताता है कि मन शरीर से बाहर नहीं गया है अपितु और अधिक सक्रियता से कार्य में लगा हुआ है। मन यदि स्मरण के समय बाहर जाता तो निद्रावस्था की भाति शरीर लुढ़क जाता।

अब इस पर वादी कहता है चूकि मन की गति बहुत ही तेज़ है, अतः वह बहुत तेज़ी से उस स्थान पर जाता है, जहाँ पर ज्ञान है और फिर पुनः ज्ञान लेकर बहुत तेजी से शरीर में आकर इसको संतुलित भी कर लेता है। अतः मन को शरीर से बाहर गमन करने वाला स्वीकार करने में कोई समस्या नहीं है।

इस पर ऋषि कहते हैं कि यह कहना उचित नहीं कि मन की गति तीव्र होती है, अतः वह शरीर के बाहर जा सकता है। कई बार कोई बात स्मरण करते ही क्षण भर में याद आ जाती है, जबकि कई बार किसी घटना को याद करने में काफी समय लग जाता है। दोनों स्थितियों में मनुष्य को गिरते हुए नहीं देखा जाता है। उससे महत्वपूर्ण बात यह कि यदि यह सत्य मान लिया जाय कि प्रकृति की घटनाएं हो-होकर समाप्त नहीं हो रहीं बल्कि स्थिर हैं तब तो मन हमेशा शरीर से बाहर जाकर उससे जुड़ जाता और कोई घटना कभी विस्मृत होती ही नहीं, सबको सब याद रहता।

अतः यह सिद्ध होता है कि मन सदैव शरीर के अंदर रहता है, आत्मा के निरंतर संपर्क में रहता है, शरीर को धारणा शक्ति प्रदान करता है और ज्ञान का साधन है।

अब एक नया संशय खड़ा किया जाता है कि भला आत्मा मन से किसी बात का स्मरण कराना चाहेगा तो वह किस प्रकार संभव है? इस पर कहते हैं, स्मरण के तीन प्रकार से होने की संभावना प्रतीत होती है, प्रथम यह कि आत्मा किसी विषय को याद करने की प्रेरणा दे, दूसरा यह कि कोई बात अचानक याद आ जाए और तीसरा यह कि मन स्वयं किसी ज्ञान से जा मिले।

1- यदि आत्मा ने मन को किसी विशेष विषय को याद करने हेतु प्रेरणा दिया तो आत्मा उस विशेष विषय को मन को आदेशित करने से पहले ही स्मरण कर चुका होगा, तो फिर अब भला मन का अलग से क्या काम?

2- यदि कोई बात अचानक भी याद आ जाय तो याद तो पहले ही आ गया, अब नए सिरे से मन का भला क्या काम?

3- यदि मन स्वयं ही ज्ञान से संयोग करके कोई बात स्मरण में ला दे, तब भला आत्मा के आदेश की क्या जरुरत?

अर्थात तीनों परिस्थिति में स्मरण के लिए आत्मा और मन के संयोग की आवश्यकता प्रतीत नहीं होती, अतः यह मानने की क्या आवश्यकता है कि आत्मा और मन का संयोग स्मरण के लिए आवश्यक है?

अब इसका समाधान करते हुए कहते गौतम ऋषि कहते हैं कि मन और आत्मा का संयोग स्मरण के लिए आवश्यक है। जैसे- कोई व्यक्ति कितना भी किसी काम को मन लगाकर कर रहा हो, अथवा किसी विषय में डूबा हुआ हो, पर जैसे ही उसके पैर में काटा चुभता है, उसका मन झट से पहले से लगे कार्य से हटकर उस काटे से उत्पन्न दुःख की तरफ चला जाता है। अतः मन को पूर्व के विषय से हटाकर किसी अन्य विषय में लगाने वाली सत्ता है और वहीँ सत्ता आत्मा है।

अब इस पर यह प्रश्न उठ सकता है कि क्या काटे के चुभने पर जो मन एक जगह से हटकर उस काटे की तरफ गया, उसे भोग (विषय की प्रबलता) से उत्पन्न प्रभाव न कहा जाय? उसे आत्मा का आदेश अथवा इच्छा कहने की क्या आवश्यकता है?

हाँ, यह अवश्य कहा जा सकता है। तब इस अनुसार स्मृति भी विषयभोग के समान होगी, तब भी स्मृति की प्राप्ति आत्मा को होगी जबकि उसकी ज्ञान प्राप्ति के लिए मन और आत्मा का संयोग पहले से सिद्ध है अर्थात स्मृतियों के कारण ही भिन्न-भिन्न बातों की याद आती है। आप कभी गोवा घूमने गए थे, अब फिर से त्योहारों का मौसम आया तो उसकी याद आ गयी। यहीं स्मृतियाँ ही स्मरण का कारण हैं। जैसे- कांटे की चुभन को विषय भोग मानकर यह कहा गया कि उसी के कारण मन अपने नियत काम से हटकर चुभन वाले भाग में पहुंच गया, बिलकुल उसी तरह स्मृतियों के कारण मन एक विशेष स्थिति में पहुंच गया। हम

यह पहले से जानते हैं कि विषय का वास्तविक भोगी आत्मा है, तो इसी तरह स्मृतियों का भोगी भी आत्मा साबित होगी।

वास्तव में जब विषय में विशेष प्रबलता होती है, तब वह इन्द्रियों पर दबाव स्थापित कर उनसे मन और आत्मा का संयोग कराकर ज्ञान प्राप्त करा लेती हैं। परन्तु जब विषय बहुत निर्बल होता है तब उस परिस्थिति में आत्मा को ज्ञान प्राप्ति के लिए मन द्वारा इन्द्रियों को साधना पड़ता है। जैसे- कोई आराम से नींद ले रहा है, तभी जोर से विस्फोट हुआ। ऐसी परिस्थिति में विषय ने अपनी प्रबलता से इन्द्रिय पर दबाव बनाकर मन को उस इन्द्रिय से जोड़कर विस्फोट का ज्ञान करा दिया। जबकि यदि कहीं कोई बात बेहद धीमी आवाज में हो रही है और उसके बारे में इन्द्रिय को कुछ ख़ास जानकारी प्राप्त नहीं हो रही है, परन्तु आत्मा ने जानने की इच्छा कर लिया, तो ऐसी स्थिति में आत्मा मन को कर्ण इन्द्रिय से लगाकर उसे ध्यान से सुनना शुरू कर देता है और वहां पर चल रही बातचीत का ज्ञान प्राप्त कर लेता है। अतः मन और आत्मा का संयोग हर स्थिति में है, चाहे विषय प्रबल हो या दुर्बल।

अब एक साथ अनेक स्मृतियों के न होने के कारणों का विवेचन करते हैं।

आत्मा और मन के संयोग से ज्ञान उत्पन्न होता है, बार-बार ज्ञान होने से अनुभव, उन अनुभवों से संस्कार और संस्कार से स्मृति की उत्पत्ति होती है। स्मृति उत्पन्न होकर धीरे-धीरे आत्मा में एकत्र होती रहती है। आत्मा में ढेर सारे स्मृतियों का भंडारण होता जाता है। स्मृतियों के इस भण्डार में हर स्मृति का लक्षण/लिंग अलग-अलग होता हैं और उस ढेर में से किसी विशेष स्मृति को पाने के लिए चित्त की एकाग्रता आवश्यक होती है। अतः स्मृति के लिए केवल आत्मा एवं मन का संयोग अथवा ज्ञान, अनुभव और संस्कार ही नहीं बल्कि उसका लक्षण और चित्त की एकाग्रता भी आवश्यक हैं।

जिन ज्ञानों के लक्षण एक समान हैं, वह एक के बाद एक याद आने लगते हैं और जिनके लक्षण उनसे अलग हैं, वह उस विशेष क्षण याद नहीं आते। जैसे- किसी ने अपने गाँव की स्मृति खोजी तो अब उसे

अपना गाँव, उस गाँव में खेत, अपना घर, बाग़ बागीचा, पड़ोसी, गाँव की घटनाएं आदि सब याद आ जाती हैं पर उस विशेष समय किसी विदेशी यात्रा की याद नहीं आती। विदेश यात्रा के लक्षण/लिंग बिलकुल अलग हैं और गाँव के लक्षण/लिंग अलग हैं। किसी ने फल में अनार याद किया तो उसे अब आम, सेब, केला, उसको बेचने वाला बाज़ार, ठेला, ठेले वाला सब याद आ रहा है, परन्तु तब अस्पताल की याद नहीं आ रही। कहने का अर्थ यह है कि लक्षणों की भिन्नता के कारण ही एक बार में एक प्रकार की स्मृति उत्पन्न होती है।

अब एक बार में एक ज्ञान एवं एक प्रकार के स्मृति के नियम का अपवाद बताते हुए कहते हैं कि "प्रतिभ" क्षमता से युक्त आत्मा में एक बार में एक ज्ञान का नियम लागू नहीं होता है। प्रतिभावान व्यक्ति के भीतर जो बुद्धि होती है, उसमें विशेष प्रकार का गुण होता है जिसे प्रतिभा कहते हैं। प्रतिभायुक्त बुद्धि में जो ज्ञान पनपता है उसे प्रतिभ कहते हैं।

(प्रतिभ को कुछ विद्वानों ने 'बुद्धि की स्फूर्ती' कहा है, कुछ ने इसे बुद्धि की नयी कोपल कहा है, किसी ने नवोन्मेषी कहा है। दरअसल प्रतिभाशाली व्यक्ति के भीतर अकस्मात एक दम से नये इन्द्रियातीत अर्थात जो सामान्य रूप से इन्द्रियों से उत्पन्न नहीं हो सकते, वह विचार भी जब-तब बिजली की भाति कौंध जाते हैं, जिसमें एक दूसरे से सम्बन्धित तमाम विषय एक साथ उत्पन्न होना शुरु हो जाते है।

बहुत से कवि होते है, वह सामान्य रूप से बैठे रहते हैं तभी अचानक कोई कविता कौंध जाती है। वह एक नशे में, संवेग में, लिखना शुरु कर देते हैं और जब उससे निकलते हैं तब तक एक अद्भुत कविता लिख चुके होते हैं। उसी कवि को जब उस क्षण से बाहर निकल कर सोच समझकर कविता लिखने को कहा जाय तो वह पूरा प्रयास भी कर ले तो ऐसी कविता नहीं लिख सकता। इसी प्रकार आइंस्टीन ने जब एक ऊंचें इमारत को देखकर यह सोचा की अगर कोई आदमी इससे गिरे तो उस पर यह गुरुत्व नहीं लगेगा सो वही वास्तव में स्वतंत्र प्रेक्षक बन सकता है, किसी घटना के लिये। इस तरह से जो विचार कौंध कर अपनी सम्पूर्ण रचना

करा लेता है अथवा अपना सारा उत्तर खोज लेता है, वहीं प्रतिभ है। ऐसे लोग बाद में स्वीकार भी करते हैं कि वह सामान्य अवस्था में उतना नहीं सोच सकते जितना वह अपने उस इम्पल्स में सोच लेते हैं।

प्रतिभा और सौंदर्य का आपस में बड़ा सम्बंध है। सौंदर्य वह है जो नित्य ही नया और आनंदकारी लगे। सौंदर्य का जरूरी तत्व है Non-randomness (जो बेतरतीब न हो) या व्यवस्थितता। प्रतिभ वह ज्ञान है जो इस व्यवस्थितता को सबसे तीक्षणता से पहचान लेता है। सबसे महत्त्व की बात यह है कि बेतरतीब होना केवल चेतन का गुण है। कोई भी कम्प्यूटर कितना भी स्मार्ट क्युं न हो वह कभी रैंडम नम्बर नहीं चुन सकता, वह रैंडम पिन पैदा नहीं कर सकता। जो आज के जमाने में OTP या पासवर्ड हमारे मोबाईल पर आते हैं वह भी वास्तव में कम्प्यूटर के अंदर फिट किसी गणितीय सूत्र से निकाले जाते हैं, बस वह सूत्र इतने अतरंगे रखे जाते हैं कि ग्राहकों को उस OTP में रैंडमनेस का आभाष होता है। प्रतिभ वास्तव में कम्प्यूटर से मिलता-जुलता ज्ञान है अर्थात यह भी रैंडमनेस का विरोधी है। प्रतिभ व्यवस्थित होने का कार्य करता है। यूँ कहें कि प्रतिभाशाली व्यक्ति, सामान्य बुद्धि के गुण अथवा दोष "अव्यवस्था" से कोसो दूर रहता है।

प्रतिभा के बारे में कुछ एक विद्वानों का मत है कि यह अभ्यास से आता है। पर अधिकाँश विद्वान यह मानते हैं कि यह जन्मजात होता है। यह गुण व्यक्ति लेकर पैदा होता है। इसे उत्पन्न नहीं किया जा सकता। प्रतिभ भी प्रतिभाशाली व्यक्ति में हमेशा नहीं रहता, वह जब-तब आता है, नया परंतु अनेक ज्ञान प्रदान करता है और चला जाता है। किसी को प्रतिभाशाली बनाने का कोई उपाय नहीं है। प्रतिभाशाली की खोज भर की जा सकती है।)

अब यह संशय होता है की सुख-दुःख, इच्छा-द्वेष, प्रवृत्ति अंतःकरण के गुण हैं, न की आत्मा के। जबकि आत्मा स्वयं किसी भी गुण से मुक्त है।

इसका समाधान करते हुए ऋषि कहते हैं कि ज्ञाता (आत्मा) के अपने प्रवृत्ति और निवृत्ति का मूल ही इच्छा और द्वेष है। ज्ञान से ज्ञाता को

सुख-दुःख के कारणों का पता चलता है। उन्हीं कारणों के पता चलने से उसे किसी विषय अथवा वस्तु के प्रति उनकी अनुकूलता एवं प्रतिकूलता के आधार पर इच्छा एवं द्वेष का बोध होता है। जिसकी इच्छा होती है, उसकी तरफ प्रवृत्ति उत्पन्न होती है, जबकि जिससे द्वेष होता है, उससे आत्मा निवृत्ति चाहता है। सभी प्रयासों का मूल आत्मा द्वारा प्राप्त ज्ञान ही है। अतः सुख-दुःख आदि गुणों को आत्मगुण ही मानना चाहिए। यहाँ यह ध्यान देना आवश्यक है कि अन्य दर्शन सुख-दुःख आदि से आत्मा को मुक्त मानते हैं जबकि न्याय दर्शन उसे भी आत्मा का ही गुण मानता है।

इस बात पर प्रतिवादी गौतम ऋषि पर प्रश्न उठाते हुए कहता है कि प्रवृत्ति और निवृत्ति को आत्मा का गुण बताना किसी भी प्रकार से उचित नहीं जान पड़ता। इच्छा-द्वेष से उत्पन्न प्रवृत्ति और निवृत्ति की चेष्टा तो शरीर ही करता है, यह प्रत्यक्ष रूप से देखा जाता है। अब ऐसी स्थिति में या तो प्रवृत्ति और निवृत्ति को शरीर का ही गुण माना जाय अथवा शरीर को ही आत्मा स्वीकार कर लिया जाय।

इसका समाधान करते हुए ऋषि कहते हैं कि जैसे हम कुल्हाड़ी से किसी वृक्ष को काट रहे होते हैं तो यह बात प्रत्यक्ष रूप से दिखाई पड़ती है कि कुल्हाड़ी वृक्ष को काट रहा है। अब कोई यह कहे कि कुल्हाड़ी में ही वृक्ष काटने की प्रवृत्ति है तो यह किसी भी प्रकार से उचित नहीं है। बिलकुल उसी प्रकार शरीर को चेष्टा करते हुए देखने भर से प्रवृत्ति अथवा निवृत्ति को उसका खुद का गुण नहीं मान सकते। जैसे- कुल्हाड़ी से जब पेड़ काटा जाता है तो स्वयं कुल्हाड़ी में सुख-दुःख, इच्छा-द्वेष, प्रवृत्ति-निवृत्ति का अभाव होता है, उसी प्रकार शरीर चेष्टा करते हुए भी स्वयं सुख-दुःख, इच्छा-द्वेष, प्रवृत्ति-निवृत्ति से दूर रहता है। वह ज्ञाता अर्थात आत्मा के कार्य का साधन/करण भर है, जबकि कर्ता आत्मा ही है।

(वास्तव में शरीर चेष्टा करना ही नहीं चाहता, वह तो आरामतलब होता है। आत्मा के आदेश पर वह मज़बूरी में एक साधन की भाति कार्य करता है।)

अब इस पर संशय जताते हुए प्रतिपक्षी कहता है कि निर्जीव वस्तुओं (कुल्हाड़ी) में जो इच्छा-द्वेष न होते हुए भी साधन के रूप में प्रवृत्तियुक्त हो जाने का उदाहरण दिया गया, वह हर समय सही नहीं होता है। जैसे घड़ा भी एक निर्जीव वस्तु है पर उसमें कोई भी प्रवृत्ति दिखाई नहीं पड़ती है।

इस पर ऋषि अपना मत प्रकट करते हुए कहते हैं कि सजीव और निर्जीव का भेद चेतना के आधार पर है। चेतना वह है जिसमें इच्छा और द्वेष हो, सुख और दुःख हो अर्थात कुछ पाने और खोने की कामना और उसके घटित होने, न होने के आधार पर संतुष्टि अथवा असंतुष्टि की अनुभूति हो। जिस वस्तु में कुछ पाने अथवा खोने की कामना नहीं होती वह अचेतन अर्थात निर्जीव है। प्रवृत्ति-निवृत्ति की "चेष्टा" चेतना के आधार पर "साधनों" में देखने को मिलती है। कहीं पर आत्मा के इच्छा-द्वेष की पूर्ति के लिए शरीर साधन बनता है, तो वहीँ कई बार आत्मा, शरीर के माध्यम से निर्जीव साधनों का न केवल उपयोग करता है बल्कि अपनी इच्छा पूर्ति के लिए नए-नए साधनों का निर्माण भी करता है।

अब आगे ऋषि यह बताते हैं कि कई बार ऐसा लगता है कि सुख-दुःख, इच्छा-द्वेष, प्रवृत्ति-निवृत्ति आत्मा के गुण न होकर अंतःकरण के गुण हैं, पर यह सत्य नहीं है। हम पहले से ही जानते हैं कि अन्तःकरण भी आत्मा के विचार का एक साधन भर है और वह आत्मा के इच्छा से कार्य करता है। आत्मा ही केवल वह मूल सत्ता है जो एक शरीर से दूसरे शरीर में जाती है। अब आत्मा को अलग और अन्तःकरण को अलग मान लें तो ऐसी अवस्था में अकृताभ्यागम दोष उत्पन्न हो जाएगा। अकृताभ्यागम दोष का अर्थ है की करे कोई, भरे कोई। अर्थात आत्मा ही एक शरीर को छोड़कर दूसरे शरीर में कर्मफल को भोगने जाती है। जब हम इच्छा-द्वेष जनित कर्म को स्वतंत्ररूप से अन्तःकरण का कार्य मान लेंगे तो ऐसी दशा में कर्म की प्रेरणा तो मिलेगी अन्तःकरण से और अगले जन्म में उसका कर्मफल भोगेगा आत्मा। अतः यह सभी गुण वास्तव में आत्मा के ही हैं, उसी के इच्छानुसार प्रवृत्ति और कर्म होते हैं। सो कर्मफल भी उसी के साथ जुड़ता है।

इसी प्रकार वर्ण को भी आत्मा के कर्मफल से जोड़ना उचित नहीं है, इसे भी समझना आवश्यक है।

[आत्मा का कोई वर्ण नहीं है, न ब्राह्मण और न ही शूद्र। कर्मफल के कारण आत्मा को शरीर का बंधन होता है। शरीर की अवस्था में जाति, लिंग, वर्ण आदि का भेद हो सकता है, परंतु आत्मावस्था में स्वरूप और गुण में कोई भेद नहीं है।

साधारण मनुष्य उस अभेद्यता अर्थात आत्मावस्था को नहीं देख सकता, सो वह वर्ण के आधार पर लोगों को छोटा-बड़ा, योग्य-अयोग्य आदि का भेद करता हुआ अपने तुच्छता और अल्पज्ञता का प्रदर्शन करता हुआ मनुष्य-मनुष्य में भेद करता रहता है।

इस तरह की भेद बुद्धि का कारण अल्पज्ञान से उत्पन्न अहंकार और उस अहंकार के कारण अभेद्य को देखने की क्षमता का विनाश है। वस्तुतः शरीर ही अहंकार का कारण है।

आत्मा शरीर के बंधन में कर्मफल के कारण आती है।

कर्मफल कर्मों के कारण आता है।

कर्म, प्रयत्न से होता है।

प्रयत्न, इच्छा और द्वेष से होता है।

इच्छा-द्वेष और सुख-दुख से होता है।

सुख और दुख का बोध, अनुकूलता और प्रतिकूलता से होता है।

यह अनुकूलता और प्रतिकूलता का बोध, इन्द्रियों के कारण होता है। मनुष्य जब तक इन इन्द्रियों की गुलामी कर रहा होता है तब तक इस बंधन मे फसा होकर मनुष्य-मनुष्य में भेद कर रहा होता है।

इस तरह से वर्ण आधारित भेद बुद्धि से युक्त व्यक्ति स्वयं ही अल्पज्ञ होकर संशय का पात्र बन जाता है। जिसकी स्वयं की बुद्धि अल्पज्ञ सिद्ध

हो जाय, उसके बातों को स्वीकार नहीं किया जा सकता। दो संशय एक दूसरे का समाधान नहीं कर सकते।

यह भी मान लिया जाय की अच्छे-बुरे कर्मों के आधार पर वर्ण की प्राप्ति होती है तो भी हम दिन प्रतिदिन देखते हैं की तथाकथित उच्च वर्ण में भी उत्पन्न होकर मनुष्य निम्न कर्म करता है और बहुत बार तथाकथित निम्न वर्ण में भी जन्म लेकर उच्च कर्म करता है (अर्थात वर्ण अच्छे गुणों की गारंटी नहीं)।

सो ऐसे में तो गुण ही हावी होकर आगे पाप और पुण्य के रूप में फलित होने वाले हैं सो कर्म के आधार पर जो वर्ण पाने के बात की गयी, उसका भला क्या फायदा? जब वर्ण के आधार पर पुण्य पाने के गारंटी नहीं।

कई बार तथाकथित उच्च वर्ण में जन्म लेकर भी मनुष्य गरीब रहता है और कई बार तथाकथित निम्न होकर भी धनी। तो भी किसी प्रकार से कर्म फल के आधार पर वर्ण प्राप्ति और उसमें श्रेणी की बात स्पष्ट नहीं हो पा रही है (अर्थात वर्ण सुख की गारंटी भी नहीं)।

अन्तत: जब आप इस चर्चा को बढ़ाते जायेंगे तो यह पायेंगे की कर्मफल के द्वारा शरीर प्राप्त होता है जबकी वह कर्मफल किस प्रकार के हैं उससे नये शरीर में वृत्ति उत्पन्न होती है अर्थात यदि आपके कर्म अच्छे रहे तो आप कम प्रयास में ही इन्द्रियों के गुलामी से बाहर आ जायेंगे जबकी आपके कर्म फल खराब हैं तो मुक्ति के लिये आपको कठिन प्रयास करना होगा।

किसी भी तरह कर्मफल से वर्ण चयन और उसकी उच्चता और निम्नता की श्रेणी स्थापित नहीं हो सकती।

इस पर कोई तथाकथित उच्च वर्ण का व्यक्ति यह कहे कि इसका निर्णय कोई गैर उच्च वर्ण का नहीं कर सकता बल्कि केवल उच्च वर्ण का व्यक्ति कर सकता है, तो भी यह साध्यसम दोष हो जायेगा क्यूंकि जिस पर प्रश्न है, वह खुद अपने प्रश्न पर निर्णायक नहीं बन सकता। इसके

लिये वह शब्द प्रमाण के रूप में शास्त्रों को लेकर आता है तो शास्त्र का लेखक स्वयं उच्च वर्ण का हुआ तो वह फिर से साध्यसम दोष का शिकार हो जायेगा। यदि वह फिर भी यह कहे की वर्ण की श्रेष्ठता किताब में लिखा है, और किताब सही है क्यूंकि श्रेष्ठ वर्ण वाले ने लिखा है, तो वह अन्योन्याश्रित दोष का शिकार हो जायेगा। कोई स्वयं को स्वयं से श्रेष्ठ अथवा सच्चा साबित नहीं कर सकता।

कर्मफल के आधार पर वर्ण, वर्ण के आधार पर उच्चता और निम्नता, यह दोनों किसी भी तरह से सिद्ध नहीं हो सकता।

केवल दो बाते सिद्ध हो सकती हैं।

1- कर्मफल के कारण शरीर की प्राप्ति
2- उन कर्मों के गुणात्मकता के आधार पर पापात्मक या पुण्यात्मक वृत्ति

इसके अतिरिक्त जो भी बाते हैं, सब या तो साध्यसम दोष से अथवा अन्योन्याश्रित दोष से युक्त हैं।

वर्ण अलग-अलग हैं। पर वह सभी श्रेणी में नहीं है बल्कि बराबर हैं। सुकर्म या कुकर्म के आधार पर वर्ण प्राप्त नहीं हो सकता बल्कि वृत्ति प्राप्त होती है। कर्म गुण के कारण उत्पन्न होते हैं और वृत्तिया गुणों के प्रति होती हैं।

सो मनुष्य गुण प्रधान ही है, वर्ण, जाति या लिंग प्रधान कतई नहीं।]

अंत में गौतम ऋषि कहते हैं कि हमने पहले ही पदार्थ, शरीर और मन की परीक्षा कर के सिद्ध कर लिया है कि ज्ञान उनका विषय नहीं है, सो इससे भी स्पष्ट होता है कि जो अब शेष बचा है (अर्थात आत्मा), ज्ञान उसी का गुण है।

उपरोक्त सभी चर्चा से गौतम ऋषि यह स्थापित करते हैं कि आत्मा निर्गुण नहीं होती बल्कि यह सगुण है। अब आगे की चर्चा में स्मृति किसका गुण है, इस पर चिंतन किया जाता है। न्याय दर्शन में बुद्धि अर्थात ज्ञान की परीक्षा का यह अध्याय बेहद विस्तृत है और आत्मा के सगुण होने को पूर्ण रूप से सिद्ध किया गया है। इसलिए इसे धैर्य से, ठहरकर बारम्बार पढ़ने की आवश्यकता है।

अब आगे गौतम ऋषि कहते हैं कि स्मरण, ज्ञाता का स्वभाव होने से उसी का गुण है अर्थात स्मरण वही करेगा जिसमें ज्ञान की इच्छा होगी। जिसमें अज्ञानता होगी अथवा इच्छा शक्ति का अभाव होगा, वह स्मरण कभी नहीं कर सकता। आत्मा ही वह मूल सत्ता है जिसके आश्रित ज्ञान और इच्छा दोनों हैं। अतः यह आत्मा का ही गुण होगा।

स्मृति के कारणों को बताते हुए कहते हैं कि इसके कुल 27 कारण होते हैं।

1- प्राणिधान अथवा एकाग्रता के कारण उत्पन्न स्मरण,

2- निबंध अथवा एक विषय के विभिन्न पहलुओं का आपसी सम्बन्ध जानने से एक को देखकर अन्य का स्मरण,

3- अभ्यास अथवा बार-बार किसी ज्ञान को प्राप्त करने से आदतवश उसका स्मरण होते रहना,

4- लिंग अर्थात किसी एक ज्ञान के प्रतीक चिन्ह को देखकर उससे सम्बंधित अन्य ज्ञान का स्मरण होना,

5- लक्षण अर्थात किसी वस्तु का वह धर्म जो उसको बाकी अन्य पदार्थों से बिलकुल अलग करे उसका स्मरण रह जाना,

6- सादृश्य अर्थात किन्ही दो वस्तुओं में स्थित समानता को देखकर एक से दूसरी वस्तु को याद कर लेना,

7- परिग्रह अर्थात एक से दूसरे का ज्ञान जैसे किसी के पुत्र को देखकर उसके पिता का स्मरण हो जाना,

8- आश्रय अर्थात जिसके सहारे जीवन यापन होना हो उसकी याद आना,

9- आश्रित अर्थात जो आपके ऊपर निर्भर हो उसका स्मरण होना,

10- सम्बन्ध अर्थात अपने माता पिता, गुरु, शिष्य, कुल आदि का स्मरण,

11- आनन्तर्य अर्थात एक के पीछे एक क्रम से लगे का ज्ञान, कार का अगला हिस्सा देखकर पिछले हिस्से का स्मरण,

12- वियोग अर्थात जो बहुत समय तक साथ था, अब छूट गया, उसका स्मरण,

13- एक कार्य अर्थात सहकर्मी का स्मरण,

14- विरोध अर्थात अपने विरोधी का स्मरण,

15- अतिशय अर्थात किसी वस्तु, विषय का उसके व्यापकता से उसका याद रह जाना,

16- प्राप्ति अर्थात जिस वस्तु की इच्छा थी, वह मिल गया तो उसकी याद,

17- व्यवधान अर्थात प्राप्ति में जो बाधा है उसका स्मरण,

18- सुख,

19- दुःख,

20- इच्छा,

21- द्वेष,

22- भय अर्थात जिससे प्राण का संकट हो उसका स्मरण,

23- आर्थित्व अर्थात दाता और प्राप्तकर्ता का सम्बन्ध होने से स्मरण,

24- क्रिया से कर्ता का अर्थात किसी कार्य को देखकर उसके करने वाले का स्मरण,

25- राग अर्थात जो इच्छित है उसके इच्छा का स्मरण,

26- धर्म अर्थात जो कर्तव्य कर्म और कर्तव्य नियम हैं, उनका स्मरण,

27- अधर्म अर्थात जो करना उचित नहीं है, उसका स्मरण।

हमारे पास जो भी स्मृतियाँ एकत्र होती हैं अथवा बार-बार याद आती रहती हैं वह इन्हीं माध्यमों और कारणों से एकत्र होती हैं।

ज्ञान और स्मरण आदि की चर्चा पूर्ण होने के बाद यह निष्कर्ष तो स्थापित किया जा चुका है कि आत्मा ही ज्ञाता है और वहीँ स्मरण का कारण भी, पर ऋषि ने जो यह कहा था की पुराना ज्ञान शब्दवत विनाश को प्राप्त होता है और नया ज्ञान उत्पन्न होता है अर्थात "ज्ञान अनित्य और नश्वर है" उसका फिर से परीक्षण शुरू किया जाता है। इस बात का पुनर्निरीक्षण इसलिए भी किया जाता है क्यूंकि यह आश्चर्यजनक बात लगती है कि आत्मा नित्य है, बावजूद इसके ज्ञान उसका गुण होते हुए भी अनित्य है।

ऋषि कहते हैं कि प्रत्येक वस्तु, विषय और घटना के लिए ज्ञान भिन्न-भिन्न है। जब वह वस्तु, विषय और घटना सामने चल रही होती है अर्थात प्रत्यक्ष रहता है तो उसका ज्ञान होता रहता है, पर जैसे ही कोई अलग घटना घटने लगती है, पुराना ज्ञान हट जाता है और स्मृति के रूप में परिवर्तित हो जाता है। जब किसी वस्तु का ज्ञान बार-बार हो तो उसकी स्मृति भी दृढ होती जाती है। परन्तु जब कोई घटना घटित हो रही हो तो उसकी स्मृति असंभव है अर्थात समय के प्रवाह में हर घटना नयी है और हर घटना में एक नयी संभावना है। स्मृति भूतकाल के घटना की होती है, ज्ञान वर्तमान में मिल रहा होता है।

चाय देखकर चाय का जो ज्ञान हुआ वह अभी का है पर जो बिलकुल वैसे ही चाय की याद आयी तो वह पूर्व में ज्ञानजनित स्मृति का ही हिस्सा है। समय नित आगे बढ़ रहा है, यह कोई भ्रम जाल नहीं है, भले दो घटनाएं एक जैसी दिखाई दे जायँ पर जो घटना बीत गयी, वह बीत गयी। ज्ञान यदि नित्य होता तो स्मृति की कहीं कोई आवश्यकता ही नहीं होती, और तो और समय का प्रवाह भी न होता। घटनाओं में आगे पीछे का क्रम ही समय का प्रवाह है।

आगे कहते हैं कि स्मृति और ज्ञान एक ही नहीं है बल्कि अलग-अलग है। स्मृति तो वह है जो पूर्व में बताये गए 27 प्रकार के सम्बन्ध हैं, उनके कारण है, साथ ही साथ ज्ञान भी स्मृति का कारण है, परन्तु ज्ञान ही स्मृति नहीं है।

ज्ञान प्रत्यक्ष है, स्मृति भूत है और जिज्ञासा भविष्य है।

प्रत्यक्ष पूर्णतया स्पष्ट होता है पर धीरे-धीरे वह स्मृति में जाकर धूमिल होकर नष्ट होता जाता है, परन्तु उसमें उपरोक्त 27 में से कोई गुण है, तो वह स्मृति में बना रहता है। ऐसे स्मृति का क्षरण या तो शरीर के रहने तक नहीं होता अथवा बहुत धीमे होता है। परन्तु यदि वह संस्कार में आ गया तो चिरस्थायी हो जाता है। कुल मिलाकर ज्ञान प्रत्यक्ष और स्पष्ट होता है परन्तु स्मृति अपने उपरोक्त 27 कारणों पर निर्भर है। यदि वह कारण बार-बार उपस्थित होते रहते हैं तो वह स्पष्ट बना रहता है। लेकिन यदि वह कारण हटता गया तो अस्पष्ट होकर लुप्त होता जाता है। जबकि ज्ञान प्रत्यक्ष होने से स्पष्ट होता है।

अब प्रतिपक्षी कहता है कि यदि हम बुद्धि को अस्थिर मान लें तो उससे कोई स्पष्ट ज्ञान मिल पाना असंभव है। अपने बात के पक्ष में उदाहरण देते हुए कहता है कि जब बिजली तेज़ी से चमक कर (अस्थिरिता के गुण से युक्त होने के कारण) गायब हो जाती है तो उसके प्रकाश में बहुत सा दृश्य प्रत्यक्ष दिखाई तो पड़ता है पर वह स्पष्ट नहीं होता, उसमें बस एक झलक सी होती है, वह भी अस्पष्ट। अतः बुद्धि अनित्य अथवा नश्वर है, तो उससे मिलने वाला ज्ञान बिजली के प्रकाश में मिलने वाले ज्ञान की ही भाति अस्पष्ट होना चाहिए। अर्थात अस्थिर वस्तु का ज्ञान अस्पष्ट होता है। परन्तु हमें जो ज्ञान किसी समय प्राप्त हो रहा होता है अर्थात हम वर्तमान के जिन अनुभवों को ग्रहण कर रहे होते हैं, उसे पूरी स्पष्टता से ग्रहण कर रहे होते हैं। अतः बुद्धि स्थिर और नित्य होना चाहिए।

इस पर ऋषि कहते हैं कि यहाँ जो बिजली का उदाहरण दिया गया यह तो बुद्धि के अस्थिरिता को ही प्रोत्साहित करता है। बस बात इतना सा है कि उससे मिलने वाला ज्ञान स्पष्ट माना जाय अथवा नहीं?

इस पर कहते हैं कि यदि हम प्रकाश की प्राप्ति के लिए बिजली के बजाय स्थिर साधन जैसे दीपक को ले लें, तो ऐसी परिस्थिति में भी हर क्षण शब्द की भाति उससे नयी किरणें उत्पन्न हो रहीं हैं और पुरानी ब्रह्माण्ड में विलीन हो रही हैं, पर उससे मिलने वाला ज्ञान पूरी तरह से स्पष्ट है। दीपक में जो प्रकाश है, वह अपने नीचे उपस्थित तेल की ऊर्जा से उत्पन्न हो रहा है, हर क्षण वह तेल नष्ट होकर ऊर्जा दे रहा है। अतः उसका प्रकाश हर क्षण नया है, उसमें हर क्षण नए-नए ऊर्जा के मूल कणों की उत्पत्ति हो रही है और पुराने मूल कण ब्रह्माण्ड में विलीन होते जा रहे हैं। पर उससे जो दृश्य हमारी इन्द्रियां देख रहीं हैं वह पूर्ण रूप से स्पष्ट और समझने योग्य हैं। अतः ज्ञान की स्पष्टता के लिए बुद्धि का स्थिर होना कोई शर्त नहीं है। जब घटनाएं ही समय के क्रम में हो रहीं है तो उसको देखने वाली बुद्धि भी तो उसी क्रम में उत्पन्न और नष्ट होगी।

दृश्यमान जगत की हर घटना एक के बाद एक घटित हो रही है, एक घटना समाप्त हो रही है और दूसरी शुरू हो रही है। इसी तरह यह बुद्धि जो अपने साधनों से बाह्य घटनाओं को ग्रहण कर रही है वह भी प्रतिपल नूतन होती जा रही है, बावजूद इसके वह पदार्थ का यथार्थ ज्ञान कराने में सक्षम है।

इसी के साथ बुद्धि के अनित्यता का प्रसंग अब यहीं पर समाप्त होता है।

बुद्धि के अनित्यता की सिद्धि के बाद अब यह चर्चा आरम्भ की जाती है कि चेतना, शरीर का ही गुण है अथवा कुछ और? शरीरवादियों का यह विचार है कि चेतना शरीर का ही एक गुण है, अलग से आत्मा जैसी कोई सत्ता नहीं है। आत्मा की कल्पना एक झूठी कल्पना है। चेतना दिखाई भी तो नहीं पड़ती।

शरीरवादी कहता है कि एक द्रव्य में दूसरे द्रव्य के गुण सहज ही पाए जाते हैं, उसी प्रकार इस भौतिक शरीर में अभौतिक चेतना की प्राप्ति होती है। जैसे- जल का मूल गुण तरलता है पर उसमें अग्नि का गुण उष्णता भी मिल सकता है। पृथ्वी का अपना मूल गुण गंध है फिर भी वह

स्पर्श से युक्त है। कहने का अर्थ यह है कि जो मूल द्रव्य हैं, उसमें भी गुणान्तर पाया जाता है, फिर यह शरीर तो एक जटिल रचना है जिसमें सभी पांच तत्व मिले हैं सो यह भौतिक होकर भी अभौतिक चेतना को धारण कर सकता है। अलग से चेतना की सिद्धि के लिए आत्मा की सत्ता मानने की क्या आवश्यकता है?

इसका समाधान करते हुए ऋषि कहते हैं कि यह बात उचित नहीं है क्यूंकि गुणान्तर तो पाया जा सकता है पर ऐसा संभव नहीं है कि कोई द्रव्य अपने मूलभूत गुण से कभी अलग हो जाय अर्थात जल शीतल भी हो सकता है और उष्ण भी, पर ऐसा कभी नहीं होगा की जल बिना तरलता अर्थात रस के दिखाई दे। उसी प्रकार अग्नि कभी तीव्रता के कारण स्पर्श भी देता है और कभी स्पर्श नहीं भी देता पर ऐसा कभी नहीं हो सकता की अग्नि बिना रूप के हो। वह राख में बिना रूप के प्रतीत तो होती है पर उसे जैसे ही हटाएंगे, रूप प्रकट हो जाएगा। परन्तु शरीर के विषय में ऐसा नहीं है। हम शरीर हर प्रकार का देखते हैं, कभी शरीर पूर्ण चेतना में होता है, तो कभी मृत्यु के बाद बिना चेतना के दिखाई देता है। अतः चेतना शरीर का मूल गुण नहीं है। यदि यह मूल गुण होता तो कभी भी शरीर का साथ छोड़कर नहीं जाता। शरीर का मूल गुण भौतिक होना है, अतः जब तक शरीर रहता है उसका यह मूल गुण बना रहता है।

इस पर शरीरवादी नया तर्क लेकर आता है और कहता है कि जैसे कोई फल अथवा बर्तन पकाया जाता है तो उसमें एक गुण चला जाता है और दूसरा गुण आ जाता है। उसी तरह जैसे-जैसे गर्भ के भीतर शरीर बनता है, वैसे-वैसे इसमें चेतना आती जाती है और जैसे-जैसे शरीर का क्षरण होता जाता है, वह चेतना चली जाती है। फल पहले खट्टा होता है पर बाद में एकदम मीठा हो जाता है, उसमें समय के साथ विरोधी गुण आ जाते हैं। इसी तरह भौतिक शरीर में अभौतिक गुण आ जाते हैं। इसी प्रकार मिट्टी से कोई बर्तन बना तो पहले वह कच्चा, कमजोर और श्याम रंग का होता है, परन्तु जैसे-जैसे उसको पकाया जाता है, वह मज़बूत, टिकाऊ और भगवा रंग का हो जाता है।

इस पर गौतम ऋषि कहते हैं कि रंग, रूप, स्वाद आदि विकल्प से युक्त हैं जबकि चेतना में कोई विकल्प नहीं है।

कहने का अभिप्राय यह है कि या तो चेतना होती है, या फिर नहीं होती है। वह फल अथवा बर्तन की भाति धीरे-धीरे आती अथवा जाती नहीं है। कोई व्यक्ति या तो जीवित है या फिर मृत, बीच का कोई और विकल्प नहीं है परन्तु फल के पकने में ऐसा नहीं है। फल पहले बिलकुल ही खट्टा था, फिर कम खट्टा हुआ, उसके बाद हल्का मीठा, फिर पूरी तरह मीठा। अतः चेतना की तुलना फल या मिट्टी के बर्तन के निर्माण की प्रक्रिया से नहीं की जा सकती है।

(वास्तव में शरीर का निर्माण बिना चेतना के हो ही नहीं सकता है। अर्थात दुनिया में ऐसी कोई घटना नहीं है जहाँ निर्जीव पदार्थों से सजीव पदार्थ का निर्माण किया जा सके। आजकल जो वायरस आदि प्रयोगशालों में बनाये जाते हैं, वह भी किसी अन्य वायरस में काटछांट कर के अथवा दो अलग-अलग वायरसों का संयोग कराकर ही बनाया जाता है, न की निर्जीव परमाणुओं को क्रम से सजाकर बनाया जाता है। यहाँ तक की वायरस से भी सूक्ष्म जीव जो निर्जीव की परिभाषा में भी आधुनिक विज्ञान द्वारा रख दिए जाते हैं वह प्रोटीयांस भी अन्य प्रोटियांस से ही बन सकते हैं। उसके अणुओं को क्रम से सजाकर उत्पन्न नहीं किया जा सकता है। मनुष्य का भी गर्भ में उत्पत्ति शुक्राणु और अंडाणु के संलयन से होता है, तो ये जो शुक्राणु और अंडाणु है यह भी चेतन है, अर्थात स्त्री और पुरुष की आधी आधी चेतनाएं मिलकर एक चेतन का गर्भ में निर्माण करती हैं। एक मनुष्य में जितने गुणसूत्र सामान्य अवस्था में पाए जाते हैं उसके आधे ही शुक्राणु और अंडाणु में मिलते हैं, जब उन दोनों का संलयन हो जाता है तो वह पूर्ण मनुष्य को फिर से बनाने में सक्षम हो जाते हैं।

चेतना के बिना शरीर का निर्माण ही संभव नहीं है, अतः शरीर चेतना पर निर्भर है, न कि चेतना शरीर पर। मृत्यु के बाद शरीर रह जाता है पर चेतना समाप्त हो जाती है।)

आगे इसी बात की पुष्टि करते हुए गौतम ऋषि कहते हैं कि चेतना पुरे शरीर में व्याप्त है, अतः ऐसी स्थिति में या तो कई सारी चेतनाएं शरीर में होने से कई ज्ञाता बन जाएंगे अथवा किसी अंग विशेष का काटछांट करने पर चेतना भी समाप्त हो जानी चाहिए। पर वास्तव में यह दोनों संभावनाएं नहीं पायी जाती। शरीर में न ज्ञाता अनेक हैं और न ही शरीर के अंगों को काटछांट देने से चेतना समाप्त होती है।

(हाथ पैर आदि अंगों को तो छोड़ ही दें, जिन अंगों को शरीरवादी चेतना का मूल आधार मानता है जैसे हृदय, फेफड़ा आदि को भी अब ट्रांसप्लांट के माध्यम से बदला जाता है, बावजूद इसके व्यक्ति की चेतना वहीं की वहीं बनी रहती है। इन्द्रियों में कर्ण एवं नेत्र इन्द्रियों को बदला जाता है पर उससे भी चेतना पर कोई अंतर नहीं आता है।)

अब इस बात पर शरीरवादी कहता है कि यह कहना की पुरे शरीर में चेतना होती है ठीक नहीं है, नाखून और बाल आदि में तो कोई चेतना नहीं होती।

इसका समाधान करते हुए ऋषि कहते हैं कि शरीर वह है जो जीवात्मा से प्रेरणा पाकर चेष्टा करता है अर्थात त्वचा और बाहर दिखने वाले इन्द्रियों तक ही शरीर मानना चाहिए। बाल और नाखून दोनों स्वयं से कोई चेष्टा नहीं कर सकते हैं अर्थात बाल स्वयं से हिलडुल नहीं सकता, कुछ महसूस भी नहीं कर सकता। इसी प्रकार नाखून भी है। अतः जो चेष्टा नहीं कर सकता वह शरीर के परिभाषा से बाहर है।

[शरीर में दो तरह का गुण देखने को मिलता है। पहला रूप, रंग, स्पर्श आदि जो प्रत्यक्ष जाने जाते हैं जबकि दूसरा गुण है गुरुत्व, धारकशक्ति (ग्रेविटेशनल फ़ोर्स के विरोध में खड़ा रहना और संतुलित होकर चलना दौड़ना आदि) आदि जो प्रत्यक्ष तो नहीं दिखता पर महसूस अवश्य होता है। परन्तु चैतन्यता इन दोनों प्रत्यक्ष और अप्रत्यक्ष गुणों से भिन्न विषय है जिसे मन से ग्रहण किया जा सकता है, न की इन्द्रियों से।]

अब शरीरवादी कहता है कि जैसे प्रत्यक्ष (रूप, रंग, स्पर्श आदि) और अप्रत्यक्ष (संतुलन, चलना, दौड़ना) एक-दूसरे के विरोधी होने पर भी एक साथ शरीर के विषय माने जा रहे हैं, उसी प्रकार उन दोनों से भिन्न एक तीसरा विषय चैतन्यता को भी शरीर का गुण क्यों न मान लिया जाय, भले वह इन दोनों से अलग हो।

इसका समाधान करते हुए ऋषि कहते हैं कि यह कहना उचित नहीं है कि प्रत्यक्ष (रूप, रंग, स्पर्श आदि) और अप्रत्यक्ष (संतुलन, चलना, दौड़ना) दोनों विषय पूरी तरह एक दूसरे के विरोध में खड़े हैं, बल्कि इन सबमें समानता भी तो है। ये सभी विषय इन्द्रियों से ग्रहण किये जाते है। यहाँ तक कि धारक क्षमता भी वास्तव में कर्ण इन्द्रियों पर निर्भर होती हैं। शरीर के संतुलन का कार्य कर्ण इन्द्रियाँ ही करती हैं। गुरुत्व के खिलाफ भी संभालने का काम वहीँ से चल रहा होता है। इसी प्रकार चलते समय राह में गड्ढा आदि का आभाष नेत्र ही कराकर शरीर को सँभलने की प्रेरणा देता हैं। अतः शरीर के गुण भले दृश्य-श्रव्य हो न हों, पर वह इन्द्रियों द्वारा ग्राह्य अवश्य हैं। परन्तु चैतन्यता बिलकुल अलग गुण है, इन्द्रियाँ रहें न रहें, वह सदैव शरीर में बनी रहती है।

इसी के साथ इस प्रकार यह स्थापित करते हुए कि ज्ञान अनित्य है, आत्मा के लिए है और स्पष्ट है, चौथे प्रमेय बुद्धि की परीक्षा समाप्त होती है।

अध्याय - 10

न्याय दर्शन

पिछले अध्यायों में आत्मा, शरीर, इन्द्रिय और बुद्धि का विस्तार से परीक्षण किया गया। इस अध्याय में अगले दो प्रमेय मन और शरीर का विस्तारपूर्वक परीक्षण किया जाएगा।

मन का परीक्षण शुरू करते हुए सबसे पहले तो यहीं प्रश्न खड़ा हो जाता है कि क्या मन एक ही है अथवा अनेक? फिर प्रश्न उठता है कि मन अणु के समान सूक्ष्म है अथवा आत्मा की ही भांति विभु अर्थात सर्वव्यापी?

इस पर सबसे पहले ऋषि अपना मत रखते हुए कहते हैं कि मन एक ही होता है क्यूंकि हमें एक समय में एक ही ज्ञान होता है। जब कोई व्यक्ति मन लगाकर कोई पुस्तक पढ़ रहा हो, उसी समय उसके कक्ष में एक रेडियो बज रहा हो तो उसका मन आँखों में लगे होने से रेडियो में क्या बज रहा है, नहीं समझ पाता है जबकि कान उस आवाज को ग्रहण कर रहा होता है। इन्द्रियाँ अपने विषय को ग्रहण करती रहती हैं, बावजूद इसके बुद्धि तक केवल वहीं विषय ज्ञान के रूप में पहुंच पाते हैं जिससे मन लगा होता है। जो किताब पढ़ रहा था उसका मन यदि गाने की तरफ लग गया तो अब उसे यह नहीं मालूम चल पाता कि किताब में क्या लिखा है। इससे स्पष्ट है कि मन एक ही है।

इस पर प्रतिपक्षी द्वारा संशय करते हुए कहा जाता है कि यह बात ठीक प्रतीत नहीं होती क्यूंकि रोजमर्रा के जीवन में हम एक साथ अनेक ज्ञान प्राप्त करते हुए देखते हैं। जैसे- कोई व्यक्ति सड़क पर जा रहा है, तो वह उसके किनारे क्या घटित हो रहा है उसे देख भी रहा है, सुन भी रहा है, नए-नए विज्ञापनों के बोर्ड आदि को भी समझ रहा है। इसी प्रकार

सिनेमाहाल में सिनेमा देखने वाला एक साथ सारा दृश्य देख रहा है, उसको सुन भी रहा है और किसी पुराने फिल्म से तुलना भी कर रहा है। अतः ऐसा प्रतीत होता है कि एक साथ कई ज्ञान प्राप्त होते हैं।

इस पर ऋषि कहते हैं कि यह कहना किसी भी प्रकार से ठीक नहीं है कि हमें एक बार में अनेक ज्ञान प्राप्त होता है। वास्तव में जैसे आतिशबाजी की चरखी ऐसा संशय उत्पन्न कराती है कि एक साथ चारो तरफ से आतिशबाज़ी की रोशनी निकल रही है, पर एक समय पर एक ही जगह से रोशनी निकल रही होती है, बिलकुल उसी प्रकार मन भी अनेक ज्ञान होने का संशय उत्पन्न कराता है। मन भी उसी चरखी के समान इतना तेज़ी से चलता है कि हमें महसूस होता है मानो सब काम एक साथ कर रहा है, पर वास्तव में वह एक बार में एक ही काम कर रहा होता है।

इसको सबसे आसानी से महसूस तब किया जाता है जब कोई व्यक्ति कार चलाते समय ही मोबाइल का प्रयोग करने लगे। ऐसे में उसका मन कुछ क्षण के लिए मोबाइल में लगता है और कुछ क्षण के लिए गाड़ी चलाने में। अधिकांशतः सब ठीक चल रहा होता है क्यूंकि मन की गति इतनी तेज़ है कि वह उन दोनों कामों में स्वयं को जल्दी-जल्दी क्रम से लगाता रहता है। पर मान लीजिये कि जब मोबाइल चलाया जा रहा था तभी आगे के चालक ने अपने वाहन को किसी कारण से बेहद तीव्रता से रोक दिया तब मन मोबाइल से गाड़ी तक आने में इतना समय ले लेता हैं कि दुर्घटना घट जाती है। अतः भले हमें एक बार में अनेक ज्ञान होने का भ्रम लगे पर वास्तव में एक बार में एक ही ज्ञान होता है। इसी से मन का अणु होना भी सिद्ध होता है क्यूंकि यदि मन विभु अर्थात पुरे शरीर में व्याप्त होता तो वह एक बार में अनेक इन्द्रियों से ज्ञान प्राप्त करता न कि इस प्रकार क्रम से चक्कर लगाता रहता।

मन की परीक्षा पूर्ण करने के बाद अब अगले प्रमेय शरीर की परीक्षा की जाती है। सबसे पहले यह विचार किया जाता है कि क्या यह जो शरीर है, वह स्वतंत्र रूप से पंचतत्त्वों के सम्मिलन से बना है अथवा इन

पंचतत्त्वों के पीछे कोई प्रेरणाशक्ति है जो इनको एकजुट करके शरीर का रूप बनाने की प्रेरणा देती है।

इस पर गौतम ऋषि कहते हैं कि पूर्वजन्म के कर्मों से उत्पन्न धर्म-अधर्म के कारण पाप और पुण्य की प्राप्ति होती है। पाप-पुण्य, धर्म-अधर्म के समग्र परिणाम से प्रेरित आत्मा पंचभूतों को प्रेरित कर अपने लिए एक नया अधिष्ठान अर्थात घर का निर्माण करती है। यह नया अधिष्ठान अर्थात शरीर ही समस्त भोगों का साधन है जहाँ धर्म-अधर्म, पाप-पुण्य भोगना है।

अब अगर यह मान लिया जाय कि स्वतंत्र भूतों ने बिना किसी प्रेरणा शक्ति के स्वयं से शरीर का पिंड बना लिया तो फिर भोग कहाँ से आया? यह जो भोग (कष्ट, अथवा विषयभोग की इच्छा) है वह तो प्रत्यक्ष है ही, तो इस भोग के पीछे कोई न कोई कारण अवश्य होगा क्यूंकि ब्रह्माण्ड में कुछ भी अकारण नहीं हो सकता। कर्मफल ही वह कारण जिसके कारण शरीर भोगता है।

इस पर शंका करते हुए अनात्मवादी कहता है कि जैसे मूर्ति को हम रेत, मिट्टी, रंग, पत्थर, धातु आदि को इकट्ठा करके उसमें रूप बनाते हैं, उसी प्रकार यह शरीर भी मूर्ति की भाति गर्भ के भीतर निर्मित हो जाता है। जैसे मूर्ति बिना प्रेरणा के बन जाती है और उसका उपादान कारण (अर्थात जिनसे वह मिलकर बना है वह रेत, मिट्टी, पत्थर आदि) परमाणु भर हैं न कि कोई आत्मा अथवा कर्मफल। इसलिए किसी भी प्रकार से यह मानने की कोई आवश्यकता नहीं है कि शरीर को बनाने के लिए किसी प्रेरणाशक्ति की आवश्यकता है।

इसका उत्तर देते हुए गौतम ऋषि कहते हैं कि यह उदाहरण साध्यसम दोष से युक्त होने से अमान्य है। कहने का अर्थ यह है कि अनात्मवादी ने जो यह कहा की मूर्ति बिना प्रेरणा के अपने मूल परमाणुओं से मिलकर बन जाती है, यह अभी सिद्ध कहाँ हुआ है?

वस्तुतः मूर्ति बिना प्रेरणा के बन ही नहीं सकती। सबसे पहले एक मूर्तिकार मूर्ति बनाने की प्रेरणा से प्रेरित होकर इनके आवश्यक तत्त्वों

को इकट्ठा करता है, फिर अपने प्रेरणा से अलग-अलग नाप और अलग-अलग प्रकार के देव अथवा ईश्वर की प्रतिमा गढ़ता है। अतः मूर्ति का उदाहरण उल्टा यह सिद्ध करता है कि परमाणु बिना प्रेरणा के तो एक अचेतन मूर्ति तक नहीं बना सकते हैं। चेतनता युक्त शरीर तो फिर भी बड़ा कठिन विषय है।

अब अनात्मवादी नया तर्क लेकर आता है और कहता है कि संतान की उत्पत्ति के लिए माता-पिता के रज-वीर्य का सहज संयोग देखा जाता है। जब रज-वीर्य का संयोग होकर निषेचन होता है तो गर्भ ठहरता है। उसके बाद मां का जैसा भोजन होता है, उसी तरह गर्भ में पल रहे बच्चे का भी विकास होता है। अतः रज-वीर्य और उसके निषेचन से बने भ्रूण का पोषण, यह तीन कारण संतान उत्पत्ति के लिए बहुत हैं। अलग से आत्मा और कर्मफल को मानने की आवश्यकता क्या है, जब शरीर निर्माण के यह तीन दृष्ट कारण मौजूद ही हैं?

इस पर गौतम ऋषि कहते हैं कि परिणाम में असमानता अर्थात अनियम होने से उपरोक्त तर्क अमान्य है। अलग-अलग जीव के संतानोत्पत्ति के तरीके अलग-अलग हैं। कुछ स्वयं से दूसरे चेतन को सीधे सीधे उत्पन्न कर देते हैं, कुछ में संलयन होता है, कई बार एक ही बार में रज-वीर्य का संयोग होने में गर्भ ठहर सकता है, कई बार बार-बार दोनों का संयोग होने पर भी निषेचन नहीं होता, एक ही मां बाप के दो संतान अलग-अलग हो सकते हैं, कई बार एक ही जैसे होते हैं। संतानोत्पत्ति की प्रक्रिया से लेकर संतान की प्राप्ति तक लगातार परिणामों में अंतर दिखाई पड़ता है। जो संतान हुआ उसमें भी आगे विकास के क्रम में माता-पिता दोनों के साथ समान आचार, विचार, व्यवहार रखें तो भी भविष्य में उनमें से कोई बहुत सफल हो जाता है तो कोई बेहद असफल, कोई कम मेहनत में अधिक सफलता पा लेता है, कोई अधिक मेहनत में कम सफलता पाता है। अतः रैंडमनेस अर्थात हर क्षण अव्यवस्था की संभावना बनी हुई है। हर स्थिति में सभी वाह्य परिस्थितियों को एक जैसा बना देने पर भी परिणाम में अनियम है।

सभी बाह्य कारक एक समान करने पर भी परिणाम में अनियम अथवा अव्यवस्था ही यह सिद्ध करता है कि कोई न कोई अदृश्य कारण है, जो इस अव्यवस्था को उत्पन्न कर रहा है और वहीँ आत्मा से लगा हुआ कर्मफल है। आत्मा में पूर्व के सकारात्मक कर्म लगे हुए हैं तो अगले जन्म में कम मेहनत में ही अधिक परिणाम आ जायेगा और आत्मा में पूर्व के नकारात्मक कर्म लगे हैं तो अधिक कर्म करके भी कम परिणाम प्राप्त होंगे। शरीर रचना में कर्म को निमित्त न मानने पर हम कभी भी समान बाह्य कारकों के होने पर अलग-अलग परिणाम की व्याख्या नहीं कर पाएंगे।

वास्तव में दुनिया के सभी अचेतन पिंड भौतिक और गणित के मूलभूत नियमों का पालन करते हैं। यदि हमें किसी द्रव्य का द्रव्यमान पता हो, घर्षण पता हो और उस पर लगने वाला बल पता हो तो उसका एस्सेलरेशन (त्वरण) निकाल सकते हैं। दो में दो जोड़ने पर चार ही आएगा, कभी पांच नहीं होगा चाहे ब्रह्माण्ड का कोई भी कोना हो, पर जब यह भौतिक और गणित के नियम जीवात्मा पर लगाए जाते हैं तो वह काम नहीं करता। अर्थात हमने किसी के साथ बहुत अच्छा व्यवहार किया तो वह हमारे साथ अच्छा ही व्यवहार करेगा इसकी कोई निश्चितता नहीं है। दो भाइयों को समान शिक्षा, समान बाह्य परिस्थिति और समान मुद्रा देकर रोजगार चलाने के लिए कहा जाय तो यह बता पाना मुश्किल है कि उन दोनों के समान प्रयास के बावजूद कौन सफल होगा अथवा कौन असफल या फिर दोनों असफल होंगे। इस तरह की परिणामों में अव्यवस्था यह बताती है कि केवल बाह्य कारक ही शरीर के उपादान कारण नहीं है अपितु कुछ अदृश्य कारण भी हैं और वह अदृश्य कारण है कर्मफल से युक्त आत्मा।

इस ब्रह्माण्ड में वर्तमान में जो भी परिणाम अथवा कार्य प्रकट हो रहे हैं, वह अपने पूर्व के कारणों के ही प्रतिफल हैं। इसी प्रकार भविष्य में जो परिणाम अथवा कार्य प्रकट होने वाले हैं, वह वर्तमान में घट रहे कारणों से उत्पन्न होंगे। इसी तरह जो वर्तमान में शरीर और उसकी एक निश्चित स्थिति है, वह भी पूर्व के कारणों का परिणाम भर है।

कर्मभेद के कारण जहाँ फल में भेद उत्पन्न होकर जीवों में विषमता उत्पन्न होता है, वहीँ इन सब में एकता उत्पन्न करने वाला तत्व अर्थात आत्मा भी समान रूप से मौजूद रहता है अर्थात सभी जीव चाहे वह अत्यल्प चेतना से युक्त हों अथवा पूर्ण चेतना से, सब के सब आत्मा की प्रेरणा से ही बने हैं।

अब अनात्मवादी कहता है कि जब आत्मा शरीर धारण में प्रेरक है तो मुक्ति अथवा मोक्ष के समय शरीर धारण क्यों नहीं हो सकता है?

इस पर ऋषि कहते हैं कि आत्मा 'करण और अकरण' दोनों अवस्था में है। जब तक सम्पूर्ण ज्ञान नहीं होता तब तक आत्मा करण अर्थात शरीर का कारण बनी रहती है, परन्तु जब उसको अपने वास्तविक स्वरुप का ज्ञान हो जाता है तो वह अकरण हो जाती है।

आगे और कहते हैं कि यदि भूतों को ही शरीर धारण के प्रेरक तत्व के रूप में मान लिया जाय तो आखिर मृत्यु किस कारण हो जाती है? वह भूत फिर किन कारणों से अलग हो जाते है? मृत्यु के बाद भी तो पंच भूत युक्त यह शरीर रहता ही है। यदि भूतों में प्रेरणा होती तो दुर्घटना से अंग भंग भी हो जाने पर शरीर और क्षतिग्रस्त अंग फिर से आकर जुड़ जाने चाहिये थे, पर ऐसा नहीं होता और न ही किसी को मृत्यु से बचते हुए देखा गया।

इस पर अनात्मवादी नया तर्क लाते हुए कहता है कि मिट्टी में कालापन हमेशा से बना रहता है और बना रहेगा पर जैसे ही वह अग्नि के संपर्क में आया, पककर चमकदार भगवा रंग में परिवर्तित हो गया। उसका कालापन हमेशा के लिए चला गया। उसी प्रकार यह शरीर चेतनता के साथ चल रहा होता है, फिर अचानक मृत्यु हो जाती है और फिर से यह जिन चैतन्य परमाणुओं से बना था उसमें अचेतनता आ गयी।

इस पर ऋषि कहते हैं कि यदि हर जीव को स्वतंत्र परमाणुओं के आत्मप्रेरणा से उत्पन्न मान लिया जाय तब फिर से अकृताभ्यागम दोष आ जायेगा अर्थात अकारण ही कोई जीव सुखी है तो कोई दुखी। अकारण

ही कोई अच्छे योनि में जन्म पायेगा तो कोई बुरे में। जबकि अकारण कोई कार्य संभव ही नहीं है।

जब आत्मा का शरीर आदि के प्रति अहंकार नष्ट हो जाता है तो उसको सुख-दुःख की इच्छा भी नष्ट हो जाती है। सुख-दुःख की इच्छा नष्ट होने से इच्छा-द्वेष नष्ट हो जाता है। इच्छा-द्वेष के नष्ट होने से प्रयत्न नष्ट होता है। प्रयत्न नष्ट होने से कर्म नष्ट हो जाता है।

कर्म के नष्ट हो जाने के बाद आत्मा सम स्थिति में आ जाती है। सम स्थिति से युक्त यह आत्मा अब भला कौन सा संतुलन स्थापित करने के लिए शरीर में जायेगी? क्यूंकि अब वह अपने आप ही सम स्थिति में पहुंच चुकी है जिस कारण शरीर में आने से उसको मुक्ति मिल जाती है। यही मोक्ष है।

कहने का अर्थ है कि इस सकल ब्रह्माण्ड में द्रव्य, ऊर्जा और आकाश के अतिरिक्त चेतना भी व्याप्त है। पर चेतना के साथ जब सकारात्मक ऊर्जा अथवा नकारात्मक ऊर्जा लग गयी तो उस चेतना को अब उस ऊर्जा से छुटकारा पाना है। उस ऊर्जा से छुटकारा पाने के लिए आत्मा एक शरीर से दूसरे शरीर में जाती रहती है। कभी सकारात्मक तो कभी नकारात्मक कर्म करते हुए एक ऐसी स्थिति आती है जब उसकी ऊर्जा शून्य हो जाती है। ऐसी स्थिति में अब चेतना को कहीं और जाने की आवश्यकता नहीं, साथ ही ऊर्जाहीन होने से प्रेरणा भी नहीं। अब वह चेतना मुक्त हो जाती है और सकल ब्रह्माण्ड की चेतना में विलीन हो जाती है।

इस प्रकार मन और शरीर के परीक्षा की समाप्ति के साथ यह अध्याय समाप्त होता है।

अध्याय - 11

न्याय दर्शन

हम जानते हैं कि कार्य और कारण के संयोजन से बने जीवात्मा में कुल 12 प्रमेय होते हैं। इन में से आत्मा, ज्ञान, मन, शरीर, इन्द्रियाँ और भूत यह 06 कारण हैं जबकि बचे हुए 06 प्रमेय प्रवृत्ति, दोष, प्रेत्यभाव, फल, दुःख और सुख यह 06 कार्य हैं। अब इस अध्याय से 06 कार्य रूप प्रमेयों का विस्तारपूर्वक परीक्षण शुरू किया जाएगा।

प्रवृत्ति और दोष की परीक्षा शुरूआती अध्यायों में ही में कर लिया गया था, अतः यहाँ पर उस प्रसंग को फिर से नहीं दोहराया गया है। अब चर्चा सीधे दोषों के भेद से शुरू की जाती है।

(इस अध्याय में फिर से भाष्य को पुराने विवेचनाओं **के अनुसार ही चलाया गया है।)**

गौतम ऋषि कहते हैं कि मिथ्या ज्ञान से उत्पन्न भ्रान्ति की अवस्था को दोष कहते हैं। यह दोष तीन प्रकार के होते हैं:

1- राग, 2- द्वेष, 3- मोह

यह तीनों मूल त्रिदोष हैं, जो की विभिन्न प्रकार के दोषों के समुच्चय हैं।

मनुष्य की सामान्य प्रवृत्ति के कारण उत्पन्न दोष राग है।

उन प्रवृत्तियों के प्राप्ति में आने वाले अड़चन से उत्पन्न घृणात्मक भाव को द्वेष कहते हैं।

जबकि मिथ्या ज्ञान से उत्पन्न दोष मोह है।

राग के अंतर्गत काम, मत्सर, स्पृहा, तृष्णा, माया, दम्भ और लोभ शामिल हैं।

काम का अर्थ है कामनाओं की इच्छा।

मत्सर का अर्थ है दूसरे का सुख देखकर दुखी हो जाना अथवा न स्वयं सुखी रहना और न दूसरों को सुखी रहने देना।

स्पृहा का अर्थ है वह मनोवृत्ति जो मन को कामना की तरफ धकेलती हैं।

स्पृहा के कारण जो कामना की प्रबलता आती है वह तृष्णा अर्थात प्यास है।

माया वह वृत्ति है जो इस अनित्य जगत को नित्य समझकर मन को कर्म में लगाए रखती है।

स्वयं के अहंकार को दुनिया में प्रकट कर खुद का आडम्बर खड़ा करना दम्भ है।

वह वृत्ति जो किसी कामना की पूर्ति के बाद भी संतुष्टि प्राप्त न होने दे, वह लोभ है।

(अर्थात 'माया' के वशीभूत प्राणी 'कामनाओं' की इच्छा पूर्ति के द्वारा अपना 'दम्भ' खड़ा करना चाहता है। 'स्पृहा' मन को कामनाओं की तरफ धकेल कर उसमें प्रबलता लाते हुए 'तृष्णा' उत्पन्न कराती है। उस तृष्णा की तृप्ति के लिए जीव कर्म में प्रवृत्त हो जाता है। आत्मज्ञान से विमुख व्यक्ति यदि उसे पा भी जाय तो भी 'लोभ' के कारण संतुष्ट नहीं हो पता और यदि न पा सके तो दूसरे के पास वह वस्तु देखकर 'मत्सर' भाव में जाकर असंतुष्ट ही रहता है।)

द्वेष के अंतर्गत क्रोध, ईर्ष्या, असूया, द्रोह, अमर्ष और अभिमान आता है।

हिंसा को आतुर मनोवृत्ति क्रोध है।

दूसरे का वैभव देखकर उसको पाने के अभिलाषा ईर्ष्या है।

दूसरे के गुणों में केवल दोष खोजने की वृत्ति असूया है।

दूसरे को नुकसान पहुंचाने की नीयत रखना अथवा कार्य करना द्रोह है।

दूसरे की असहमति को सहन न कर पाना अमर्ष है।

अपने प्रतिष्ठा एवं मान से उपजा अतिरिक्त धारणा अभिमान है।

यह सब अंततः क्रोधभाव ही उत्पन्न कराने वाले हैं, जो पापापात्मक वृत्ति की ओर जीव को धकेलते हैं।

मोह के अंतर्गत मिथ्या ज्ञान, संशय, तर्क, मान, प्रमाद, भय और शोक आता है।

मिथ्या ज्ञान का अर्थ है असत्य को सत्य समझ लेना।

संशय का अर्थ है सत्य और असत्य के बीच दुविधापूर्ण स्थिति।

तर्क का अर्थ है आपसे में एक-दूसरे से अन्तर्सम्बन्ध रखने वाले वाक्य जो किसी के पक्ष अथवा विपक्ष में कहा जा रहा है (वह तर्क जो मिथ्याज्ञान को ज्ञान साबित करने की दृष्टि से हो, वह अभी सिद्धांत नहीं है)।

मान का अर्थ है स्वयं को बाकी से ज्यादा ज्ञानवान, मूल्यवान समझ लेना।

प्रमाद का अर्थ है मन और बुद्धि के बीच का संतुलन बिगड़ जाना अर्थात मन जो ज्ञान लेकर आ रहा है उसे अस्वीकार करना या गलत विश्लेषण करना।

भय का अर्थ है अनिष्ट की संभावना।

शोक का अर्थ है अनिष्ट घटित हो जाने पर उपजी मनोस्थिति।

उपरोक्त सभी ज्ञान अन्ततः मिथ्या ज्ञान ही हैं, पर अलग-अलग प्रकार से।

अब प्रतिपक्षी इस पर शक करते हुए कहता है कि इन्हें तीन अलग-अलग दोष कहने की क्या आवश्यकता है? यह सब मूल रूप से एक ही हैं, इन तीनों का एक अकेला विरोधी तत्व है और वह है तत्व ज्ञान। तत्व ज्ञान होते ही यह तीनों दोष एक साथ नष्ट हो जाते हैं। यदि इन तीनों दोषों में वास्तव में कोई अंतर होता, तो इनका विरोधी गुण भी अलग-अलग होता।

इस पर गौतम ऋषि कहते हैं कि यह तर्क व्यभिचार से युक्त है अर्थात यह कोई विशेष बात नहीं है, ऐसा होते हुए कभी दिखता भी है और कभी नहीं भी। जैसे- किसी अँधेरे रास्ते में कोई व्यक्ति जा रहा हो, अब रास्ते में तीन बड़े-बड़े पत्थर रखे थे, उसे तीनों से ठोकर लग गया। अब उसके हाथ में एक दीपक दे दिया गया, रास्ते का अंधेरा मिट गया, अबकी उसे एक भी ठोकर नहीं लगा, तो इसका अर्थ यह नहीं कि पत्थर वास्तव में एक ही था। पत्थर तो दीपक को लेने के बाद भी तीन ही रहेंगे।

आगे कहते हैं कि उपरोक्त दोषों में से मोह सबसे बड़ा दोष है और यहीं सबसे ज्यादा पाया जाता है। जिसको मोह उत्पन्न नहीं होता, उसका राग द्वेष तो स्वयं ही समाप्त हो जाता है। इसका कारण यह है कि मोह के कारण ही व्यक्ति को हित या अहित का ज्ञान होता है। हित की भावना से राग और अहित से बचने की भावना से द्वेष उत्पन्न होता है। तत्वज्ञान वास्तव में इसी मोह का नाश करता है, जिस कारण राग और द्वेष स्वयं ही समाप्त हो जाता है।

अब प्रतिपक्षी इस पर संशय जताते हुए कहता है कि जब मोह ही राग-द्वेष का कारण है तो फिर यह स्वयं कार्यरुपी दोष की श्रेणी में किस प्रकार आ सकता है? कहने का अभिप्राय यह है कि दोष चाहे किसी भी प्रकार का हो वह कार्य अथवा परिणाम होते हैं और जब मोह बाकी दोनों दोषों का कारण है तो भला उसे भी कार्य कैसे माना जा सकता है?

कार्य-कारण सिद्धांत के अंतर्गत कार्य अलग है और कारण अलग।

इस पर ऋषि कहते हैं कि सर्वप्रथम हमें दोष को समझना आवश्यक है। दोष वह गुण है जो जीव को प्रवृत्तियों की तरफ धकेलता हैं। वास्तव में दोष प्रवृत्तिजनक होता है। इस प्रकार हम जब मोह को समझते हैं तो यह पाते हैं कि मोह चाहे जिस प्रकार का हो, वह मिथ्याज्ञान हो, प्रमाद हो, संशय हो, उसी के कारण जीव अपने वास्तविक स्वरुप से भटक कर राग और द्वेष से युक्त होकर प्रवृत्ति में रमता है। प्रवृत्तियों का जन्म, दोष को परिभाषित करता है और जब हम मोह से प्रवृत्तियों को उत्पन्न होते स्पष्ट देख रहे हैं तो हमें मोह को भी दोष मानना होगा।

आगे कहते हैं, इसी प्रकार जो तुलनात्मक जातियां होती हैं, वह परिस्थिति के अनुसार कार्य और कारण में बदलती रहती हैं। बर्फ का कारण जल है और जल का कारण बर्फ है, बस तापमान में बदलाव की देर है। जैसे गाय का कारण गाय ही है। गाय से गाय का जन्म हुआ और फिर उसी गाय से अगले गाय का जन्म हुआ। इस प्रकार हम देखते हैं कि राग-द्वेष-मोह यह तीनों एक जाति अर्थात दोष के अंतर्गत आते हैं, जिस कारण ये एक दूसरे का कार्य और कारण दोनों बन सकते हैं।

इस प्रकार दोष की चर्चा समाप्त होती है।

अब आगे की चर्चा अगले प्रमेय प्रेत्यभाव अर्थात पुनर्जन्म पर शुरू की जाती है।

प्रश्न यह उठता है कि जब आत्मा स्वयं में नित्य (अविनाशी) है तो भला बार-बार जन्म की आवश्यकता ही क्या है?

इस पर ऋषि कहते हैं कि आत्मा नित्य है, इसी कारण तो बार-बार जन्म की आवश्यकता पड़ती है। प्रेत्यभाव मरण के बाद का वह जीवन है जो धर्म और अधर्म रूपी सभी प्रवृत्तियों का परिणाग है। धर्म-अधर्म, पाप-पुण्य आदि प्रवृत्तियों के कारण फल प्राप्त होता है। उस फल को भोगने के लिए जन्म के द्वारा शरीर की प्राप्ति होती है।

गौतम ऋषि आगे कहते हैं कि यह शरीर स्पष्ट रूप से स्थूल पदार्थों से बना हुआ एक पिंड प्रतीत होता है, पर स्थूल द्रव्य अथवा पंचभूत तो पूरी

तरह से अव्यक्त (अचेतन) हैं। अव्यक्त (अचेतन) और व्यक्त (चैतन्य/कांशियस) दो विरोधी गुण हैं। अव्यक्त से अव्यक्त बनता है और व्यक्त से व्यक्त। यह जो शरीरधारी जीव है, वह इन दोनों गुणों से युक्त है अर्थात उसमें रूप, भार, तापमान आदि अचेतन गुण के साथ ही साथ सुख-दुःख, इच्छा-द्वेष, चिंता, चिंतन, मनन आदि चेतना के भी गुण पाए जाते हैं। किसी भी प्रकार के पिंड में सुख-दुःख, इच्छा-द्वेष, चिंतन-मनन आदि गुण कभी भी उपस्थित नहीं हो सकता। अतः पिंड के अंदर कोई न कोई व्यक्त शक्ति (कांशियसनेस) व्याप्त है, वह व्यक्त शक्ति ही आत्मा है। उसी के अभाव में पिंड के रहने पर भी मरण हो जाता है अर्थात रूप, भार आदि रहने पर भी उसकी व्यक्त शक्ति समाप्त हो जाती है।

अतः पिंड में चेतना की उत्पत्ति स्वयं ही आत्मा अर्थात व्यक्त शक्ति के होने को सिद्ध करती है।

कहने का मतलब यह है कि पत्थर, मिट्टी, घड़ा, कुर्सी, मेज़ आदि भी पिंड हैं और रूप, भार, स्पर्श आदि गुणों से युक्त हैं बावजूद इसके ये सभी वस्तुएं सुख-दुःख, इच्छा-द्वेष, प्रवृत्ति आदि गुणों से मुक्त हैं। उनमें किसी प्रकार का कोई अहंकार नहीं है। अपनी कोई अभिव्यक्ति नहीं है।

इस पर यह संशय उठाते हुए **शरीरवादी** प्रतिपक्षी कहता है कि सजातीय से सजातीय के उत्पत्ति की बात ठीक प्रतीत नहीं होती। कभी घड़े से घड़े का बनना नहीं देखा जाता है। घड़े को तो मिट्टी से बनाया जाता है, ऐसा तो नहीं है कि किसी पुराने टूटे घड़े के टुकड़ों को इकट्ठा कर के नया घड़ा बना दिया जाता है। अतः **यह कहना उचित नहीं है** कि **व्यक्त से व्यक्त बना है** अर्थात मनुष्य का जो रूप, स्पर्श और भार आदि है वह पंच भूतों से बना है जबकि जो उसमें सुख-दुःख आदि चेतना है वह किसी व्यक्त शक्ति अर्थात आत्मा से बना है, यह तर्क उचित प्रतीत नहीं होता।

इस पर ऋषि कहते हैं कि यह नहीं कहा जा रहा है कि सजातीय ही सजातीय उत्पन्न कर सकता है अपितु यहाँ यह भाव है कि जो गुण कारण में होंगे वहीं गुण कार्य में भी प्रकट होंगे। कहने का तात्पर्य है कि जैसे मिट्टी, जल, अग्नि, कुम्हार और कुम्हार की चकरी, यह घड़ा

बनाने में कारण तत्व हैं। अब इसमें से जल, कुम्हार और उसकी चकरी है, निमित्त कारण हैं अर्थात वह घड़े के साथ जाते नहीं हैं, परन्तु अग्नि और मिट्टी समवाय कारण होने से सदैव उसके साथ लगे रहेंगे अर्थात अग्नि का रंग और मिट्टी की मज़बूती।

अब मान लीजिये कि दो अलग-अलग कुम्हार हैं, एक को अच्छा, चिकना, गोल घड़ा बनाने आता है जबकि दूसरे का हाथ उतना साफ़ नहीं है, सो उतना चिकना सुन्दर घड़ा नहीं बन पाता। दो तरह की मिट्टी ली गयी, एक से मज़बूत घड़ा बनता है, दूसरे से कमजोर। दो प्रकार की अग्नि ली गयी, एक में कम तापमान था, कमजोर घड़ा बना, दूसरे में अधिक तापमान था, तो अधिक पका हुआ घड़ा बना। अतः जैसा गुण कारण में होगा, वैसा ही गुण कार्य में परिलक्षित होगा। इसी प्रकार जब हम पंच भूतों को देखते हैं तो उसमें किसी प्रकार की चेतना परिलक्षित नहीं होती है। शरीर में जो चैतन्यता है वह भूतों में दिखाई नहीं पड़ती। अतः शरीर के अंदर जो चेतना का कार्य हुआ उसका कारण कुछ और है, और वहीँ आत्मा है।

शरीरवादी का यह तर्क कि भूतों से ही व्यक्त आत्मा बनता है जब खंडित हो जाता है, तब **अनात्मवादी** अपना तर्क लेकर आता है और कहता है कि **अभाव से भाव की उत्पत्ति हो सकती है।** इसके लिए वह उदाहरण प्रस्तुत करते हुए कहता है कि जब कोई फल वृक्ष से गिरता है तो वह सबसे पहले सड़गलकर नष्ट हो जाता है और उसके बाद उसमे अंकुरण होता है और वृक्ष का निर्माण होता है अर्थात अभाव होकर फिर भाव आता है।

इस पर ऋषि कहते है कि यह उदाहरण व्याघातदोष से युक्त है अर्थात यह स्वयं से स्वयं का खंडन कर रहा है। एक तरफ तो अनात्मवादी यह कह रहा है कि फल वृक्ष से गिरता है, फिर उससे अंकुरण होता है और फिर वृक्ष बन जाता है। अगर बिना फल अथवा बीज के कभी वृक्ष का निर्माण देखा गया हो तब तो यह माना जा सकता है कि अभाव से भाव की उत्पत्ति हो सकती है। परन्तु हमेशा फल और बीज से ही वृक्ष की उत्पत्ति देखी जाती है। अतः यह व्यक्त से व्यक्त की ही भाति भाव से

भाव की उत्पत्ति है। बीज के भीतर कोई न कोई शक्ति होती है जो बीज को तोड़कर अंकुरण कराती है।

यहां भी वहीँ कार्य-कारण सिद्धांत कार्य करता है अर्थात जिसका बीज होगा, उसी का वृक्ष उत्पन्न होगा। कार्य में कारण का ही गुण होता है।

अब अनात्मवादी एक नया तर्क लेकर आता है और कहता है कि यह कहना उचित नहीं है कि बीज से अंकुरण हुआ तो वह भाव से ही भाव की उत्पत्ति है और बीज में कोई है जो उसे तोड़कर अंकुरण की प्रक्रिया को आगे बढ़ा रहा है। बहुत सी वस्तुएं वास्तव में नहीं होती हैं, तब भी उनका भाव बना रहता है। अतः उसके लिए भाव को लगातार सततता (कंटीन्युटी) में खोजना उचित नहीं है।

इसको और स्पष्टता से समझते हैं अनात्मवादी यहाँ यह कहना चाहता है कि बीज में कुछ रहा होगा, तभी बीज टूटा होगा और फिर अंकुर फूटा होगा, फिर वृक्ष बनने की शुरुआत हुई होगी यह सब इस आधार पर कल्पित किया जा रहा है कि ऋषि यह मानकर चल रहे हैं कि कोई भी कार्य एक सतत धारा में ही होता है और भाव से ही भाव उत्पन्न हो सकता है। परन्तु कई ऐसे उदाहरण हैं जहाँ वास्तव में वस्तु का अभाव है, पर भाव पहले से ही उपस्थित है। जैसे- किसी को भविष्य में संतान प्राप्त होने वाला है, तो फिलहाल संतान का अभाव है परन्तु वह इसके बावजूद भी प्रसन्न भाव में है अथवा किसी की मृत्यु हो गयी और वह मृतक अब वास्तव में नहीं है, फिर भी परिजन शोक जता रहे हैं। अतः अभाव से भाव की उत्पत्ति इन उदाहरणों में सहज ही देखी जा सकती है।

अनात्मवादी के संशय का समाधान करते हुए गौतम ऋषि कहते हैं कि यदि अभाव से भाव की उत्पत्ति की बात सत्य होती तो नष्ट बीज से भी अंकुरण होना चाहिए था। जब पहले से बीज में कोई था ही नहीं, तो भला उसका विनाश कैसे हो गया? विनाश तो उसी वस्तु का हो सकता है जिसके होने की पुष्टि हो जाय। अव्वल तो बीज के नष्ट होने का प्रसंग ही नहीं होना चाहिए था। जो है ही नहीं उसका क्या नाश होगा?

आगे अपनी बात बढ़ाते हुए कहते हैं कि वास्तव में बीज गलकर कभी भी नष्ट नहीं होता है बल्कि बीज में रूपांतरण होता है। बीज के ही हिस्से जो कल तक बीजपत्र थे वहीँ अब परिवर्तित होकर अंकुर में बदल रहे हैं। बीज ही अंकुर का उपादान कारण है। जिसे अनात्मवादी नाश बता रहा है वह वास्तव में नाश नहीं है बल्कि रूपांतरण भर है, और उपयुक्त कहें तो सृजन है।

इस प्रकार शरीरवादी और अनात्मवादी के तर्कों का खंडन कर ऋषि प्रत्यभाव के बारे में मत निर्धारित कर इसकी चर्चा समाप्त करते हैं।

अब आगे की चर्चा आत्मा, कर्म फल और पुनर्जन्म के बीच के आपसी संबंधों पर की जायेगी।

एक प्रतिवादी कहता है कि ऐसा प्रतीत होता है कि कर्म और उसके फल का आपस में कोई सीधा लेना देना नहीं है। वह वास्तव में ईश्वर अपने इच्छा से (मनमौजीपने में) देता है। कोई बहुत अधिक मेहनत करता है, तो भी फल नहीं मिलता है, वहीँ कुछ लोग मेहनत नहीं करते तो भी उनके पास धन-धान्य सब कुछ मौजूद रहता है। ऐसा प्रतीत होता है कि जीवात्मा द्वारा किये गए कर्म और उसके फल में किसी भी प्रकार से गणित अथवा भौतिकी के नियम जिनको सार्वभौमिक सत्य स्वीकार किया जाता है, वह भी लागु नहीं होता। ईश्वर की जैसी मर्ज़ी हुई, वैसा उसने फल दे दिया, नहीं मर्ज़ी हुई तो नहीं दिया। इसमें किसी भी प्रकार के नियम का पालन समझ नहीं आता।

इस पर दूसरा प्रतिवादी कहता है कि यह बात सही नहीं लग रही। बिना कर्म के फल की प्राप्ति असम्भव प्रतीत होती है। यह दिन-प्रतिदिन देखा जाता है कि जो कर्म करता है, उसी को फल मिलता है, जो नहीं करता, उसे नहीं मिलता है। अतः कर्म का फल के साथ कोई न कोई सम्बन्ध अवश्य ही है वरना कर्म की प्रवृत्ति ही समाप्त हो जाती। अर्थात दो व्यक्ति खेती करें तो एक के खेत में अधिक अनाज उत्पन्न हो सकता है जबकि दूसरे में कम, पर जिसने खेती ही नहीं की, उसके खेत में अनाज

उत्पन्न होने की संभावना लगभग शून्य है। अपवाद अलग है कि किसी के खेत में सोना निकल आया, इसे नियम नहीं मान सकते।

अब इन दोनों के संशय का समाधान करते हुए गौतम ऋषि कहते हैं कि कर्म का फल ईश्वर की प्रेरणा से प्राप्त होता है, परन्तु फल की प्राप्ति के लिए कर्म ही निमित्त है। कर्म तो एक जड़ प्रक्रिया है पर उसका फल चेतना से युक्त है। जड़ कभी कोई निर्णय नहीं कर सकता है। इसी कारण फल चैतन्य ईश्वर के हाथ में है।

यह बात बेहद महत्वपूर्ण है कि जब दो जड़ पदार्थों के बीच कोई कर्म होता है, तो वह प्रत्यक्ष रूप से भौतिक एवं गणित के नियमों के अधीन बधकर उसके अनुरूप तुरंत अथवा जितने समय का आंकलन किया गया उतने समय में परिणाम उत्पन्न कर देते हैं। जड़ पदार्थ नश्वर होते हैं, जिस कारण उनमें कर्म का संचय नहीं होता है। जबकि आत्मा अमर होने से स्वयं में सकारात्मक अथवा नकारात्मक मात्रा में कर्म का संचय कर के रखती है। नकारात्मक कर्म जुड़े होने पर अधिक कर्म होने पर भी कम फल प्राप्त हो जाता है जबकि सकारात्मक कर्म संचित होने पर कम कर्म कर के भी अधिक फल की प्राप्ति होती है।

समान कर्म के बावजूद फलों में अनिश्चितता ही जीवन की रोचकता है। कर्म फल में अनिश्चितता ही जीवात्मा के उपस्थिति और आत्मा में कर्मसंचय का प्रमाण है।

अब जब दो प्रतिवादियों के बातों के संशय का समाधान हो जाता है तो अब तीसरा प्रतिवादी जो कि **स्वभाववादी** है, वह संशय करते हुए कहता है कि जैसे काँटों में तीखापन, धातुओं में चमक आदि **बिना किसी निमित्त के केवल उनके स्वभाव के कारण उत्पन्न है**, वैसे ही उत्पन्न होना और मरण को प्राप्त करना, यह पंच भूतों का स्वभाव है। अतः जहाँ स्वभाव है वहां कारण खोजने की कोई आवश्यकता प्रतीत नहीं होती है। अतः बिना ईश्वर, आत्मा और कर्मफल के ही यह पंचभूत अपने स्वभाववश शरीर का निर्माण करते रहते हैं।

अब एक और प्रतिवादी स्वभाववादी की बात काटते हुए कहने लगता है कि किसी में कोई स्वभाव अकारण उत्पन्न हो गया तो वह अकारण ही उसका कारण है अर्थात यदि कोई बिना किसी निमित्त के बन रहा है तो उसका अनिमित्त होना ही उसके उत्पत्ति का निमित्त कारण मान लेना चाहिए।

अब इन दोनों के संशय का समाधान करते हुए ऋषि कहते हैं कि अनियम में नियम नहीं खोजा जा सकता अथवा अनिमित्त में निमित्त नहीं खोज सकते।

जैसे- किसी ने प्रश्न किया कि विद्यालय में अनुशासन है या नहीं, तो उसका किसी ने उत्तर दे दिया कि वहां पर रोज़ उद्दंडता करने का अनुशासन है, तो इस प्रकार का तर्क औचित्यहीन है। अनुशासन और उद्दंडता दो भिन्न और विरोधी बाते हैं। जहाँ अनुशासन होगा, वहां उद्दंडता नहीं होगी और जहां उद्दंडता होगी, वहां अनुशासन नहीं होगा। इसी प्रकार कारण और अकारण, निमित्त और अनिमित्त दो विरोधी गुण हैं। एक से दूसरे का समर्थन नहीं किया जा सकता है। अतः यह कहना कि किसी वस्तु की उत्पत्ति अकारण अथवा 'अनिमित्त निमित्त' से होती है, कोरी मूर्खता है।

अब **अनित्यवादी** कर्मफल युक्त आत्मा से शरीर की उपलब्धि पर प्रश्न खड़ा करता है। वह यह सिद्ध करने का प्रयास करता है कि **इस ब्रह्माण्ड में कोई भी वस्तु नित्य अर्थात अमर नहीं है**। अतः आत्मा को अमर मानकर उसके द्वारा जो कर्मफल के माध्यम से शरीर के प्राप्ति की बात जो पूर्व में कही गयी है, वह मिथ्या है।

अनित्यवादी कहता है कि इस संसार में समस्त वस्तुएं उत्पन्न और नष्ट होती हैं। अतः यह सम्पूर्ण जगत ही अनित्य है, जिस कारण आत्मा और उसकी अमरता को स्वीकार नहीं किया जा सकता है।

अब क्षणिकवादी (अनित्यवादी) के जबाब में दूसरा प्रतिवादी कहने लगता है कि हाँ, यह बात तो ठीक है कि परिवर्तन ही संसार का नियम है।

अतः यह भी कह सकते हैं की इस ब्रह्माण्ड में परिवर्तन ही एकमात्र नित्य वस्तु है। इस प्रकार यह संसार नित्य है।

इन दोनों वादियों की बात सुनकर गौतम ऋषि फिर से पूर्व की भाति ही खंडन करते हुए कहते हैं कि यह भी अनियम को नियम बनाने जैसा है अर्थात परिवर्तन अनित्यता के ही कारण होता है और अनित्यता की नित्यता सिद्ध नहीं की जा सकती। दोनों एक दूसरे के विरोधी गुण हैं। दोनों एक दूसरे का खंडन तो कर सकते हैं, पर समर्थन नहीं कर सकते। नियम वह होता है जो स्थिर रहे हैं पर जब व्यवस्था अस्थिर हो जाय तो उस अस्थिरता को कभी भी नियम मानने की भूल नहीं की जा सकती है।

अब गौतम ऋषि अपना मत रखते हुए कहते हैं कि इस अखिल ब्रह्माण्ड में न सभी वस्तुएं नित्य हैं और न ही सभी वस्तुएं अनित्य हैं। नित्य पदार्थों की उपलब्धि प्रमाणों से पूर्व में ही सिद्ध किया जा चुका है। परमाणु, आत्मा, आकाश और काल इन सबकी सत्ता नित्य अर्थात अविनाशी है, जबकि स्थूल जगत में उपलब्ध वस्तुएं अनित्य अर्थात क्षणिक हैं।

इस पर क्षणिकवादी (अनित्यवादी) कहता है कि इस हिसाब से तो पंच भूत की भी सत्ता नित्य है। पृथ्वी, जल और वायु जहाँ मूल कण परमाणु से बने हैं वही ऊर्जा अर्थात अग्नि का भी मूलकण (फोटान) है और आकाश तो अनित्य प्रत्यक्ष ही विदित है। अतः मूल स्वरुप में यह पंच भूत भी नित्य हैं। तब इनसे बना शरीर भी नित्य क्यों नहीं होगा?

इस पर ऋषि कहते हैं कि घड़ा भी तो पृथ्वी, जल और अग्नि के संयोग से बनता है पर उसका क्षरण हमें स्पष्ट रूप से दिखाई पड़ता है, बिलकुल उसी प्रकार शरीर का भी क्षरण हो जाता है। वास्तव में पंच भूत के मूल कण नित्य हैं, न कि उससे बनने वाला स्थूल द्रव्य।

इस पर क्षणिकवादी नया तर्क करता है और कहता है कि घड़ा जब नहीं बना था तब भी मिट्टी के कण मौजूद थे, अब घड़ा बन गया तब भी उसके कण मौजूद हैं, घड़ा जब टूट-फुट जाएगा तब भी उसके कण बने

रहेंगे अर्थात कण नित्य और अविनाशी है। यह भी हम जानते हैं कि जो गुण कारण में होता है, वही गुण कार्य में भी मिलता है। अतः जब परमाणुओं में नित्यता अर्थात अमरता का गुण है, तो उसी प्रकार घड़े में भी नित्यता मानी जानी चाहिए। घड़े के लिए हम उत्पत्ति और विनाश की कल्पना के बजाय प्रादुर्भाव (उजागर होने) और छिप जाने की कल्पना करें तो ज्यादा उचित होगा। अर्थात घड़ा तब भी था जब मिट्टी के कण अलग-अलग थे, बस वो मिट्टी का समुच्चय बनने के वक्त कुछ काल के लिए प्रकट हो गया था, बाकी समय छिपा हुआ मौजूद था।

इस पर ऋषि कहते हैं कि यदि उत्पत्ति और विनाश को मानना ही बंद कर दें तब तो सारी व्यवस्था ही गड़बड़ हो जाएगी। न कोई पदार्थ उत्पन्न होगा, न नष्ट होगा, जिस कारण न भूत होगा, न वर्तमान होगा, न निर्माण होगा, न विनाश होगा। घटनाओं का घटना रुक जाएगा। समय का प्रवाह बंद हो जायेगा। कहने का अर्थ यह है कि हर घटना का एक क्रम होता है, पहले कारण आता है, फिर कार्य होता है, फिर कारण का लोप होने से कार्य का भी लोप हो जाता है। इसी से समय की भूत, वर्तमान और भविष्य की व्यवस्था चलती है।

वास्तव में किसी भी वस्तु अथवा विषय के निर्माण में केवल परमाणु या पंचभूत भर ही जिम्मेदार नहीं होते, बल्कि उनका एक विशेष क्रम में संयोग (बाह्य संरचना एवं परमाणुओं के बीच बांड) उनके निर्माण के लिए जिम्मेदार होता है। जब तक वह क्रम और संयोग बना रहता है, तब तक उस वस्तु अथवा विषय की उपस्थिति रहती है और जब वह क्रम और संयोग टूट जाता है तो उस वस्तु का नाश हो जाता है। कोई भी वस्तु पूर्व से उपस्थित परमाणुओं के संयोग से बनती हैं और परमाणुओं के वियोग हो जाने पर नष्ट हो जाती हैं। अतः संयोग और वियोग ही वास्तव में वस्तु या विषय के उत्पत्ति और विनाश के कारण हैं। किसी के पास सायकिल की दूकान है, उसके पास सायकिल का फ्रेम, पहिया, हैंडल, सीट आदि सब अलग-अलग रखा है पर उसके पास सायकिल नहीं है। अब दुकानदार ने सायकिल को क्रम से सजाकर उसे नट-बोल्ट से जोड़ दिया, सायकिल उत्पन्न हो गया। यह जो सायकिल उत्पन्न हुआ वह पूर्व

में उपस्थित सामान से ही हुआ। अब यदि उसके एक-एक भाग को फिर से अलग कर दिया जाय तो अब फिर से सायकिल समाप्त हो जायेगा। जबकि अब भी उसके पार्ट उस दूकान में मौजूद हैं। संयोग और वियोग ही उत्पत्ति और विनाश के मूल कारण हैं। कारण से कार्य होता है और कार्य के कारण जब अलग-थलग हो जाते हैं तो कार्य का नाश हो जाता है। परमाणुओं के बीच संयोग के अनित्य अर्थात क्षणिक होने से वस्तु अथवा विषय को क्षणिक कहा जाता है, जबकि परमाणु स्वयं में नित्य हैं।

अब तक के चर्चा से यह सिद्ध हो चुका है कि आत्मा नित्य है और शरीर अनित्य। पंचभूतों के संयोग से शरीर बनता है और उनके ही वियोग से यह नष्ट हो जाता है। भूतों को संयोग के लिए प्रेरणा रूपी ऊर्जा की आवश्यकता होती है, वह प्रेरणा कर्मफल ही है। जब तक कर्मफल रूपी प्रेरणाशक्ति उपस्थित रहेगी, तब तक संयोग का कारण होने से शरीर बनता और बिगड़ता रहेगा।

अब इस शरीर को एक समुच्चय मानने वाला प्रश्न खड़ा करता है। **अनेकवादी** कहता है कि वास्तव में इस ब्रह्माण्ड में जो भी अनित्य अर्थात क्षणिक पदार्थ हैं, उनकी स्वयं में अपनी कोई सत्ता नहीं है बल्कि वे सब **विभिन्न नित्य सत्ताओं के समुच्चय मात्र हैं।** कहने का अभिप्राय यह है कि जैसे सायकिल नामक जो सत्ता है, यह वास्तव में कुछ है ही नहीं बल्कि यह तो पहिया, फ्रेम, हैंडल, सीट आदि का समुच्चय भर है। इसे सायकिल कहना तक तो ठीक है पर वास्तव में यह मान लेना कि सायकिल जैसा कुछ होता भी है, ठीक बात नहीं है। उसी प्रकार इस शरीर में भी यह दिखाई तो पड़ता है कि ये विभिन्न इन्द्रियों से बनी हैं, विभिन्न इन्द्रियां विभिन्न भूतों से बनी हैं, पर वास्तव में इस शरीर को एक समझ लेना मूर्खता है। अवयव (कम्पोनेंट) की सत्ता होती है, अवयवी (कम्प्लीट) की कोई सत्ता नहीं होती है।

इस पर गौतम ऋषि कहते हैं कि अनेक से एक की उत्पत्ति और एक कार्य एवं भाव की सिद्धि होने से यह कहना उचित नहीं है कि अवयवी (कम्प्लीट) अथवा समुच्चय और संयोग से बने पदार्थ की अपनी कोई

स्वतंत्र सत्ता नहीं है। यह बात अवश्य उचित है कि कोई भी पदार्थ विभिन्न लक्षणों (गुणधर्मों) का समुच्चय होता है, जैसे घड़ा है तो उसका अपना एक रंग, रूप, वजन और आकार आदि होता है पर सब मिलकर कार्य एक ही करते हैं, इसलिए संयोग के उपरान्त बने वस्तु अथवा विषय की उस विशेष कार्य एवं संरचना के नाते अपनी एक स्वतंत्र सत्ता होती है। जो किसी भी प्रकार से उसके संयोगविहीन कारणों से नहीं किया जा सकता है।

कहने का तात्पर्य यह है कि यदि हम हैंडल, फ्रेम, सीट, पहिया आदि को ही सायकिल मान लेंगे और उनके बीच के संयोग को ठुकरा देंगे तो क्या ऐसे अलग-थलग पड़े सायकिल के पार्ट्स से हम कहीं आ जा सकते हैं? क्या उसे चला सकते हैं? सामान ढो सकते हैं? बिलकुल भी नहीं। इसी प्रकार कोई घड़ा है वह मुख, गर्दन, कपाल आदि से मिलकर बना है, यदि उन हिस्सों को अलग-अलग कर दिया जाय तो क्या उसके केवल अलग हुए मुख अथवा ग्रीवा में पानी भर सकते हैं अथवा कपाल का रूप देखकर उसे घड़ा कह सकते हैं? बिलकुल भी नहीं। अतः वस्तु अथवा विषय की उस विशेष कार्य एवं संरचना के नाते अपनी एक स्वतंत्र सत्ता होती है।

भाव अथवा उपस्थिति के आधार पर वस्तु अथवा विषय (अर्थात अवयवी) की अपनी स्वतंत्र सत्ता स्थापित होने के बाद **अभाववादी** इसके विरोध में मज़ेदार तर्क देते हुए कहता है कि यह मानना बिलकुल भी उचित नहीं है कि इस जगत के किसी वस्तु में भाव उपस्थित है। **वास्तव में सभी वस्तुओं में अभाव ही अभाव नज़र आता है।** सायकिल है तो उसमें उसके अतिरिक्त सभी भावों का अभाव है। गाय में गायपना तो है, पर कुत्ते, बिल्ली समेत अन्य सभी जीवों के भाव का अभाव है। किसी मनुष्य के अंदर बाकी सभी मनुष्यों के भाव का अभाव है, अर्थात इस जगत में कुछ भी सम्पूर्ण नहीं है। अतः किसी के भाव को स्वीकार कर उसकी सत्ता को मान सकते हैं तो बाकी ब्रह्माण्ड में जो वस्तुएं हैं, उनकी उस विशेष वस्तु में अभाव मान कर उसकी सत्ता को अस्वीकार क्यों न कर दिया जाय?

इसका समाधान करते हुए ऋषि कहते हैं कि वस्तु अथवा विषय में 'स्व'भाव के मिलने से उसमें अभाव को स्वीकार नहीं किया जा सकता। गाय में गाय का स्वभाव मिल रहा है तो उसकी सत्ता गाय के रूप में तो स्वीकार करनी ही होगी। एक वस्तु में दूसरे वस्तु के भाव को खोजने का मिथ्या प्रयास कर, फिर उसकी अनुपस्थिति दिखाकर यदि अभाव को सिद्ध किया जा रहा है, तो आखिर उसी वस्तु में उसके स्वभाव को प्राप्त करके भाव की उपस्थिति सिद्ध करने में क्या समस्या है?

इस पर अभाववादी स्वभाव का विरोध करता है और कहता है कि स्वभाव जैसे कुछ होता ही नहीं है। स्वभाव तो एक आपेक्षिक अर्थात रिलेटिव व्यवस्था है। जैसे- किसी से तुलना करके ही किसी को छोटा कहा, किसी को मोटा कहा। इसी प्रकार पशु वास्तव में एक भाव है पर किसी पशु में बिल्ली, भैंस, कुत्ता आदि के गुण नहीं थे सो उसको एक संज्ञा दे दिया गया और उसको गाय कह दिया। वाहन एक भाव है, जिसमे मोटर साइकिल, ट्रक, बस आदि के गुण नहीं मिले उसे साइकिल कह दिया।

अब इसका समाधान करते हुए ऋषि कहते हैं कि वस्तुओं का स्वभाव न मानने पर अन्योन्याश्रित दोष आ जाएगा। अन्योन्याश्रित दोष वह अवस्था है जब दो वस्तुओं की परिभाषा एक-दूसरे पर निर्भर हो जाय और उनमें से किसी एक वस्तु की भी वास्तविक परिभाषा मालूम न हो। अर्थात दोनों ही संशय में हो और दोनों एक-दूसरे का समाधान कर डालें। अदालत में दो चोर आये और दोनों ने एक दूसरे को पाक-साफ़ बता दिया, ऐसी अवस्था को अन्योनाश्रित दोष कहते हैं। इस दोष की अवस्था में जब पूछा जाएगा कि गाय कौन है, तो उत्तर मिलेगा जो भैंस, घोड़ा, कुत्ता बिल्ली नहीं है। जब पूछा जाएगा कि कुत्ता कौन है, तो कहा जाएगा की जो गाय, भैंस, घोड़ा और बिल्ली नहीं है। जबकि हम जानते हैं कि हर जानवर में अपने-अपने खुद के गुण उपस्थित हैं और उन गुणों के माध्यम से ही हम उस जानवर को पहचान सकते हैं।

इसको और अच्छी प्रकार समझते हैं, उदाहरण के लिए किसी ने केवल गाय देखी हो पर भैंस, घोड़ा, कुत्ता, बिल्ली न देखा हो तब भी वह गाय

को देख कर पहचान सकता है कि यह गाय ही है। अतः गाय में गाय के होने का भाव है, जिस कारण उसकी अपनी स्वतंत्र सत्ता है। इसलिए कर्मफल द्वारा जो शरीर रूपी अधिष्ठान हमें मिलता है, उसकी सत्ता को नकारी नहीं जा सकती है, भले ही वह अनित्य हो।

पुनर्जन्म एवं फल की चर्चा के दौरान अब तक निम्न प्रतिपक्षियों के संशय का निवारण किया गया।

1- शरीरवादी, जिनका मानना था कि अव्यक्त से व्यक्त बन सकता है।

2- अनात्मवादी, जिनका मानना था कि अभाव से भाव की उत्पत्ति हो सकती है।

3- स्वभाववादी, जिनका मानना था कि शरीर में चेतना इसके अपने स्वभाव के कारण अकारण होती है।

4- अनित्यवादी (क्षणिकवादी), जिनका मानना था कि इस ब्रह्माण्ड में कोई भी वस्तु नित्य अर्थात अमर नहीं है।

5- अनेकवादी, जिनका मानना था कि ब्रह्माण्ड में जो भी अनित्य अर्थात क्षणिक पदार्थ हैं, वह स्वयं में अपनी कोई सत्ता नहीं रखते बल्कि वह विभिन्न नित्य सत्ताओं के समुच्चय मात्र हैं।

6- अभाववादी, जिनका मानना था कि वास्तव में सभी वस्तुओं में अभाव ही अभाव नज़र आता है।

अब तक यह सिद्ध किया जा चुका है कि कर्मफल से शरीर की प्राप्ति होती है। इसकी अपनी सत्ता होती है। इस पुरे शरीर में एक नित्य आत्मा है और वहीँ अवयवी अर्थात इस शरीर का कर्ता है।

अब संख्यावाद की परीक्षा शुरू करते हैं।

संख्यावाद मतानुसार यह सम्पूर्ण ब्रह्माण्ड एक ही है। कार्य और कारण एक ही है, ज्ञाता, ज्ञेय और ज्ञान एक ही है, प्रमाता, प्रमेय, प्रमाण और प्रमिति एक ही हैं। सर्वप्रथम ऋषि इसका खंडन करते हुए कहते हैं

कि कार्य और कारण दो अलग-अलग विषय हैं, साधन और सिद्धि दो अलग-अलग विषय हैं। बिना कारण के कार्य एवं बिना साधन के सिद्धि, असंभव है।

इस पर संख्यावादी कहता है कि यह कहना की कार्य और कारण अलग हैं, उचित नहीं है। वास्तव में जो कार्य होता है, वह अनेक कारणों के मिलने से ही बनता है। कार्य में पाए जाना वाला गुण भी कारण पर ही निर्भर रहता है। अर्थात जो गुण व्यष्टि में है, वहीँ समष्टि में है और जो समष्टि में है, वहीँ व्यष्टि में हैं। अतः कार्य और कारण में गुणों की समानता है। जब दो वस्तुओं में गुणों की समानता है तो भला उन्हें एक जैसा और एक ही वस्तु क्यों न मान लें?

इस पर गौतम ऋषि कहते हैं कि कार्य और कारण में अंतर यह है कि कार्य में अवयव (कम्पोनेंट) पाया जाता है जबकि कारण में अवयव नहीं मिल सकता। जैसे- एक घड़ा है, तो घड़े का कारण है मिट्टी के परमाणु। अब जो घड़ा नामक कार्य है, वह आज है, कल नहीं है, परन्तु उसमें जो परमाणु लगे हुए हैं तब भी थे जब वह घड़ा नहीं था, तब भी हैं जब घड़ा है और तब भी बने रहेंगे जब घड़ा समाप्त हो कर धूल-धूसरित हो जाएगा। अर्थात जो कारण है वह नित्य है, जबकि जो कार्य है वह अनित्य है। कार्य और कारण में यहीं मूल अंतर है कि कार्य अवयव युक्त होने से अनित्य है जबकि कारण स्वयं में अवयव होने से नित्य है।

कर्मफल के अधीन होकर शरीर धारण करने के प्रसंग अर्थात प्रेत्यभाव की परीक्षा समाप्त होती है। आत्मा, कर्म फल और पुनर्जन्म के बीच के आपसी संबंधों पर चर्चा को इसी के साथ समाप्त किया जाता है।

अगले प्रमेय 'फल' का अब स्वतंत्र रूप से परीक्षण शुरू किया जाता है।

इस चर्चा की शुरुआत करते हुए एक वादी कहता है कि कुछ कर्मों के फल तुरंत मिल जाते हैं जबकि कुछ का फल मिलने में बहुत समय लगता है, जबकि कुछ कर्मों के फल के बारे में जन्म-जन्मांतर बाद प्राप्ति का नियम बताया जाता है। अतः इस बात में शंका उत्पन्न हो जाती है कि

क्या वास्तव में कर्म अपने फल से नियमबद्ध है भी या नहीं? अर्थात दुनिया में दो तरह के कर्म हैं प्रथम कर्तव्य कर्म और द्वतीय भोक्तव्य कर्म। भोक्तव्य कर्म वह है जिसका फल जल्द से प्राप्त हो जाता है। उदाहरण के लिए, सायकिल पर बल लगाना शुरू किया, सायकिल चलना शुरू हो गया, खेत में निराई शुरू की, घास समाप्त हो गया, बीज डाल दिया, अंकुरण शुरू हो गया। कर्तव्य कर्म वह है जिसके फल की प्राप्ति में अधिक काल का अंतर होता है, जैसे की हम सबके साथ सदव्यवहार करें तो भी समाज के बीच उससे उत्पन्न सम्मान की प्राप्ति और स्वीकार्यता आने में काफी समय लगता है।

अब संशय यह उठता है कि कुछ कर्म ऐसे हैं जिनका फल तुरंत मिल जाता है, कुछ ऐसे हैं जिनका काफी समय बाद मिलता है, कहीं ऐसा तो नहीं की कुछ कर्म ऐसे होते हों जिनका फल कभी प्राप्त ही न होता हो?

इस पर गौतम ऋषि कहते हैं कि कर्म कभी भी फलहीन नहीं हो सकता है। चाहे जितना समय लग जाय, भले इस जन्म में मिले अथवा अगले जन्म में, पर फल की प्राप्ति अवश्य होती है। प्रत्येक कर्म का फल मिलना नियम है। बहुत से कर्म जो सामान्य रूप से विफल दिखाई पड़ते हैं पर वास्तव में उनका फल अगले जन्म में प्राप्त होता है। इसी प्रकार जिनको बिना कर्म के फल की प्राप्ति दिखाई पड़ती है, वह पूर्व जन्म के कर्म के फल का भोग कर रहे होते हैं।

अब इस पर प्रतिवादी फिर से प्रश्न करता है कि फल अथवा परिणाम अपने कारणों पर निर्भर रहते हैं। जब कालान्तर में वह कारण ही नष्ट हो गया तो भला कार्य अर्थात फल कैसे प्राप्त हो सकता है। कर्म जिस शरीर और इन्द्रिय द्वारा किया गया वह तो नष्ट हो गया और जब वह नष्ट ही हो गया तो भला अब कर्म का फल नए शरीर को कैसे प्राप्त हो सकता है? अतः यह सोचना की अगले जन्म में कर्म का फल मिलेगा, किसी भी प्रकार से उचित नहीं है।

इस संशय का समाधान करते हुए गौतम ऋषि कहते हैं कि जैसे किसी वृक्ष का फल प्राप्त होता है, बिलकुल वैसे ही कर्म का फल कारण के

समाप्त होने पर भी प्राप्त हो सकता है। कहने का तात्पर्य यह है कि जैसे कोई किसान था, उसने किसी वृक्ष के बीज को लगाया, दस वर्ष बाद उसमें फल आया। वृक्ष लगाने का कारण किसान था, उसमे निराई-गुड़ाई, सिचाई का कारण मज़दूर था, कटाई-छटाई आदि का कारण माली था, पर दस वर्ष उपरान्त यदि किसान, माली अथवा मज़दूर की मृत्यु भी हो जाय तो भी उस किसान, मज़दूर अथवा माली के अगले पीढ़ी को उसका फल प्राप्त होता है। उसी प्रकार यदि यह शरीर और इन्द्रिय समाप्त भी हो जाय तो भी आत्मा अगली पीढ़ी में जिस जीव के रूप में जन्म लेती है, उसका फल निश्चित ही प्राप्त होता है।

(यदि कोई पत्थर हथौड़े के सौवें चोट से टूट रहा है, तो इसका मतलब यह नहीं है कि उसके पूर्व में मारे गए निन्यानवे चोटों का कोई अर्थ नहीं था, बल्कि सौवें चोट में टूटने का कारण ही पूर्व के निन्यानवे चोट से उत्पन्न कर्म का संचय होना है। सौवें चोट में उस संचित कर्म का फल मिलता है।)

अब एक दूसरा प्रतिवादी कर्म के फल पर संशय करते हुए कहता है कि उस फल पर कैसे विश्वास किया जाय जो न सत है, न असत है और न ही सद्सत है।

यहाँ प्रतिपक्षी द्वारा तीन संभावनाएं एक साथ व्यक्त की जाती हैं पहला यह कि जब कर्म होता है तब तो फल होता ही नहीं है, इसलिए जो नहीं है उसे कैसे स्वीकार कर लें? अर्थात कर्म का फल सत नहीं है। दूसरी संभावना यह बताई जाती है कि हम रोज ही कारण से कार्य को होते देखते हैं, उसी तरह कर्म से फल की प्राप्ति सत्य लगती है, अर्थात कर्म का फल असत भी नहीं है। तीसरी संभावना यह बताई जाती है कि उपरोक्त दोनों बातें अपने आप में सही होने से फल एक साथ सत और असत दोनों है लेकिन अब मुश्किल ये है कि एक ही विषय में दो एक-दूसरे के विरोधी गुण कैसे?? अतः कर्म के फल के बारे में यह संशय हो जाता है कि यह वास्तव में होता भी है अथवा नहीं? या फिर यह एक कपोल कल्पना भर है?

इस संशय का समाधान करते हुए ऋषि दो सिद्धांत बताते हैं प्रथम यह कि वह कोई भी वस्तु जो उत्पत्ति धर्म से युक्त है, उसे असत ही समझना चाहिए और दूसरा यह कि वह कोई भी वस्तु जिसका निर्माण बुद्धि कराती है, वह भी असत ही है। कहने का तात्पर्य यह है कि सत वस्तु की सत्ता सदैव अक्षुण्ण रहती है सो न उसकी उत्पत्ति होगी और न ही उसका विनाश होगा। जो उत्पत्ति धर्म रखते हैं, वह कारणों के संयोग से उत्पन्न होते हैं और उस संयोग के समाप्त होने पर नष्ट हो जाते हैं। जो बुद्धि होती है, वह उन कारणों को एकत्र करके उसमें विशेष क्रम से संयोग कराकर वस्तु विशेष को उत्पन्न करती है।

परमाणु, फोटान, क्रोनान (समय का मूल अविभाज्य कण) आदि सत हैं, जो सदैव से हैं। इनका कोई उपादान कारण नहीं है। यह स्वयं में पूर्ण हैं, स्वयं से पूर्ण हैं, इन्हे बनने के लिए किसी और कारण की आवश्यकता नहीं है। अतः यह मूल कण भी हैं और मूल कारण भी। बाकी सभी वस्तुएं इन कारणभूत द्रव्यों से ही निर्मित होती हैं। इनके विशेष क्रम में संयोग से इस ब्रह्माण्ड में तरह-तरह की वस्तुएं प्रकट होती हैं। जैसे टॉर्क से इलेक्ट्रान प्रोटान आदि बनें, इनमें विशेष संयोग से हाइड्रोजन, आक्सीजन बना, इनमें विशेष संयोग से आर्गेनिक रसायन बना, उनमें विशेष संयोग से सूत बना, सूत में संयोग-विशेष से कपड़ा बना, उसमें रंगों के संयोग-विशेष से रंग विशेष का कपड़ा बना, अब उसमें सिलाई से संयोग एवं दर्ज़ी, जुलाहे, करघा आदि निमित्त कारण और जुड़ गए तो वह एक सुन्दर वस्त्र बन गया। अब कपड़ा पहनते-पहनते धीरे-धीरे कुछ वर्ष में उसकी सिलाई जाती रही, कपड़े की सूत झीनी होने लगी, कुछ साल बाद कपड़ा फेक दिया गया, उसमें जीवाणु लग गए अब उन्होंने और छोटे-छोटे कणों में तोड़ दिया, ताप वर्षा आदि का प्रभाव हुआ और छोटे हिस्से में टूट गया और अंत में फिर से अपने मूल रूप में विलीन हो गया। इस पूरी यात्रा में जो कपड़ा था उसकी उत्पत्ति हुई और नष्ट हो गया। उसकी उत्पत्ति के लिए निमित्त कारण एवं समवाय कारणों को बुद्धि से एकत्र किया गया। अतः कपड़ा जिन परमाणुओं से बना, जिस ऊर्जा के उपयोग से बना,

वह सब तो सत हैं, पर जो स्वयं कपड़ा था वह बुद्धिजनित और उत्पत्ति धर्म से युक्त होने से असत है।

अतः कर्म के फल को असत मानना चाहिए, जिस कारण उसका उत्पत्ति और विनाश दोनों संभव होने से मुक्ति और बंधन दोनों की संभावनाएं हमेशा विराजमान रहती हैं।

अब प्रतिपक्षी पुराने उदाहरण पर सवाल खड़ा करता है और कहता है कि जो वृक्ष का उदाहरण दिया गया जिसमें यह कहा गया कि जिसने उसे लगाया जरुरी नहीं की वह फल पाए, पर कोई न कोई फल अवश्य खा रहा है, बिलकुल उचित नहीं है। फल कोई भी खाये, यह अलग बात है पर जिस वृक्ष को पाला पोसा गया, फल तो उसी वृक्ष पर लगता है। लेकिन जीवात्मा ने जिस शरीर के माध्यम से कर्म को पाला था, फल उस शरीर को तो नहीं प्राप्त हो रहा है, बल्कि अगले शरीर को मिल रहा है। यह फिर से अकृताभ्यागम दोष से युक्त है अर्थात करा किसी और शरीर ने और भरा किसी और शरीर ने।

इस पर गौतम ऋषि कहते हैं कि कर्म शरीर के माध्यम से होता है, न कि शरीर की इच्छा से। सुख-दुःख, इच्छा-द्वेष आदि गुण आत्मा के आश्रित हैं, सो जो कर्म होता है वह आत्मा के इच्छा द्वेष और उसी के सुख-दुःख के लिए होता है। शरीर तो कर्म का एक साधन भर है। अतः पूर्व जन्म के कर्म से जो सुख-दुःख उसके फल के रूप में अगले शरीर में प्रकट होता है, वह उसी आत्मा को प्राप्त हो रहा होता है, जिसके इच्छा और द्वेष शक्ति के द्वारा पिछले शरीर में कर्म हुआ था। अतः किसी भी प्रकार से अकृताभ्यागम दोष उत्पन्न नहीं होता, इस कारण जो आत्मा करती है, वहीं आत्मा भरती है।

अब प्रतिवादी नया संशय उठाते हुए कहता है कि उपरोक्त बात तो सही है कि आत्मा की इच्छा से कर्म होता है और उसी को उसका फल भी मिलता है। परन्तु हम देखते हैं कि किसी व्यक्ति के पास अच्छा गौ हो, स्त्री हो, अच्छा पुत्र-पुत्री हो, उसे भी उस व्यक्ति के कर्म का फल बताया जाता है जबकि स्त्री, संतान और गौ आदि स्वयं में स्वतंत्र आत्मा

हैं, फिर भला वह स्वयं में किसी अन्य आत्मा का कर्म फल कैसे बन सकते हैं?

इस पर गौतम ऋषि कहते हैं कि जब यह कहा जाता है कि कर्म फल के रूप में अच्छी संतान, स्त्री और गौ आदि की प्राप्ति होती है तो इसका अर्थ यह नहीं है कि एक स्वतंत्र आत्मा अपने कर्म फल के लिए दूसरे स्वतंत्र आत्मा को स्वयं का गुलाम बना रही है, इसका अर्थ मात्र इतना ही होता है कि आत्मा को सुख प्रदान करने वाले फल चाहे वह चेतन हो अथवा अचेतन, वह सब उसके फल के रूप में प्राप्त होते हैं। सुख और दुःख दोनों आत्मा के अधीन हैं, जिस प्रकार अचेतन अर्थात धन दौलत, शोहरत से आत्मा को सुख प्राप्त होता है, ठीक उसी प्रकार चेतन अर्थात अपने अगल-बगल के जीव, वृक्षों और सम्बन्धियों से सुख-दुःख प्राप्त होता है।

इस प्रकार कर्म के फल की परीक्षा पूर्णता से समाप्त होती है।

जिसका सार यह है कि शरीर को कर्म के द्वारा प्राप्त किया जाता है, कर्म का कारण है इच्छा-द्वेष। इच्छा-द्वेष आत्मा का गुण है। अतः फल भी उसी प्रेरकशक्ति आत्मा को प्राप्त होता है। चूकी वह प्रेरक शक्ति समय के साथ शरीर बदलती रहती है, इसलिए हमें कर्मों का फल अलग-अलग शरीर में प्राप्त होता दृष्टिगत होता है, पर फल से जो सुख-दुःख मिल रहा है वह तो उसी आत्मा को ही प्राप्त होता है। कर्मफल उत्पत्ति धर्म से युक्त होने से नाशवान भी होता है, जिस कारण बंधन और मुक्ति दोनों ही आत्मा को प्राप्त होते हैं।

अब आगे की चर्चा अगले प्रमेय अर्थात दुःख पर की जाती है, जिसमें दुःख की परीक्षा की जाती है।

ऋषि कहते हैं कि कर्मों के फल से उत्पन्न बंधन से प्राप्त यह जन्म वास्तव में दुःख के ही समान है।

सुख में बाधा ही दुःख का कारण है। सुख की इच्छा विषयों के कारण होती है, विषयों की इच्छा इन्द्रियों के कारण और इन्द्रियों का आश्रय यह

शरीर आत्मा को जन्मोत्पत्ति से ही मिलता है। जब हम जन्म-मरण के बंधन से मुक्त हो जाएंगे तो शरीर के न रहने से इन्द्रियां भी नहीं रहेंगी, इन्द्रियों के न रहने से विषय की आसक्ति भी नहीं होगी। जैसे- जन्मांध व्यक्ति को पता ही नहीं कि सुन्दर चेहरा कैसा होता है, तो वह भला सुमुखी कन्या के विषय में किस प्रकार आसक्त हो सकता है? और जब आसक्ति ही नहीं है तो भला उसको पाने की इच्छा कहाँ से होगी? जब उसको पाने की इच्छा ही नहीं होगी, तो भला उसके न मिलने पर भी सुख में व्यवधान कैसे होगा? इसीलिए जन्म-मरण के चक्कर से मुक्ति ही सतत सुखकारक है, जबकि जन्म-मरण का चक्कर दुःख देने वाला।

इस पर अब प्रतिपक्षी संशय खड़ा करता है कि यह मानना किस प्रकार से उचित है कि यह जीवन दुखमय है, जबकि हम प्रत्यक्ष तौर पर लोगों को खुश होते देखते हैं?

मनुष्य कभी दुखी रहता है, कभी सुखी रहता है। अतः जीवन को केवल दुःख का कारण कहना उचित नहीं है, बल्कि इसमें सुख और दुःख दोनों मिले हुए हैं। अतः इसे सुख का भी कारण क्यों न माना जाय? उससे भी महत्वपूर्ण बात यह है कि सुख और दुःख तो आपेक्षिक है। जिसको दुःख ही दुःख मिला, उसे थोड़ा सा भी सुख मिल जाय तो उसे वह बहुत लगता है, जिसे सुख ही सुख मिला है, उसे बहुत कुछ और भी मिल जाय तो उसे कोई फर्क नहीं पड़ता है। अतः दोनों एक दूसरे के सापेक्ष है। दोनों एक दूसरे से लगे होने पर ही अनुभूत हो सकते हैं।

इसका जबाब देते हुए ऋषि कहते हैं कि दुःख वास्तव में सुख का निषेध भर है, उसकी अपनी वास्तविक सत्ता मत समझिये। जैसे- प्रकाश की अनुपस्थिति अन्धकार है, उसी प्रकार सुख की अनुपस्थिति दुःख है। कहने का अभिप्राय यह है कि कोई भी जीव जो भी कर्म करता है, वह सुख की इच्छा से करता है और ऐसी स्थिति में उस कर्म के तीन प्रकार के परिणाम आ सकते हैं। प्रथम यह कि इच्छित वस्तु प्राप्त हो गयी, द्वितीय यह कि इच्छित वस्तु आधी-अधूरी प्राप्त हुई और तृतीय यह कि इच्छित वस्तु अप्राप्त रह गयी। जब वस्तु की प्राप्ति हो गयी तो इच्छा

पूर्ण होने से सुख मिला, आधी अधूरी प्राप्त हुई तो आधा सुख प्राप्त हुआ, जबकि इच्छित लक्ष्य में कुछ भी नहीं मिला तो पूर्ण रूप से सुखाभाव होने से केवल दुःख ही दुःख प्राप्त हुआ। सुख का पूर्ण अभाव होने से दुःख प्रतीत होने लगा।

आगे कहते हैं कि दुःख के विकल्प में सुख का अभिमान होने से भी जन्म की उत्पत्ति दुःख का कारण है। इस कठिन वाक्य को समझने का प्रयास करते हैं। सुख आत्मा की एक सतत अवस्था है। जन्म के कारण विषय भोगों में प्रवृत्त मनुष्य मिथ्याज्ञान के वशीभूत होकर उसी को वास्तविक सुख समझने की भूल कर बैठता है। जैसे- कोई जुआरी जब तक जुआ के व्यसन में मगन है और लगातार जीत रहा है, तो उसे लगता है कि वह बड़ा सुख प्राप्त कर रहा है, पर वास्तव में वह अपने दुःख की कथा उसी समय लिख चुका था, जब वह जुआ खेलने बैठा था। अर्थात यदि वह जीत रहा है तो हारने की भी चिंता दूसरी तरफ बनी हुई है और हर क्षण हार की संभावना भी बनी हुई है। अब यह मान लेते हैं कि उसे किसी दिन किसी भी प्रकार की हार नहीं हुई और उसने ढेर सारा धन एकत्र कर लिया और घर लौट आया। अब उसे उस धन के उपभोग के समय उसके समाप्त होने की चिंता लगी रहेगी। इस प्रकार वह कभी भी पूर्ण रूप से सुख का अनुभव नहीं कर पायेगा और किसी न किसी प्रकार से दुःख लगा रहेगा। अतः जन्म-मरण ही दुःख का कारण है, वही विषयों के प्रति आसक्ति उत्पन्न करता है।

इस प्रकार यह सिद्ध करते हुए कि जन्म ही दुःख का कारण है, दुःख की परीक्षा समाप्त होती है। उपरोक्त विषयों का सार यह है कि इस संसार सब कुछ सुख प्राप्ति के लिए हो रहा है। यदि कोई दूसरे को दुःख भी दे रहा है तो वह यह कर्म स्वयं के तो सुख के लिए ही कर रहा है। जब सुख की प्राप्ति नहीं होती तो जो परिस्थिति बनती है, उसे दुःख कहते हैं। दुःख वास्तव में इच्छित वस्तु की प्राप्ति में आने वाली बाधा है। यदि शरीर ही न हो, तो विषय की आसक्ति न होने से इच्छा ही नहीं होगी और जब इच्छा ही नहीं होगी तो कैसी बाधा? शरीर को जो बीच-बीच में सुख मिलता है, वह भी नाशवान होने से नए दुःख को जन्म दे देता है।

अब सबसे आखिरी प्रमेय अपवर्ग अर्थात मोक्ष की परीक्षा शुरू की जाती है।

सर्वप्रथम वादी मोक्ष को असंभव बताते हुए कहता है कि मनुष्य ऋण, क्लेश और प्रवृत्ति में जीवन भर लगा रहता है सो मोक्ष अर्थात कर्म फल से मुक्ति पाकर जीवन-मरण से छुटकारा पाने की सोचना असंभव बात है।

अर्थात मनुष्य के ऊपर तीन प्रकार के ऋण होते हैं, ऋषि ऋण, पित्र ऋण और देव ऋण। इसी प्रकार मनुष्य में तीन प्रकार के क्लेश हैं राग, द्वेष और मोह। इन तीनों प्रकार के ऋणों और क्लेशों के वशीभूत होकर मनुष्य में कर्म के प्रति प्रवृत्ति जन्म लेती है। वह धर्म-अधर्म की चिंता कर अपने हिसाब से अच्छा-बुरा कर्म करता रहता है। जब तक मनुष्य में ऋण और क्लेश रहेगा उससे उत्पन्न प्रवृत्तियां कर्म कराकर उसका फल उत्पन्न करती रहेंगी। जब तक फल उत्पन्न होता रहेगा आत्मा जीवन-मरण के चक्कर से मुक्त नहीं हो सकता। ऐसा होना असंभव है कि मनुष्य बिना कर्म के अपना जीवनचर्या चला पाए, सो न तो कर्मों से मुक्ति हो सकती है और न ही जीवन-मरण के चक्र से। इसलिए ऐसा प्रतीत होता है कि मोक्ष एक कपोल कल्पना भर है।

इस पर ऋषि कहते हैं कि प्रथम तो यह कि शास्त्रों में जिन तीन प्रकार के ऋणों की बात कही गयी है, वह वास्तव में कर्म और प्रवृत्ति के रूप में नहीं कही गयी है अपितु प्रशंसा और निंदा के लिए कही गयी है और द्वितीय यह की जो भी उपदेश होता है, वह उचित पात्रों के सन्दर्भ में दिया जाता है, न कि सबके लिए।

कहने का तात्पर्य यह है कि शास्त्रों में जिन ऋणों की चर्चा की गयी है, वह इस रूप में है कि आपने किसी से ऋण लिया और उसे लौटा दिया तो वह प्रशंसा का कार्य है जबकि नहीं लौटाया तो निंदा का। इसलिए सामान्य गृहस्थ व्यक्ति जो कर्म में प्रवृत्त है वह इन कार्यों को करे और बढ़ावा मिले, इस कारण इनको ऋण कहा गया है। साथ ही शास्त्रों में जो भी उपदेश दिया जाता है, वह जिन लोगों के परिप्रेक्ष्य में दिया गया है, उन्हीं को पालन करना चाहिए। जैसे- कोई व्यक्ति विषय भोग

और आसक्ति से मुक्त होकर संन्यास की अवस्था में पहुंच गया है तो उसके लिए शास्त्रों ने अलग नियम निर्देश किया है और कहा है कि ऐसे व्यक्ति जो विषय भोग से मुक्त होकर संन्यास की अवस्था में पहुंच गए हैं वह तीनों प्रकार की एषणाओं अर्थात वित्त, लोक और पुत्र से मुक्त हैं। उन पर किसी प्रकार का ऋण लागू नहीं होता है। आगे ऋषि कहते हैं कि साधारण मनुष्य स्वर्ग की कामना करता है जबकि सन्यासी मोक्ष की। स्वर्ग की प्राप्ति के लिए अग्निहोत्र आदि के विधान बनाये गए हैं, पर सन्यासी तो तीनों प्रकार की अग्नियों का समारोपण स्वयं आत्मा में कर लेने से मुक्त है। सन्यासियों के लिए कोई बंधन नहीं है। शास्त्रों में दोनों प्रकार की बातें लिखी गयी है पर अलग-अलग संदर्भ और पात्रों के लिए। एक प्रकार का नियम सब पर लागू नहीं हो सकता है। अतः यह कहना कि ऋण होने से मुक्ति नहीं मिल सकती उचित नहीं है।

कर्मकाण्ड की अपनी एक सीमित महत्ता है और उससे मुक्त लोगों की अपनी। दोनों को मिलाना नहीं चाहिए।

ऋण के बाद गौतम ऋषि अब तीनों प्रकार के क्लेश के सम्बन्ध में उत्पन्न संशय का समाधान करते हैं। वह कहते हैं कि जिस प्रकार मनुष्य गाढ़ी गहन निद्रा में स्वयं के इन्द्रिय, मन और सांसारिक विषय भोगों से मुक्ति पाकर तीनों प्रकार के क्लेश अर्थात राग, द्वेष और मोह से मुक्त होकर अपने आत्मस्वरूप में अपने सभी इकट्ठा और खोये हुए भोगजन्य वस्तुओं से दूर रहकर आत्मस्वरूप में आनंद प्राप्त करता है, उसी प्रकार मनुष्य को जब तत्वज्ञान हो जाता है तो जाग्रत अवस्था में भी अपने इन्द्रिय, मन और भोगजन्य विषय आसक्ति से दूर होकर आत्मा की सम स्थिति अर्थात आनंदमय स्थिति में पहुंच जाता है। जिस कारण वह समस्त राग-द्वेष और मोह से छुटकारा पाकर प्रवृत्तियों से मुक्त हो जाता है।

प्रवृत्तियों से मुक्त हुआ तत्वज्ञानी जीवात्मा कर्म और उसके फल से मुक्त हो जाता है। कर्मफल के मुक्ति से आत्मा का बंधन समाप्त हो

जाता है। अंततः आत्मा मुक्त होकर मोक्ष को प्राप्त हो जाती है। अतः तत्व ज्ञान से क्लेश को नष्ट करके मोक्ष का अधिकारी बन सकते हैं।

क्लेश से मुक्ति पर अब प्रतिपक्षी कहता है कि क्लेश अर्थात राग, द्वेष और मोह तो जन्म जन्मांतर से इस आत्मा में लगे हुए हैं और यह स्वाभाविक भी है। अतः उनसे मुक्ति होना असंभव है।

अगला प्रतिपक्षी अब इस बात का विरोध करते हुए कहता है कि जब तक घड़ा नहीं बना था तब तक अनादिकाल से घड़े का अभाव था, जब घड़ा बन गया तो उसका अभाव नष्ट हो गया। उसी प्रकार मनुष्य के भीतर क्लेश अनादिकाल से बना हुआ था, पर जैसे ही उसके भीतर वीतराग उत्पन्न हुआ, क्लेश का अभाव हो गया। आगे वह कहता है कि जैसे मिट्टी के कणों में मैलापन अनादिकाल से था, पर जैसे ही वह अग्नि के संपर्क में आया, अपना मैलापन छोड़कर नए स्वरुप और रंग में आ गया। उसी प्रकार क्लेश हमेशा से था पर जब अग्नि की भाति तत्वज्ञान से उसका संपर्क हुआ, तो वह अपना स्वाभाविक गुण क्लेश को छोड़कर आनंद की स्थिति में पहुंच गया।

अब सबसे आखिर में ऋषि अपना सम्यक मत प्रकट करते हैं और कहते हैं कि राग द्वेष आदि आत्मा के स्वाभाविक गुण नहीं हैं। यह संकल्प और विकल्प के कारण उत्पन्न होता है। विषयासक्त इन्द्रियां और मन बाह्य जगत में नए-नए पदार्थों को पाने का संकल्प करती रहती हैं और एक की पूर्ती होने पर नए विकल्प में लग जाती हैं। जब तत्वज्ञान हो जाता है तो आत्मा आंतरिक आनंदमय स्वरुप को जान जाती है, सो वह सुखाभास को सुख समझने की भूल अब नहीं करती है। अतः संकल्प और विकल्प समाप्त हो जाते हैं।

जब संकल्प और विकल्प ही न रहा तो आखिर उससे उत्पन्न राग-द्वेष और मोह किस प्रकार उत्पन्न होंगे? अतः क्लेश भी ऋण की ही भाति मोक्ष में बंधन नहीं होता है।

इस प्रकार सभी प्रकार के प्रमेयों की परीक्षा प्रमाणपूर्वक संपन्न करके यह अध्याय समाप्त होता है।

अध्याय - 12

न्याय दर्शन

अभी तक हमने सभी 12 प्रमेयों क्रमशः आत्मा, शरीर, इन्द्रिय, अर्थ, बुद्धि, मन, प्रवृत्ति, दोष, प्रेत्यभाव (पुनर्जन्म), फल, दुःख और मोक्ष की परीक्षा पूर्ण की है। लक्ष्य है, प्रथम प्रमेय को आखिरी प्रमेय की अवस्था में ले जाना अर्थात आत्मा को मोक्ष प्रदान करना। बीच के दस प्रमेय अर्थात शरीर से लेकर दुःख तक का वास्तविक कारण अंततः दोष ही होता है। अहंकार से उत्पन्न दोष मिथ्याज्ञान की प्राप्ति कराता है, यह मिथ्याज्ञान आत्मा के मोक्ष प्राप्ति में बाधक होता है।

अब ऋषि कहते हैं, वास्तव में अहंकार के वशीभूत होकर मनुष्य स्वयं को शरीर, इन्द्रिय, बुद्धि और मन का समुच्चय मान कर अर्थों में रमा रहता है। अर्थों के कारण उसमें राग, द्वेष और मोह आदि दोष उत्पन्न हो जाते हैं। जिस कारण उनकों पाने की इच्छा उत्पन्न हो जाती है। इच्छायुक्त जीवात्मा में प्रवृत्ति का जन्म सहज ही है। प्रवृत्ति के कारण वह कर्म में फसता है और कर्म के कारण कर्मफल प्राप्त होता है। कर्मों का फल आधा-अधूरा प्राप्त हुआ अथवा नहीं प्राप्त हुआ तो दुःख मिलता है और यदि प्राप्त हो गया तो उसके क्षय होने की चिंता में फिर से अंततः दुःख ही मिलता है।

मनुष्य को जब तत्व ज्ञान मिल जाता है तो उसका अहंकार समाप्त हो जाता है। अहंकार समाप्त होने से दोषों से मुक्ति मिल जाती है। उसे अर्थ की कामना समाप्त हो जाती है। अर्थ की कामना समाप्त होने से प्रवृत्ति नष्ट हो जाती है। प्रवृत्ति नष्ट होने से कर्म समाप्त हो जाते हैं जिसके फलस्वरूप कर्मफल का भी नाश हो जाता है। कर्मफल के नाश होने से उसके पाने अथवा खोने का भय भी समाप्त हो जाता है। भय

के नाश से दुःख समाप्त हो जाते हैं। अब जीवात्मा आत्मस्वरूप समझ लेता है, जिस कारण सभी प्रकार के बंधन से वह मुक्त हो सतत आनंद की अवस्था अर्थात मोक्ष को प्राप्त कर लेता है।

दोषों की उत्पत्ति के सम्बन्ध में ऋषि कहते हैं कि आत्मस्वरूप से अपरिचित मनुष्य इन्द्रियों के विषयों जैसे रूप, रंग, धन, ऐश्वर्य, वैभव आदि में संख्यात्मक अथवा गुणात्मक रूप से फसा होता है। उसी को ध्येय मानकर कर्म करता हुआ, विषय दोषों का शिकार हो जाता है।

इन्द्रिय के विषय तो बाह्य दोष हैं, इन बाह्य दोषों की ही भाति मनुष्य में आंतरिक दोष जैसे राग, मोह और द्वेष आदि भी पाए जाते हैं। वस्तुतः आंतरिक दोष तो बाह्य विषय दोष के अनुयायी मात्र होते हैं। जब एक बार बाह्य विषय दोषों से मुक्ति मिल जाती है तो आंतरिक दोष स्वयं ही दूर हो जाते हैं।

तात्पर्य यह है कि इन्द्रियां गुरुत्व बल की भाँति स्वाभाविक रूप से जीवात्मा को विषय भोगों की ओर अर्थात नीचे की तरफ खींचती रहती है। जिह्वा को जैसे ही कोई स्वादिष्ट व्यंजन प्राप्त होता है, वह उसी ओर आकृष्ट हो जाता है। आँखों को कोई सुमुखी स्त्री दिखाई पड़ती है, वह उधर ही खींचा चला जाता है। जिधर से सुगंध आ रही है, नाक उधर ही रमने लगता है। यह सब इन्द्रियों के स्वाभाविक वाह्य विषय दोष हैं। जब मनुष्य इन बाह्य विषय दोषों के अधीन फस जाता है तो उसके अंदर की इन्द्रियां अर्थात अन्तःदृष्टि एवं अन्तःकरण भी इन विषयों से जुड़कर उन्हें ही प्राप्ति की इच्छा रखने लगती हैं। वह इनके मिल जाने पर अहंकार से भर जाती हैं, न मिलने पर विह्वल हो जाती हैं, स्वयं को नहीं मिला जबकि दूसरे को मिल गया तो ईर्ष्याभाव में चली जाती हैं अर्थात जो आंतरिक राग, द्वेष और मोह है, वह भी वाह्य विषयों के अप्रत्यक्ष प्रभाव से ही उत्पन्न होते हैं।

आगे गौतम ऋषि इस दोष के मूल कारण पर प्रकाश डालते हुए कहते हैं कि इन्द्रियां अपने स्वाभाविक विषय की तरफ जीवात्मा को तभी खींच सकती हैं, जब जीवात्मा के अंदर अहंकार हो।

कहने का तात्पर्य यह है कि जब जीवात्मा भौतिक पदार्थों को स्वयं के शरीर के साथ जोड़कर उसे ही अपने सुख और दुःख का साधन मान लेता है तो वह अपने मूल स्वरुप से अनजान इन दोषों में रमकर अंततः क्षणिक सुखों के बीच लगातार दुःख पाता रहता है। यह मेरा है, भाव से उत्पन्न अहंकार हर क्षण और पाने अथवा जो पाया है उसके खोने की चिंता में लगा रहता है। जब अहंकार नष्ट हो जाता है तो पता चलता है कि कुछ भी मेरा नहीं है।

अब प्रतिवादी आत्मा (अवयवी) के होने और उसके तत्वज्ञान पर संशय उत्पन्न करता है। वह कहता है कि विद्या और अविद्या की दुविधा से आत्मा (अवयवी) और तत्व ज्ञान पर संशय उत्पन्न होता है।

कहने का तात्पर्य यह है कि क्या सत है और क्या असत है, इन दोनों प्रकार का वास्तविक ज्ञान हमें विद्या से ही होता है। इसी तरह क्या सत है और क्या असत, इन दोनों के बारे में मिथ्याज्ञान अविद्या से होता है। इस प्रकार ज्ञान हमारे पास दोनों प्रकार का है अर्थात वास्तविक भी और मिथ्या भी। ज्ञान आत्मा का विषय है। एक साथ एक ही आत्मा वास्तविक ज्ञान और मिथ्या ज्ञान दो विरोधी गुण भला कैसे उत्पन्न कर सकती है? अतः ऐसा प्रतीत होता है कि इस शरीर में दो अवयवी हैं एक सत ज्ञान युक्त सकारात्मक चेतना और दूसरा असतज्ञान युक्त नकारात्मक चेतना। अतः तत्वज्ञान और मिथ्याज्ञान दोनों का अपना-अपना अस्तित्व है। इसलिए मिथ्या ज्ञान के होने से भी कोई हानि प्रतीत नहीं होती क्यूंकि वह भी तो इस शरीर के एक अवयवी का ही ज्ञान है।

इस पर गौतम ऋषि कहते हैं कि पूर्व के अध्यायों में ही इस बात की सम्पूर्णता से चर्चा हो चुकी है कि आत्मा (अवयवी) होता भी है अथवा नहीं, होता है तो कितना होता है, उसमें कौन-कौन से गुण होते हैं, उसका स्वरुप क्या है, अतः इस चर्चा को दोबारा शुरू नहीं किया जा सकता जबकि पूर्व में ही यह सिद्ध है कि अवयवी एक ही है और वह आत्मा है जो सत है। जब तक पूर्व की बातों का खंडन नहीं होता तब तक सत और असत दो तरह के अवयवी को मानने की कोई आवश्यकता नहीं है।

आगे अभाववादी का तर्क सुनने से पहले ही उसकी बातों का खंडन करते हुए ऋषि कहते हैं कि यदि कोई अब यह कहे कि आत्मा अथवा अवयवी है ही नहीं तो फिर संदेह किस पर जता रहे हो? जो है ही नहीं? जिसकी सत्ता ही नहीं है उसकी संज्ञा कैसे हो सकती है? उसका अभाव कैसे हो सकता है? वैसे भी अवयवी है इसकी चर्चा पूर्व में ही की जा चुकी है। अतः जब तक उन बातों का खंडन नहीं हो जाता है, अवयवी के अभाव को भी मान्यता नहीं दी जा सकती है।

अब अभाववादी कहता है कि अवयवी अर्थात शरीर के भीतर आत्मा की कल्पना कोरी मूर्खता प्रतीत होती है। इसके लिए वह उदाहरण देते हुए कहता है कि सभी अवयव (कम्पोनेंट) अलग-अलग होते हैं, वह एक साथ सब जगह नहीं हो सकते हैं। अर्थात घड़े का मुख कहीं है, गर्दन कहीं है, कपाल कहीं है। जहां उसका मुख है वहां कपाल और गर्दन नहीं है और जहाँ कपाल है वहां गर्दन और मुख नहीं है। इन्हीं तीनों को मिला दिया तो घड़ा (कम्प्लीट) बन गया और हटा दिया तो अवयव अर्थात मुख, ग्रीवा और कपाल बन गए। उसकी अलग से सत्ता मत मानिये। यह कहिये की यह जो घड़ा है वह वास्तव में कोई एक वस्तु नहीं है, अपितु यह मुख, ग्रीवा और कपाल का एक समुच्चय है।

अपनी बात को और पुष्ट करने के लिए अभाववादी आगे और तर्क देते हुए कहता है कि अब इन एक-एक अवयव में यदि अवयवी खोजें तो वह कहीं मिलेगा ही नहीं। कहने का तात्पर्य यह है कि जहां घड़े का मुख है, वहां उसका गर्दन और कपाल न होने से उस मुख में घड़त्व कहीं नज़र नहीं आता। जहां कपाल है, वहां गर्दन और मुख न होने से वहाँ भी घड़त्व अथवा घड़ापन नज़र नहीं आता। वास्तव में घड़ापन तो कहीं है ही नहीं, वह तो बस उन तीनों हिस्सों का एक समुच्चय है और उस समुच्चय को आसानी के नाते एक शब्द से संज्ञा दे दिया गया और उसको घड़ा कह दिया। अतः घड़े का उसके अवयवों से अलग कोई अस्तित्व नज़र नहीं आ रहा है।

आगे कहता है कि यदि एक क्षण के लिए अवयवों (कम्पोनेंट) को ही अवयवी (कम्प्लीट) मान लिया जाय तो क्या हमारे पास केवल घड़े का

मुख हो, लेकिन ग्रीवा एवं कपाल न हो तो उसमें पानी भरा जा सकता है? नहीं भरा जा सकता है। अतः अवयवों को भी अवयवी नहीं मान सकते। वास्तविकता तो यह है कि अवयवी अर्थात आत्मा जैसा कोई तत्व नहीं होता। वास्तव में जीव इन्द्रिय, शरीर, मन, बुद्धि आदि का समुच्चय है। उससे अतिरिक्त कुछ भी स्वीकार करने की आवश्यकता नहीं है।

इस पर सूत्रकार अभाववादी के संशय का समाधान करते हुए कहते हैं कि सर्वप्रथम तो यह बात ही अनुचित है की हम अवयव और अवयवी को अलग-अलग कर दें। अवयवी तो अपने हर एक अवयव में एक साथ समान रूप से विद्यमान है। उसकी किसी एक जगह खोज करना मूर्खता है। घड़े का घड़त्व एक साथ समान रूप से उसके मुख, ग्रीवा और कपाल में विद्यमान है। साथ ही अवयव (कम्पोनेंट) और अवयवी (कम्प्लीट) एक दूसरे के आश्रित हैं।

अवयव जब संयोग विशेष अर्थात विशेष क्रम से एक दूसरे से जुड़ते जाते हैं तो संयोग-विशेष से युक्त अवयव (कम्पोनेंट) ही अवयवी (कम्प्लीट) में बदल जाते हैं।

मिट्टी तो हमेशा से जमीन में पड़ी थी, उसको तो किसी ने कभी घड़ा नहीं कहा। जब उस मिट्टी का जल, अग्नि, कुम्हार, उसकी चकरी आदि से संयोग हुआ तब ही जाकर उसे घड़ा कहा गया। कल को वह संयोग जिससे घड़े का निर्माण हुआ टूट जाय तो फिर से वह टूटते-टूटते पुनः मिट्टी बन जाएगा। अब यदि कहीं पर अलग-अलग तोड़कर मुख, ग्रीवा और कपाल रख दिया जाय तो क्या उसको कोई घड़ा कह सकता है? नहीं कह सकता। अतः अवयवी का अपने अवयवों से अलग सत्ता इसलिए है क्यूंकि वह अवयवों के विशेष क्रम में संयोग से बना है।

इसी प्रकार यह शरीर पंचभूतों से बना है। सब अपनी-अपनी स्वतंत्र सत्ता रखते हैं, पर उनमें से जिसने विशेष क्रम से संयोग किया, वह किसी न किसी कारण से हुआ। कहीं पंचभूत मिलकर कुत्ता बन जा रहे हैं, कहीं बिल्ली, कहीं चूहा तो कहीं मनुष्य। मनुष्य में भी अलग-अलग प्रकार के। जैसे घड़े में संयोग विशेष का कारण अग्नि, कुम्हार, उसकी चकरी

और जल है उसी प्रकार जीव में यह जो संयोग हो रहा है उसका कारण है कर्म का फल। अलग-अलग कर्म का अलग-अलग फल, उस अनुसार अलग-अलग योनि एवं एक ही योनि में अलग-अलग स्थिति।

अब प्रतिपक्षी कहता है, बात केवल इन्द्रियों के संवेदन क्षमता की है अर्थात अवयव (कम्पोनेंट) सूक्ष्म होता है जबकि अवयवी (कम्प्लीट) दीर्घ होता है। इसके लिए वह उदाहरण देता है कि जैसे किसी व्यक्ति ने किसी के सिर पर बाल देखा, सभी बाल एक साथ एक इकाई के रूप में काले रंग के प्रतीत हुए। पर जब उसने पास जाकर देखा तो प्रत्येक बाल अलग-अलग थे। जैसे- कोई कपड़ा है, तो वह एक सतत परिधान के तौर पर दिखता है। पर जब हम पास से ध्यानपूर्वक देखते हैं तो एक-एक धागा अलग-अलग दिखाई पड़ता है। उसी प्रकार जिसे हम अवयवी (कम्प्लीट) समझ रहें हैं, वह वास्तव में अवयव (कम्पोनेंट) का समुच्चय मात्र है, अलग से कुछ भी नहीं। जब अणु अलग-अलग होते हैं तो वह किसी भी प्रकार से दिखाई नहीं पड़ते है, जब वह इकट्ठे होते हैं तो वह दर्शनीय हो जाते हैं। वास्तव में अवयवों का समूह ही अवयवी है।

इस पर गौतम ऋषि कहते हैं कि इन्द्रियातीत (जो इन्द्रियों की ग्राह्य क्षमता से परे हैं) विषयों पर इन्द्रियों का कोई जोर नहीं, चाहे वह तेज़ हों अथवा मंद। सो अवयव (कम्पोनेंट) अकेले रहें या समूह में, इससे कोई अंतर नहीं होता। जैसे- कुछ लोगों का कान बड़ा तेज़ होता है जबकि कुछ लोग कम सुनते हैं। लेकिन किसी का कान कितना भी तेज़ क्यों न हो पर वह कानों से देखने का काम तो नहीं ही कर सकता। इसी प्रकार किसी की दृष्टि अथवा चमड़ी की संवेदनशीलता कितने भी तीव्र क्यों न हो, वह न तो एक-एक परमाणु को देख सकता है और न ही एक-एक फोटान से उत्पन्न गर्मी को अलग-अलग महसूस कर सकता है। अतः प्रथम बात तो यह कि जो विषय जिस इन्द्रिय के हैं, वहीं इन्द्रिय उसे प्राप्त कर सकती है और द्वितीय यह कि जो विषय इन्द्रियातीत हैं, जैसे परमाणु, फोटान एवं क्रोनान आदि, उन्हें इन्द्रियाँ महसूस नहीं कर सकतीं। किसी भी जगह पर केवल एक परमाणु रखा गया हो अथवा संयोग विशेष (केमिकल बांड) के बिना एक करोड़ परमाणु, वह अपनी

विरलता और इन्द्रियातीत गुण के कारण महसूस अथवा दृष्टिगत नहीं हो सकते हैं। जब उनके बीच संयोगविशेष (केमिकल बांड) हो जाएगा और वह एक रसायन के रूप में तब्दील हो जाएंगे, तो वह अवश्य ही महसूस और दृष्टिगत होने लगेंगे। इसी प्रकार कही पर बिना संयोग के घड़ों के हज़ारो मुख, ग्रीवा और कपाल रखें हों, उसमें किसी को एक भी घड़े का दर्शन नहीं हो सकता है। अतः यह कहना कि अवयवों के समूह को ही अवयवी मान लेना चाहिए, किसी भी प्रकार से उचित नहीं है। जब तक संयोग विशेष अर्थात उचित क्रम में अवयवों का जुड़ाव न हो, अवयवी की सत्ता मात्र अवयवों के समूह से नहीं हो सकती है।

अब इस पर शून्यवादी प्रतिपक्षी कहते हैं कि यदि अवयवों में अवयवी का अभाव माना जाय तो यह प्रसंग अनंत तक पहुंच जाएगा।

अर्थात मुख, ग्रीवा और कपाल में घड़ा मानना बंद कर दें तो इसी प्रकार कपाल आदि में मिट्टी, बालू, सिल्ट आदि को मानना बंद कर दें, बालू, सिल्ट आदि में उसके कणों को मानना बंद कर दें, उसके कणों में तृषाणु को मानना बंद कर दें, तृषाणु में अणु मानना बंद कर दें, अणु में परमाणु मानना बंद कर दें, परमाणु में सत (प्रोटान), रज (न्युट्रान), तम (इलेक्ट्रान) आदि मानना बंद कर दें, इन सत, रज, तम आदि में टॉर्क को मानना बंद कर दें तो अंत में ऐसा करते करते शून्य ही बचेगा। अतः यदि हम अवयवों (कम्पोनेंट) में अवयवी (कम्प्लीट) को मानना बंद कर दें तब ऐसी स्थिति आ जायेगी कि इस दृष्टिमान जगत में जो भी वस्तु, विषय अथवा घटना है वह शून्य से सीधे अवयवी के रूप में उत्पन्न हुई है। अतः इस प्रकार शून्यवाद ही इस जगत के निर्माण का वास्तविक सत्य है अर्थात इस संसार में सब कुछ शून्य से बना हुआ है।

इस पर ऋषि कहते हैं कि उपरोक्त बात परमाणु की उपस्थिति के कारण उचित नहीं है क्यूंकि परमाणु वह है जिसको और तोड़कर सूक्ष्म नहीं किया जा सकता। अविभाज्य होने से सूक्ष्मतम कण नित्य अर्थात अविनाशी भी है। घड़े का प्रसंग जैसे ही मूल कणों तक पहुंचेगा, उसको और सूक्ष्म तोड़कर शून्य तक नहीं पहुंचाया जा सकता।

(वास्तव में मूल कण जैसे इलेक्ट्रान, न्युट्रान, प्रोटान, मेसान, बोसान आदि भी टॉर्क अर्थात आघूर्ण से निर्मित होते हैं। जिस मूल कण में तीनों गुण वाले टॉर्क उपस्थित होते हैं, वह स्थिर मूल कण होता है जैसे न्युट्रान प्रोटान आदि, पर जिनमें दो गुण से युक्त टॉर्क होता हैं उनमें गुणों का संतुलन न होने से वह बनने के तुरंत बाद अग्नि अर्थात ऊर्जा के कण फोटान में परिवर्तित हो जाते हैं। पर जिनमें तीन टॉर्क होते हैं, वह इतने मज़बूती से एक दूसरे से बधे होते हैं कि यदि इन तीनों टॉर्क को अलग करने के लिए ऊर्जा लगाई जाय तो यह तीनों टॉर्क स्वयं तो अलग नहीं होते बल्कि जो ऊर्जा लगाई गयी थी उनको तोड़ने के लिए, उससे नए कण का निर्माण कर डालते हैं। अतः जब कोई मूल कण तीन टॉर्क से युक्त होता है तो उस स्थिति के बाद उसे तोड़ पाना असंभव कार्य है। अतः यह कहना कि अनंत तक हम पदार्थ को विभाजित कर के शून्य तक पहुंच जाएंगे, उचित नहीं है। जो कण अविभाज्य है, उसका कोई और कारण नहीं है, तभी तो वह अविभाज्य है। जिसका कोई कारण नहीं है अर्थात जो स्वयं में मूल है, उसका फिर भला क्षरण किसी और वस्तु में कैसे हो सकता है? अतः ये अविभाज्य कण नित्य अर्थात अविनाशी होने को बाध्य हैं।

गणितीय रूप से भी किसी तरह से शून्यवाद सिद्ध नहीं हो सकता है क्यूंकि अनंत शून्य को जोड़ने पर भी वह शून्य ही आएगा और शून्य से किसी सत्ता अर्थात अवयवी का निर्माण हो पाना भी असंभव है।)

अब शून्यवादी नया तर्क लेकर आता है और कहता है कि दो बातों में से एक ही बात सत्य हो सकती है, प्रथम तो यह कि या तो आकाश सर्वव्यापी है अथवा परमाणु अविभाज्य है।

कहने का तात्पर्य यह है कि यदि परमाणु को हम विभाजित नहीं कर सकते तो इसका अर्थ है कि वह आखिरी ठोस कण है, जब वह ठोस है तो भला उसके अंदर आकाश कैसे होगा और जब उसके अंदर आकाश अर्थात स्पेस नहीं है तो भला आकाश सर्वव्यापी कैसे हो गया?

इस पर ऋषि कहते हैं कि अंदर, बाहर, ऊपर, नीचे आदि शब्द आपेक्षिक शब्द हैं जो समूह पर लागू होते हैं अर्थात कहीं पर पचास बोरियां रखीं

हुई हैं, अब उसमें से जो बाहर होगा वह अपने अंदर वाले के परिपेक्ष्य में बाहर होगा, जो नीचे होगा वह अपने ऊपर वाले के परिपेक्ष्य में नीचे होगा। एक बोरी होने की स्थिति में आगे पीछे, ऊपर नीचे, आदि की संकल्पना नहीं की जा सकती।

आगे कहते हैं, यदि हम आकाश की बात करें तो इस समस्त जगत में कोई भी कार्यद्रव्य (मॉस/एनर्जी) ऐसा नहीं है जो आकाश के बिना हो। यदि हम किसी कठोर से कठोर धातु में भी चोट करें तो उसमें तरंग उत्पन्न होने से शब्द सुनाई देता है। इसी प्रकार कठोर से कठोर लकड़ी में हम छिद्र बना सकते हैं। जिस लकड़ी में हमें स्थान नहीं दिख रहा था उसमें वह स्थान बना तो इसका अर्थ है कि उसके अंदर पहले से आकाश रहा होगा।

आकाश के गुणों को बताते हुए ऋषि कहते हैं कि आकाश के तीन गुण हैं, प्रथम अव्यूह, द्वितीय अविष्टम्भ एवं तृतीय विभु।

अर्थात आकाश अथवा स्पेस वह सत्ता है जो किसी गतिशील वस्तु के गति में बाधा उत्पन्न न करे, जो किसी गतिशील वस्तु से टकराये नहीं और जो सर्वव्यापी हो। जब किसी धातु को टक्कर मारी जाती है तो उसमें शब्द उत्पन्न होते हैं। शब्द उत्पन्न होने के लिए तरंग उत्पन्न होना आवश्यक है। तरंग उत्पन्न होने के लिए कणों का किसी एक अक्ष के ऊपर नीचे गति करना आवश्यक है। यदि यह गति धातु के भीतर हो रही है तो इसका अर्थ यह है की धातु के भीतर भी आकाश अर्थात स्पेस है।

इसे और समझे तो यह पता चलता है कि स्पेस के विभु अर्थात सर्वव्यापी होने के कारण अंततः जो मूल अविभाज्य कण हैं वह भी वास्तव में ठोस कण की भाति नहीं है बल्कि अपने मूल रूप में तरंग की भाति अपने भीतर उपस्थित आकाश अर्थात स्पेस में किसी अक्ष के ऊपर नीचे, आगे पीछे गति कर रहे हैं। यदि ऐसा न मान कर अविभाज्य मूल कणों को ठोस रूप में मान लिया जाएगा तो आकाश का विभु होना असंभव हो जाएगा। इसी कारण मूल कणों के भीतर तरंग की प्रकृति पायी जाती है। इससे परमाणु अविभाज्य भी सिद्ध होता है और आकाश विभु भी।

अब प्रतिपक्षी अपने शून्यवाद को सिद्ध करने के लिए एक और नया तर्क लेकर आता है। वह कहता है कि जितने भी मूर्त द्रव्य हैं, वह सभी आकारवान और स्पर्शवान हैं। परमाणु भी तो स्पर्शवान है। अतः परमाणु भी इन मूर्त द्रव्यों की भाति संयोग से बना होगा। कहने का तात्पर्य यह है कि परमाणु से छोटे कण होंगे जो उनको बनाते होंगे।

इस पर ऋषि पुनः कहते हैं कि इस तरह से यह प्रसंग अनंत तक चला जाएगा और अंत में शून्य ही प्राप्त होगा। अब उन अनंत शून्य को फिर से जोड़ दिया जाय तो शून्य ही आएगा न की कोई सत्ता। दूसरी बात इन्द्रियां एक परमाणु का स्पर्श नहीं प्राप्त कर सकतीं क्यूंकि परमाणु इन्द्रियातीत हैं। वह तमाम परमाणु जब आपस में संयोग-विशेष करके कोई द्रव्य बनाते हैं, तब उनको स्पर्श किया जा सकता है।

इसी के साथ शून्यवाद की चर्चा समाप्त हो जाती है। इसके आगे से बुद्धिवाद पर चर्चा शुरू की जाती है।

बुद्धिवादी का यह मानना है कि वास्तव में जीव शरीर, इन्द्रिय, मन और बुद्धि से बना हुआ एक समुच्चय है। इसमें जो भी अवयवी अर्थात आत्मा की कल्पना की गयी है वह केवल बुद्धि से उत्पन्न एक कहानी भर है। यह एक बुद्धिजनित आभाष मात्र है। हम उस आभाष को सत्य मानकर जीवन जीते हैं। यथार्थ में अवयवी जैसे कुछ नहीं होता है। जैसे कोई कपड़ा है वह केवल धागों का समूह मात्र है, हमारी बुद्धि उसे कपड़ा समझ लेती है।

कहने का अर्थ यह है कि जैसे- कोई कम्प्यूटर है, वह केवल सीपीयू, मॉनिटर, युपीएस और माउस आदि भर है। वास्तव में कम्प्यूटर जैसा कुछ भी नहीं है। हमें जो यह कंप्यूटर दिख रहा है वह एक भ्रमजाल है। इसी प्रकार सीपीयू भी जो दिख रहा है वह भी वास्तव में मदरबोर्ड, हार्डडिस्क, बाहरी डिब्बा आदि ही है, पर वह बुद्धिजनित भ्रमजाल से सीपीयु नज़र आ रहा है।

इस पर गौतम ऋषि कहते हैं कि बुद्धि उसी वस्तु, विषय अथवा घटना का विवेचना कर सकता है जो उपस्थित होता है। जो वस्तु है ही नहीं वह

भला कैसे विवेचित हो सकती है? भाव अथवा अभाव उसी का हो सकता है जो मौजूद है। जिसकी सत्ता ही नहीं, उसका भाव और अभाव नहीं हो सकता। बुद्धि जब विवेचना करती है तो पाती है कि धागा ही वस्त्र नहीं है, धागा से वस्त्र अवश्य है। जो काम वस्त्र से हो सकता है, वह काम धागा से नहीं हो सकता। मॉनिटर ही कंप्यूटर नहीं है, मॉनिटर से कंप्यूटर अवश्य है। जो काम कंप्यूटर कर सकता है, वह मॉनिटर नहीं कर सकता।

आगे कहते हैं कि कोई भी कार्य अपने कारण पर आश्रित होता है, अतः जब हम कार्य को ग्रहण कर रहे होते हैं तो उसका कारण स्वयं ही ग्रहण हो जाता है। पर जब हम विवेचना करते हैं तो पाते हैं कि कार्य और कारण अलग-अलग हैं। दोनों का भेद स्पष्ट है। हम कपड़े को बिना धागे के ग्रहण नहीं कर सकते और बेतरतीब पड़े धागों के समूह से कपड़े का कार्य नहीं ले सकते। जो वस्तु जैसे उपलब्ध है उसकी उपलब्धि प्रमाण के माध्यम से होती है। जो वस्तुएं प्रमाणपूर्वक उपलब्ध हैं, उन्हें भी आभासी और बुद्धिजनित बताना अनुचित है।

(अब यदि बुद्धिवादी यह कहे कि इस संसार में जो भी सत्ता दिख रही है वह वास्तव में बुद्धिजनित मिथ्याभास भर है, जबकि वास्तव में सब शून्य है तो फिर अपने इस बात को बुद्धिवादी सिद्ध किस प्रकार करेगा? अर्थात जो भी प्रमाण लेकर वह आएगा वह भी अपने बुद्धि से ही तो उत्पन्न करेगा और वह खुद ही बुद्धिजनित ज्ञान को मिथ्या बता चुका है। अतः उसकी बाते अप्रमाणित हो जाने से अमान्य हैं।)

अब ऋषि के इस बात का जबाब देते हुए जगत को मिथ्या मानने वाला मिथ्यावादी एक उदाहरण रखता है। वह कहता है कि जैसे स्वप्न में हम सभी वस्तुओं को देखते हैं, छूते हैं, स्वाद लेते हैं, ऐसा महसूस होता है कि जैसे वह वास्तविक हो, उसी तरह मनुष्य की बुद्धि, कल्पना में ही यह जीवन जी लेती है और बुद्धिजनित वस्तुओं को वास्तव में उपस्थित मान लेती है। जैसे मृगतृष्णा हो, जल नहीं होता तो भी प्रत्यक्ष दिखाई देने लगता है आँखों को। इसी तरह ये सत्ताएं भी एक भ्रमजाल मात्र हैं।

इस पर ऋषि कहते हैं कि यदि स्वप्न और भ्रम के आधार पर उदाहरण देकर कोई वस्तु सिद्ध करने की कोशिश की जायेगी तो ऐसा उदाहरण ही गलत है। स्वप्न और भ्रम को हटाने के लिए प्रमाण नामक व्यवस्था पहले से ही है। कोई स्वप्न से जब जाग्रत अवस्था में आता है तो उसे पता चल जाता है कि उसने जो कुछ देखा था वह मिथ्या था, इसी प्रकार मृग तृष्णा के समय जो जल का भ्रम हुआ वह भी पास जाकर देखने से टूट गया। यदि मिथ्यावादी की यह बात भी हम मान लें कि इस संसार में सब कुछ मिथ्या ही है, तो इस हिसाब से वह स्वयं एक मिथ्या है और जो स्वयं मिथ्या है उसके बातों को भला कैसे स्वीकार किया जा सकता है??

(मिथ्यावादी जिस बात को मिथ्या बताये उल्टा उसकी सत्ता वास्तविक हो जायेगी अर्थात माइनस में माइनस का गुणा करें तो वह प्लस होता है अथवा घोषित झूठा व्यक्ति जिस बात को झूठा बताये उल्टा वह बात सत्य होती है।)

अब स्वप्न में तमाम ऐसे दृश्य दिखाई दे जाते हैं जो वास्तव में कभी घटित ही नहीं हुए अथवा उन स्थानों पर लोग विचर आते हैं जहाँ उन्होंने कभी कदम भी नहीं रक्खा। इससे यह संशय उत्पन्न होता है कि क्या वास्तव में जिसकी सत्ता नहीं होती उसका भाव अथवा अभाव नहीं हो सकता?

इसका समाधान करते हुए ऋषि कहते हैं कि स्वप्न स्मृति और संकल्प से उत्पन्न होते हैं। जिन बातों की स्मृतियाँ भूतकाल में हमारे दिमाग में अंकित है, जिन बातों का संकल्प हमने ले रखा है, अथवा जैसा हम विचार करते रहते हैं, उन्हीं विषयों का स्वप्न हमारे भीतर आता है। किसी ऐसे विषय का स्वप्न कभी नहीं आता जिसकी कल्पना हमने न की हो अथवा न सुना हो।

जैसे- किसी व्यक्ति को किसी सुन्दर स्थान के बारे में स्मृति हो तो वह स्वप्न में उस स्थान की यात्रा कर आएगा। इसी प्रकार किसी ने वैज्ञानिक बनने का संकल्प ले रखा है तो उसे ऐसा स्वप्न आएगा मानों उसने बहुत

बड़ी खोज कर दी है और उसे नोबेल पुरस्कार प्राप्त हो रहा है। किसी ने कहीं पर यह सुना हो कि मनुष्य जल्द ही मंगल ग्रह पर जाने वाला है तो वह जरूर अपने स्वप्न में मंगल ग्रह पर पहुंच सकता है और जिस तरह का मंगल ग्रह के प्रति उसने एक चित्र अपने बुद्धि में खींचा होगा वह उसे दिखाई दे जाएगा।

वास्तव में व्यक्ति जब रात्रि में थक कर सो जाता है तो उस समय शरीर को पूर्ण विश्रांति की आवश्यकता होती है। ऐसी स्थिति में शरीर, इन्द्रियाँ, मन, बुद्धि सब शांत होकर सुषुप्तावस्था में चले जाते हैं। जीवात्मा अपने आत्मस्वरुप में पूर्ण संतुष्टि और आनंद में रमा रहता है। पर जैसे ही निद्रा से मन की सारी थकावट दूर होती है, अब निद्रा का द्वितीय चरण अर्थात जिसे आरईएम् स्लीप कहते हैं, वह शुरू हो जाता है। अब इन्द्रिय और शरीर तो शांत पड़े होते हैं, सो खाली बैठा मन बुद्धि में अलग-अलग जगह भरे स्मृतियों को टटोलने लगता है। कई बार अलग-अलग पोटली क्रम से खोलता है सो ऐसा स्वप्न आता है जिसमें घटित घटनाएं वास्तविकता के करीब होती हैं। कई बार वह स्मृतियों के बजाय संकल्प अर्थात वर्तमान में जो भविष्य के लिए इच्छाएं पाली गयीं हैं, उन्हें खोल देता है सो मनुष्य भविष्य में जिन इच्छाओं के बारे में संकल्पित रहता हैं, उसे ही निद्रावस्था में पूर्ण बौद्धिक चेतना के अभाव में सत्य समझकर ग्रहण करने लगता है। कई बार दो कहानियां आपस में मिल जाती हैं, जो निद्रा में बुद्धि के अभाव से अलग-अलग न होकर एक कहानी बन जाती है। पर जैसे ही निद्रा टूटती है फिर से बुद्धि सक्रीय हो जाती है। वह सत्य और असत्य के भेद को पहचान जाती है। जो सत्य होता है, वह स्वीकार कर लिया जाता है और जो असत्य होता है, वह अस्वीकार कर दिया जाता है। अतः जाग्रत अवस्था में सत्य का भान पाया जाता है।

कई बार मानसिक रोगों से पीड़ित व्यक्ति बुद्धिहीन होने से जाग्रत अवस्था में भी स्वप्न जैसा व्यवहार करता है। वह कभी रस्सी को सांप समझकर रोने चिल्लाने लगता है, तो कई बार कुछ भी नहीं होता, तो भी वह सांप आदि की कल्पना कर रोने लगता है। ऐसे लोग स्वप्न और जाग्रत दोनों अवस्थाओं में ही मिथ्या ज्ञान ग्रहण कर रहे होते हैं जिसका

कारण मिथ्यावाद का सत्य होना नहीं, बल्कि इनका मानसिक रोगी होना है। अतः स्वप्न के द्वारा जगत को मिथ्या नहीं ठहरा सकते और साथ ही जिसकी सत्ता नहीं है, उसके भाव अभाव की भी कल्पना नहीं कर सकते।

गौतम ऋषि आगे कहते हैं कि जैसे निद्रा से जागने से स्वप्न का अहंकार नष्ट हो जाता है, ठीक उसी प्रकार तत्व ज्ञान के हो जाने से मिथ्या ज्ञान का अहंकार नष्ट हो जाता है।

किसी भी वस्तु, घटना अथवा विषय के बारे में वह बिलकुल जैसा है, वैसा ही जान लेना तत्व ज्ञान है।

किसी वस्तु, विषय अथवा घटना के बारे में जैसा वह था अथवा घटित हुआ था उससे इतर अर्थ लगा लेना मिथ्या ज्ञान है।

तत्व ज्ञान सुख में सुख और दुःख में दुःख का सही सही पता लगा लेता है जबकि मिथ्या ज्ञान सुख में दुःख और दुःख में सुख का भ्रमजाल तैयार करता है।

अब अगला प्रश्न यह उठता है कि जो मिथ्या है, क्या उसकी भी उपलब्धि हो सकती है? कहने का तात्पर्य यह है कि क्या जीवात्मा को वास्तव में मिथ्या ज्ञान हो सकता है अथवा यह सोच लेना कि जीवात्मा को मिथ्या ज्ञान होता है, यह अपने आप में मिथ्या है?

इस पर कहते हैं कि मिथ्या ज्ञान की उपलब्धि तो हमें रोज़ ही होती रहती है। कहीं दूर खेत में पक्षियों को भगाने के लिए पुतला लगाया गया, अब रात्रि में प्रकाश कम होने से किसी ने उसे पुतला मानने के बजाय मनुष्य मान लिया अथवा कहीं दूर किसी कटे हुए वृक्ष का केवल मुख्य तना खड़ा था, चलने वाले राहगीर ने दूर से उसे एक स्थिर खड़ा आदमी समझ लिया। अतः मिथ्या ज्ञान का कारण (जैसे पुतला एवं तना) तथा उपलब्धि (भ्रमयुक्त ज्ञान) जब दोनों उपस्थित है तो हमें उसकी सत्ता स्वीकार करनी पड़ेगी।

ऋषि आगे कहते हैं कि किसी भी वस्तु, विषय अथवा घटना के सम्बन्ध में दो प्रकार के ज्ञान होते हैं एक को प्रधान ज्ञान कहते हैं, जबकि दूसरे

को तत्व ज्ञान कहते हैं। प्रधान ज्ञान वह होता है जिसमें वस्तु, विषय अथवा घटना का संशय होता है जबकि तत्व ज्ञान वह होता है जो उसका वास्तविक स्वरुप होता है। मान लीजिये कि एक सुबह लोगों ने एक शव को तालाब में देखा, उनको सबसे पहले यह लगा कि अमुक व्यक्ति पानी में डूबने से मरा है जबकि कुछ लोगों ने यह शंका व्यक्त की कि शायद इसकी हत्या की गयी हो। कोई तीसरा व्यक्ति भी आया और उसने कहा कि हो सकता है इसकी मृत्यु प्राकृतिक रूप से हुई हो और जल समाधि दे दी गयी हो। कोई चौथा आया उसने संभावना व्यक्त की कि हो सकता है इसने आत्महत्या के इरादे से तालाब में कूद कर जान दे दी हो। इन ढेर सारे विकल्पों में से कोई एक विकल्प ही सही होगा जबकि बाकी विकल्प गलत होंगे। जो विकल्प सही होगा वह तत्व ज्ञान होगा जबकि उसके अतिरिक्त सारे विकल्प प्रधान ज्ञान होंगे। तत्व ज्ञानी प्रमाणों के माध्यम से परीक्षण कर के यह पता लगा सकता है कि उपरोक्त में से कौन सा विकल्प सही है और कौन सा गलत है। जिसके लिए प्रत्यक्षदर्शी के रूप में प्रत्यक्ष प्रमाण इकट्ठा किया जाएगा, उसके घर परिवार, दोस्ती दुश्मनी के आधार पर अनुमान एवं उपमान प्रमाण एकत्र किया जाएगा और फोरेंसिक एक्सपर्ट के द्वारा शब्द प्रमाण एकत्र कर के सही-सही निर्णय निकाल कर तत्व ज्ञान को बाकी सभी मिथ्या प्रधान ज्ञान से अलग कर लिया जाएगा।

उपरोक्त चर्चा तो किसी भी वस्तु, विषय अथवा घटना के सम्बन्ध में की गयी। अब इस बात की चर्चा होती है कि यह जो जीवात्मा है, वह स्वयं के वास्तविक स्वरुप अर्थात अपने बारे में तत्व ज्ञान किस प्रकार प्राप्त कर सकता है?

इस पर चर्चा करते हुए गौतम ऋषि कहते हैं कि जीवात्मा को अपने वास्तविक स्वरुप का तत्व ज्ञान समाधि के द्वारा हो सकता है।

मन बहुत ही चंचल है। वह पूर्व की स्मृतियों, भविष्य की संकल्पनाओं के साथ ही साथ वर्तमान में इन्द्रियों से प्राप्त विषय भोगों के बीच चक्कर लगाता रहता है। वह कभी स्मृतियों को संकल्पनाओं से जोड़ता

है, कभी बाह्य विषय जो इन्द्रियों से प्राप्त हो रहे हैं, उनका ज्ञान लेकर जाता रहता है, कभी पूर्व की स्मृतियों को वर्तमान के अनुभवों से जोड़ कर कुछ न कुछ कहानी बनाता रहता है। कहने का अर्थ यह है कि वह जो बाहर से ज्ञान आ चुका है, आ रहा है और आने वाला है, उसी में लगातार रमा रहता है। इस बात को ध्यान रखना आवश्यक है कि मन ही वह माध्यम है जिससे ज्ञान, बुद्धि विवेचना के लिए पहुंच पाता है। जब समाधि के अभ्यास से मनुष्य, मन को इन बाह्य विषयों से उबार लेता है, तब यह खाली मन कार्य के अभाव में अब आत्मा में लीन होकर उसका ज्ञान प्राप्त कराने लगता है। अर्थात आत्मा मन के द्वारा स्वयं के बारे में स्वयं को बताता है। इसी को हम कहते हैं कि मन ने स्वयं को आत्मा में लीन कर लिया। आत्म अवलोकन इसी के साथ शुरू होता है। आत्म अवलोकन से आत्मा के वास्तविक स्वरुप के बारे में ज्ञान मिल पाता है। यहीं ज्ञान तत्व ज्ञान है जिसमें मनुष्य सर्वप्रथम स्वयं के नित्य आनंदमय स्वरुप का दर्शन पाता है।

अब प्रतिवादी इस बात का विरोध करते हुए कहता है कि मनुष्य के शरीर को कुछ आवश्यक अर्थों की आवश्यकता होती है, जैसे- भूख-प्यास आदि, सो वह समाधि की स्थिति में नहीं जा सकता। समाधि के लिए स्थिर होना आवश्यक है। यदि मनुष्य दीर्घ काल तक स्थिर हो गया तो फिर यह आवश्यकताएं कैसे पूर्ण होंगी? मनुष्य अपने शरीर पर आश्रित है। समाधि के समय भी शरीर और उसकी आवश्यकताएं चलती रहती हैं। भूख, प्यास, नित्य कर्म, सर्दी-गर्मी आदि ऐसी आवश्यकताएं हैं जिसके लिए मनुष्य को समाधि के बजाय जाग्रत रहना आवश्यक है सो समाधि की स्थिति असंभव हैं क्यूंकि शरीर इसकी अनुमति नहीं दे सकता।

इसका समाधान करते हुए ऋषि कहते हैं कि पूर्व जन्मो के संचित कर्मफल के कारण जो वृत्तियाँ प्राप्त होती हैं उस कारण व्यक्ति के समाधि में जाने की संभावना बनती है। कहने का तात्पर्य यह है कि जिस व्यक्ति के पास जितना पुण्यात्मक कर्मफल है, वह उतनी आसानी से समाधि में जा सकता है। समाधि अभ्यास का विषय भी है। मन को नियंत्रित करना आसान नहीं है, सो यह बारम्बार अभ्यास से ही हो सकता है।

आगे ऋषि कहते हैं कि समाधि का यह जो अभ्यास है, वह समाज के भीतर बैठकर कर पाना मुश्किल है क्यूंकि मनुष्य अथवा जीव का यह जो समाज है, वह संबंधों से चलता है। सम्बन्ध, दोषों अर्थात राग-द्वेष और मोह से उत्पन्न होते हैं। इन दोषों से ही मुक्ति पाने का उपाय खोजना है। सो समाधि के लिए जीवात्मा को सर्व प्रथम ऐसे स्थान को खोजना चाहिए चाहिए जहाँ वह विषय, सम्बन्ध और दोषों से दूर हो सके, नहीं तो इन्द्रियां, विषयों की प्रबलता से बार-बार मन को कम्पित कर के उसे स्थिर होने से रोकती रहेंगी। ऐसे में एकांत स्थान जैसे नदी का किनारा, जंगल में स्थित कंदरा अथवा जंगल आदि में किसी निर्जन स्थान पर समाधि का अभ्यास करना चाहिए। ऐसे स्थानों पर ही मन आत्मा में लीन होना शुरू हो सकता है। जिससे आत्म तत्व का साक्षात्कार होता है।

अब प्रतिवादी अपवर्ग अर्थात मोक्ष की प्राप्ति पर प्रश्नचिन्ह खड़े करते हुए कहता है, यह तो मान लिया कि मन स्थिर करने से बाह्य विषय जैसे सुन्दर दृश्य, कर्ण प्रिय ध्वनि, सुगन्धित द्रव्य आदि से हम मुक्त हो सकते हैं, पर शरीर की जो अपनी आंतरिक आवश्यकताएं हैं, जैसे- भूख, प्यास, नित्य क्रिया आदि उसके लिए मन की क्या आवश्यकता? वह तो स्वयं ही स्वप्रेरणा से समय-समय पर अपना याद दिलाती रहती हैं, ऐसे में मोक्ष की प्राप्ति नहीं हो सकती।

इस पर ऋषि कहते हैं कि अपवर्ग के समय जब शरीर रहता ही नहीं है तो भला शरीर की आंतरिक अवस्थाओं से इसका क्या सम्बन्ध।

कहने का तात्पर्य यह है कि आत्मा शरीर इसलिए धारण करती है क्यूंकि उसे धर्म-अधर्म से उत्पन्न कर्मों का फल भोगना होता है। जब मनुष्य समाधिस्थ होकर स्वयं को विषय भोगों से दूर कर लेता है तो उसके बुद्धि में इच्छा-द्वेष नष्ट हो जाता है। मनुष्य इसी इच्छा-द्वेष के वशीभूत होकर किसी भी कर्म में प्रवृत्त होता है। जब इच्छा-द्वेष ही न रहा, तो प्रवृत्ति और उसके फलस्वरूप कर्म नष्ट हो गया। कर्म नष्ट होने से फल मिट गया। फल के मिट जाने से भोग कट गया। जब भोग ही कट गया तो फिर किस कारण से यह शरीर प्राप्ति हो सकता है?

अर्थात मोक्ष अथवा अपवर्ग की अवस्था में आत्मा स्वयं में विराजमान होकर स्वयं के स्वरूप का दर्शन करते हुए स्वयं में सदैव आनंदित रहती है।

अब आगे ऋषि मोक्ष के विभिन्न मार्गों के बारे में बताते हुए कहते हैं कि निरंतर योग के अभ्यास अथवा ज्ञान अर्जन के माध्यम से हम मोक्ष को प्राप्त हो सकते हैं।

प्रथम मार्ग के बारे में बताते हुए कहते हैं कि योग के द्वारा आत्मा को मोक्ष का अधिकारी बनाया जा सकता है। इसके लिए अष्टांग योग के यम, नियम, आसन, प्राणायाम, प्रत्याहार, धारणा, ध्यान और समाधि के द्वारा आत्मा को संस्कारित करना आवश्यक है। इन सबको क्रम से करते करते अंततः जीवात्मा समाधिस्थ होना सीख जाता है। वह समाधिस्थ आत्मा अंततः मोक्ष को प्राप्त होता है।

योग के अतिरिक्त ज्ञान का मार्ग भी समाधि की तरफ लेकर जाता है। इसके बारे में ऋषि कहते हैं कि ज्ञान मार्ग के लिए दो कार्य आवश्यक है प्रथम तो ज्ञान प्राप्ति का अभ्यास एवं द्वितीय ज्ञानी पुरूषों से चर्चा। कहने का तात्पर्य यह है कि जो मनुष्य योग मार्ग के बजाय ज्ञान मार्ग को चुने, उसे इस ब्रह्माण्ड में उपस्थित ज्ञान को स्वयं में अंगीकार करना होगा। इसका माध्यम है निरंतर अवलोकन, उस अवलोकन के पश्चात मनन एवं मनन के बाद चिंतन। साथ ही जिन ज्ञानी पुरूषों ने इस संसार में ज्ञान प्राप्त कर लिया है, उनसे जाकर सार्थक चर्चा करके अपने चिंतन से जो ज्ञान मिला है उसका परीक्षण।

आगे ज्ञानी जनों और उनसे चर्चा के तरीके पर अपनी बात रखते हुए ऋषि कहते हैं कि अपने से श्रेष्ठ, अनिन्दित, विशिष्ट ज्ञानी के पास जाकर हमें ज्ञान प्राप्त करना चाहिए। लेकिन जब हम ऐसे ज्ञानी के पास शरण लें तो इसकी शर्त यह है कि हम जिज्ञासा के भाव से शरणागत हों, न कि उनका प्रतिपक्षी बनकर। जिज्ञासा भाव से युक्त व्यक्ति यह संकल्प लेता है कि जो सत्य है, वह उसकी खोज करके तत्वज्ञान को प्राप्त कर लेगा जबकि प्रतिपक्ष भाव से युक्त व्यक्ति पूर्वाग्रही होने से तत्व ज्ञान की खोज करने के बजाय स्वयं के आग्रह को सत्य साबित

करने का उपाय खोजने लगता है। इस कारण उसमें किसी नए ज्ञान के प्राप्ति की संभावनाएं समाप्त हो जाती हैं। विनीत भाव, ज्ञान प्राप्ति के लिए सबसे आवश्यक शर्त है।

इस प्रकार के चर्चा में कई बार ऐसे लोग भी आ सकते हैं जो तत्व ज्ञान के नाम पर भ्रम जाल फैला रहे हों, सो ऐसे लोगों के विषय में ऋषि आगाह करते हुए कहते हैं कि जिस प्रकार कोई कृषक बड़े स्नेह से अपने खेत की जुताई, बीजारोपण, निराई, गुड़ाई आदि का कार्य करते हुए भी उसकी रक्षा के लिए अगल-बगल तीखें नुकीले बाड़ लगाता है, ठीक उसी प्रकार तत्व ज्ञान की प्राप्ति करने वाले जीवात्मा को भी ज्ञान तो विनीत भाव से ही प्राप्त करना चाहिए, लेकिन जब कोई दुराग्रही व्यक्ति भ्रम फैलाने का प्रयास करे तो ऐसे लोगों से शास्त्रार्थ और तर्क के माध्यम से प्रमाणपूर्वक निपटना चाहिए ताकि सत्य का रक्षण हो सके।

कहने का तात्पर्य यह है कि हम स्वयं कभी पूर्वाग्रही एवं दुराग्रही न बनें, परन्तु यदि कोई अपने दुराग्रह को ही सत्य स्वीकार कराने का प्रयास करे तो ऐसे लोगों से प्रमाणपूर्वक तर्क एवं शास्त्रार्थ करके अपने मत का मंडन एवं उनके मत का खंडन करना आवश्यक है।

तत्वज्ञान एवं मोक्ष की चर्चा के साथ ही यह अध्याय समाप्त होता है।

(अध्याय संख्या 06 एवं इसके आगे के अध्याय सृष्टि के रहस्यों को उद्घाटित करने के बजाय तर्कशास्त्र से अधिक जुड़े हैं। ये अध्याय आपकी विश्लेषण क्षमता को अद्भुत तौर पर बढ़ाने में सहायक हैं विशेषरूप से अध्याय 13 एवं 14। अतः सभी पाठकों से अनुरोध है कि वह इसे भी अवश्य पढ़ें, इससे आपके विश्लेषण एवं तर्क क्षमता में अद्भुत वृद्धि होगी।)

अध्याय - 6

न्याय दर्शन

ध्वन्यात्मक शब्द की विवेचना कर उसे अनित्य सिद्ध करने के बाद जो वर्णात्मक शब्द होते हैं अर्थात जो शब्द लिपि के रूप में अंकित किये जाते हैं उनकी विशेष परीक्षा अब शुरू की जाती है। सर्वप्रथम ध्वन्यात्मक शब्द की परीक्षा इसलिए भी की गयी थी कि भारत में पुरातन समय से सुनने और बोलने की विधा से ज्ञान का संरक्षण किया गया, इसी कारण मन्त्र की परंपरा भी विकसित हुई जिसमें बड़ी से बड़ी बात भी बिलकुल कम से कम शब्दों में कही जा सके जिससे उसको याद करना कठिन न हो। उन मन्त्रों में कोई बदलाव न हो जाय इसलिए विशेष रूप से वेद की अलग-अलग शाखाओं में अलग-अलग तरीके से उनको कहने के तरीके विकसित किये गए। यदि उन मन्त्रों में एक भी अक्षर इधर से उधर कर दिए जाते तो उनका पाठ ही उस विधा से हो पाना मुश्किल था।

नष् + क्-र = अक्षरः जिसका क्षय न हो वह अक्षर है।

बाद में धीरे-धीरे लिपिबद्ध करने का कार्य हुआ। भाषा को पूर्ण रूप से वैज्ञानिक बनाने के लिए उसे स्वर और व्यंजनों में बाटा गया। यह सबसे छोटी इकाई के रूप में मान्य हुए। व्यंजनों को भी कंठ, तालु, ओष्ठ आदि के संयुक्त होने के क्रम में विकसित किया गया। जितने भी प्रकार के वर्ण मुँह से निकल सकते हैं सबको वर्णमाला में स्थान दिया गया है। जो शब्द जैसे लिखा जाता है, उसे बिलकुल वैसे ही पढ़ने लायक वैज्ञानिक भाषा और लिपि का विकास हुआ। लिपियों में भी विभिन्न शब्दों को जोड़कर उन्हें बीज रूप मन्त्र बनाने के लिए संधि का विकास हुआ। अब आगे इसी (लिखित) लिपि की परीक्षा ली जायेगी।

सबसे पहले यह संशय उत्पन्न किया जाता है कि वर्णात्मक लिखित शब्दों में आदेश और विकार देखने को मिलता है, जिससे उसमें संशय उत्पन्न होता है कि क्या यह सही है अथवा गलत?

आदेश वह होता है जहाँ एक के जगह कोई दूसरा आ जाता है जबकि विकार वह प्रक्रिया है जहाँ स्वयं में बदलाव करके दूसरे का रूप ले लिया जाता है। उदाहरण के लिए, कहीं किसी कंपनी में कोई व्यक्ति प्रबंधक के पद पर था, परन्तु उस व्यक्ति को हटाकर अब किसी और को उस पद पर बैठा दिया गया तो इस प्रक्रिया को आदेश कहते हैं जबकि कंपनी में एक ऐसी स्थिति बन गयी की प्रबंधक ने ऐसी योग्यता हासिल कर ली कि अब वह मालिक बन गया तो इसे विकार कहते हैं।

आदेश में एक के स्थान पर कोई दूसरा उसी काम के लिए आ जाता है जबकि विकार में स्वयं ही किसी दूसरे रूप में चला जाता है। जैसे- दूध से दही का बन जाना विकार है, जो कि कार्य-कारण सम्बन्ध के साथ है। दही, दूध का कार्य है। दूध, दही का कारण है। परन्तु एक बार दूध से दही बन गया तो उस दही में दूध के गुण अब नहीं मिलेंगे। यह विकार है। कहीं पर गाय का दूध प्रयोग में था, परन्तु किसी कारण उसे हटाकर भैस का दूध प्रयोग में लाना शुरू किया गया, दूध तो अब भी प्रयोग किया जा रहा है, पर गाय और भैंस के दूध में कार्य-कारण सम्बन्ध नहीं है।

विकार में पुराने ने ही नया रूप ले लिया, अतः कार्य-कारण सम्बन्ध बना रह गया परन्तु गुणों में परिवर्तन आ गया। आदेश में पुराने को हटाकर नए को लाया गया, अतः कार्य-कारण सम्बन्ध तो नहीं रहा परन्तु गुण अपने स्थान पर स्थिर बने रहे।

अब संशय क्या उत्पन्न होता है, उसको समझना चाहिए।

जैसे कि दो शब्द हैं, प्रथम सुधी और द्वितीय उपास्य, अब जब इसकी संधि होती है तो नया शब्द बनता है ''सुध्युपास्य'' अर्थात 'ई' और 'उ' के मिलने पर 'यु' का निर्माण हो गया। अब प्रश्न यह है कि 'यु' में 'उ' तो जस का तस रहा पर 'ई' बदलकर 'य' हो गया।

अब प्रश्न यह उठाया गया है कि यह जो 'ई' बदलकर 'य' हुआ, यह साधारण रूप से स्थानांतरण अर्थात आदेश भर है अथवा विकार है? कहने का अर्थ यह है कि इस 'य' में 'ई' का गुण मिलेगा या नहीं? यदि मिलेगा तो आदेश है और नहीं मिलता है तो विकार है।

इस संशय का समाधान करते हुए गौतम ऋषि कहते है कि यह जो ईकार के स्थान पर यकार आया वह वास्तव में आदेश ही है क्यूंकि जब हम उस लिखे हुए शब्द को बोलते हैं तो उसके ध्वनि और अर्थ में कोई अंतर नहीं आता जैसे सुधी और उपास्य शब्द अलग-अलग लिखे हों तो भी उनका अर्थ वहीं होगा जो एक साथ लिखने पर होगा। इसी प्रकार सुधी और उपास्य दोनों शब्द एक साथ सुध्युपास के रूप में लिखा हो तो भी उच्चारण में वहीं ध्वनि सुनाई देगी जो झटके में अलग-अलग लिखे सुधी और उपास्य को बोलने में उत्पन्न होती है। अतः न गुण बदला, न कार्य, बस ई के स्थान पर य आकर बैठ गया। अतः यह विकार नहीं है, आदेश ही है।

इसी प्रकार आगे और उदाहरण देते हुए कहते हैं कि विकार में कार्य-कारण सम्बन्ध होता है। अतः कारण की मात्रा बढ़ेगी तो कार्य भी बढ़ेगा और कारण घटेगा तो कार्य भी घटेगा। एक लीटर दूध से एक लीटर दही बनेगा जबकि पांच लीटर दूध से पांच लीटर दही। जबकि इन वर्णों की संधियों में ऐसा देखने को नहीं मिलता जैसे- सुधी में दीर्घ स्वर अर्थात 'ई' था और जब वह बदला तो 'य' ही रहा और यदि हम यह कल्पना करें की दीर्घ स्वर के बजाय लघु स्वर 'इ' होता तब भी संधि के नियमों के अनुसार 'य' ही होता अर्थात ऐसा नहीं है कि दीर्घ और लघु के अनुसार यकार में कोई परिवर्तन है। वह उतना का उतना बना हुआ है। अतः इसमें कार्य-कारण सिद्धांत लागु न होने से इसे विकार नहीं कह सकते। यह केवल वर्ण का स्थानांतरण भर ही है।

इस पर प्रतिपक्षी द्वारा अगला संशय उत्पन्न किया जाता है कि यह कहना बिलकुल भी उचित नहीं होगा कि कार्य-कारण सम्बन्ध में मात्रा का आपस में कोई विशेष सम्बन्ध होता है। जैसे- ढेर सारी रुई से हम

थोड़ा सा कपड़ा बनता देखते हैं, एक छोटे से सूक्ष्म बीज से हमें पूरा वटवृक्ष बनता हुआ दिखता है। वहीँ सोने चाँदी आदि में जितना धातु होगा उतना ही भारी आभूषण होगा, उससे ज़रा भी कम ज्यादा नहीं हो सकता, इसी प्रकार जितनी मिट्टी होगी, उतना ही घड़ा बनेगा, कम मिट्टी में कम घड़ा और अधिक मिट्टी में अधिक घड़ा। अतः कार्य-कारण सम्बन्ध में मात्रा की विशिष्टता जैसी कोई बात दिखाई नहीं देती। कहीं बराबर, तो कहीं कम ज्यादा का सम्बन्ध मिलता है।

इसका समाधान करते हुए ऋषि कहते हैं कि ऊपर जिन परिवर्तनों का उदाहरण दिया गया है, वह प्रकृतिजन्य विकार है। अर्थात रुई से कपड़ा ही बनेगा स्वर्ण आभूषण नहीं, वटबीज से वटवृक्ष ही बनेगा आम नहीं, सोने से सोने का ही आभूषण बनेगा चांदी का नहीं, मिट्टी से मिट्टी का घड़ा ही बन सकता है कांसे का नहीं। अर्थात उपरोक्त सभी उदाहरणों में स्पष्ट रूप से यह बात दिखाई पड़ रही है कि उनकी जाति नहीं बदल रही है। जाति ज्यों की त्यों पूर्णतया स्थिर है। जबकि ईकार से यकार होने में जाति ही बदल जा रही है, स्वर 'ई' के जगह व्यंजन 'य' आ रहा है।

इस पर प्रतिपक्षी द्वारा फिर से संशय खड़ा करते हुए कहा जाता है कि यह बात सही है कि कारण से जब कार्य होता हैं तो वह सजातीय ही रहता है पर जब हम दूध से दही को बनते हुए देखते हैं तो ऐसा स्पष्ट प्रतीत होता है कि जाति बदल गयी क्यूंकि मीठे तरल दूध से खट्टा अर्धठोस दही बन जाता है जिसकी किसी भी प्रकार से दूध से तुलना उचित नहीं हो सकती।

इसका समाधान करते हुए गौतम ऋषि कहते हैं कि मिट्टी का विकार मिट्टी है, सोने का सोना है, वट का वट है। परमाणुओं पर संघात और आकर्षण से उसके रूप में परिवर्तन आ जाता है पर उसके मूल परमाणु अर्थात मूल द्रव्य वहीं रहते हैं अर्थात सोने से सोने का हार बन गया पर मूल द्रव्य तो सोना ही है, इसी प्रकार रुई से कपड़ा बन गया पर मूल द्रव्य तो रुई ही है। सोने से कुण्डल बना या रुई से कपड़ा, मिट्टी से घड़ा बना

अथवा वटबीज से वटवृक्ष, कहीं उसका रूप बदला, कहीं आकार-प्रकार, पर मूल द्रव्य जस का तस है। जो गुण वट के एक बीज की कोशिका में था वहीं गुण और संरचना मूलतः वट के एक-एक कोशिका में मिलेगा, चाहे वह जड़ हो या तना। जो सोने का परमाणु उसकी ईंट में था वह अब भी बिलकुल वैसा ही उससे बने आभूषण में अवस्थित है। अतः यह किसी भी प्रकार से स्थानांतरण का उदाहरण नहीं माना जा सकता। उपरोक्त सभी उदाहरण वास्तव में विकार के उदाहरण हैं, न की आदेश के। अतः इन उदाहरणों से हम 'ईकार' से 'यकार' की घटना को किसी भी प्रकार से विकार नहीं कह सकते हैं।

उससे महत्व की भी बात आगे ऋषि कहते है कि विकार में कभी पुनरावृत्ति नहीं होती है अर्थात दूध से दही बन गया तो अब फिर से दही से दूध नहीं बन सकता, भले गूढ़तम स्तर पर दोनों एक ही हों। मिट्टी से घड़ा बन गया तो जिस रंग-रूप की मिट्टी थी अब वह रंग-रूप कभी घड़े से प्राप्त नहीं होगा जबकि जब हम संधि विच्छेद करते हैं तो 'यकार' पुनः 'ईकार' में बदल जाता है।

इस पर अगला महत्वपूर्ण संशय उत्पन्न करते हुए प्रतिवादी प्रश्न करता है कि उपरोक्त उदाहरण किसी भी प्रकार से ठीक नहीं है क्यूंकि हम सोने के आभूषण को गलाकर फिर से सोने का ईंट बनते हुए देखते हैं, इसी प्रकार चांदी में भी।

इस पर गौतम ऋषि कहते हैं कि वास्तव में सोने के आभूषण और सोने की ईंट अथवा चांदी के आभूषण और चांदी की ईंट के गुणों में तो कोई परिवर्तन हुआ ही नहीं था। वह तो केवल भौतिक रूप में परिवर्तन था, तो उसको भला विकार की परिभाषा में रखा भी कैसे जा सकता है? क्यूंकि जैसी चमक, रंग, खिंचाव, क्वथनांक, गलनांक, घनत्व आदि सोने चांदी के ईंट का होगा वही आभूषण का भी होगा। इसे विकार नहीं कह सकते।

वास्तव में उपरोक्त उदाहरणों में परिवर्तन तीन प्रकार के हैं, पहला भौतिक, दूसरा रासायनिक एवं तीसरा जैविक।

भौतिक परिवर्तन वह है जिसमें केवल उसका आकर बदल रहा है पर गुण वहीं है। जैसे सोने से सोने का आभूषण अथवा मिट्टी से मिट्टी का कच्चा घड़ा बनाना अथवा रुई से कपड़ा बनाना। इन तीनों में पुनरावृत्ति स्पष्ट रूप से दिखाई पड़ती है।

दूसरा रासायनिक परिवर्तन हैं जिसमें एक बार परिवर्तन हो गया तो फिर पुनरावृत्ति असंभव है। जैसे- दूध से दही बन गया तो फिर से दही से दूध नहीं बन सकता अथवा एक बार कच्चा घड़ा आग में पका दिया गया तो फिर कच्ची मिट्टी में नहीं बदल सकता।

तीसरा परिवर्तन जैविक है जिसमें सभी प्रकार के परिवर्तन के बाद एक ऐसा रूप प्रकट होता है जो पहले कभी नहीं था अर्थात वटबीज से वटवृक्ष बन गया तो वह किसी अन्य पेड़ से मिलता-जुलता नहीं होगा पर अंत में फिर से जिस बीज से बना था वैसा बीज भी उत्पन्न कर देता है। जीवन की परिभाषा भी यही हैं कि स्वयं के जैसा अन्य पैदा करने की क्षमता।

उपरोक्त तीनों प्रकार के परिवर्तनों में स्थानान्तरण अर्थात आदेश जैसा कुछ नहीं होता। भौतिक, रासायनिक अथवा जैविक परिवर्तन में कुछ घटनाये विकार में आती हैं और कुछ नहीं भी, पर उन्हें किसी भी तरह आदेश समझ लेना उचित नहीं है।

अब 'ईकार' से 'यकार' होने को विकार के बजाय आदेश समझे जाने के लिए और उदाहरण रखते हुए गौतम ऋषि कहते हैं कि यदि वर्ण को नित्य मान लिया जाय, तो भी उसमें किसी भी प्रकार से विकार का आना असंभव है क्यूंकि जिन वस्तुओं में विकार आता जाता है, वह नाशवान होती हैं। यदि वर्ण को अनित्य अर्थात नाशवान मान लें तो फिर संधि विच्छेद करने पर पुराने वर्ण की प्राप्ति नहीं होनी चाहिए थी अर्थात किन्हीं दो शब्दों में जब संधि नहीं थी तो पहले का आखिरी वर्ण और दूसरे का पहला वर्ण अलग-अलग था, फिर जब संधि हो गयी तो उसके स्थान पर एक नया वर्ण आ गया परन्तु इस नए वर्ण को भी जब हम उस संधि के स्थान पर रुक कर बोले अथवा लिपि में अलग-अलग कर दें तो फिर से पुराने दोनों वर्ण प्रकट हो जाएंगे। अर्थात सुधी उपास्य

अलग-अलग थे तो 'ई' और 'उ' अलग-अलग थे, पर दोनों मिलकर यु में बदल गए पर यु को भी बेहद धीमे गति से बोला जाए तो स्पष्ट तौर हमें ई और उ की ही ध्वनि सुनाई देगी जबकि लिपि में भी विच्छेद होने पर 'ई' और 'उ' प्रकट हो जाएंगे। अतः यह आदेश ही है। गुण और अर्थ वही हैं, बस 'ईकार' का 'यकार' से स्थान्तरण हो गया।

गौतम ऋषि के इस सिद्धांत 'जो वस्तु नित्य है, वह अविकारी होती है' पर प्रश्न उठाया जाता है और संशय करते हुए प्रतिपक्षी कहता है कि नित्य वस्तुओं में भी भिन्न-भिन्न गुणधर्म पाए जाते हैं, जैसे कि आकाश नित्य है पर इन्द्रियों से ग्रहण नहीं किया जा सकता है जबकि जो जातियां (जैसे गाय, घड़ा, मनुष्य आदि) हैं वह भी नित्य हैं पर इन्द्रियों से प्राप्त होती हैं। अतः नित्य वस्तुओं में परस्पर विरोधी गुण पाया जाता है। (यहाँ यह ध्यान रखना आवश्यक है जातियां नित्य होती हैं, न की उस जाति का कोई एक व्यक्ति। जैसे मनुष्य हमेशा से है पर कोई एक मनुष्य हमेशा नहीं रहता, घड़ा हमेशा से है जबकि एक घड़ा हमेशा नहीं रहता, अतः इसका अर्थ इसी सम्बन्ध में लिया जाय)। इसी प्रकार कुछ नित्य वस्तुएं अविकारी तो कुछ विकारी होती हैं। तो इस संभावना से इंकार नहीं किया जा सकता है कि वर्ण नित्य होकर भी विकारयुक्त हो। साथ ही यह भी हो सकता है कि वास्तव में वहां कोई परिवर्तन है ही नहीं अर्थात हर व्यक्ति सुधी उपास्य अथवा सुध्युपास्य में से कोई एक ही शब्द को बोल रहा है लेकिन अंतर सुनने वाले के कारण उत्पन्न हो रहा हो। कोई उसी ध्वनि को सुधी उपास्य सुन रहा है जबकि कोई सुध्युपास्य जबकि वह वास्तव में एक ही कोई है।

इन दोनों संशयो का समाधान करते हुए गौतम ऋषि कहते हैं कि विकार और नित्यता दो विरोधी बाते हैं अर्थात जो वस्तुएं विकारयुक्त होती हैं, उनको नित्य कहा ही नहीं जा सकता। नित्य की परिभाषा में आने के लिए विकारमुक्त होना शर्त है। अतः इस प्रकार का संशय सिद्धान्तविरोधी है। कालांतर में जब शब्द के ध्वनि को सुना गया तब विकार आ गया इसका समाधान करते हुए कहते हैं कि अभी 'ई' बोला गया और बाद में वह 'य' हो गया, ऐसा कहना भी ठीक नहीं है क्यूंकि जब बोलने वाला 'ई' बोलता है तभी सुनने वाले को 'ई' सुनाई देता है अथवा किसी ने लिपि

में ''ई'' लिख दिया है तो उसे सभी पढ़ने वाले 'ई' ही पढ़ते हैं। उसका श्रोता अथवा पाठक पर निर्भरता नहीं है। जब संधि करके उसको 'य' कर दिया तो चाहे उसको लिखने वाला रहा हो अथवा उसको बोलने वाला, दोनों ने प्रयास करके ही उसे 'ई' से 'य' किया। अतः चाहे संधि हुई हो या संधि विच्छेद, वह प्रयासपूर्वक हुआ और जो प्रयास किया गया वही बोला, लिखा और सुना गया। यह भ्रम किसी भी प्रकार से ठीक नहीं है कि सुधी उपास्य अथवा सुध्युपास्य में से कोई एक ही शब्द वास्तविक है। यह दोनों वास्तविक हैं और दोनों लिखने अथवा बोलने वाले पर निर्भर करता है, न की पाठक अथवा सुनने वाले पर।

आगे गौतम ऋषि कहते है कि प्रकृति और उसके विकार नियमित होते हैं अर्थात कौन प्रकृति होगा और कौन विकार, इसमें कभी अंतर नहीं आ सकता अर्थात दूध से हमेशा दही का ही निर्माण होगा न कि दही से दूध का, जबकि वर्णों के संधि में ऐसा नहीं मिलता है। कभी 'अ' और 'ए' मिलकर भी स्वर 'ऐ' बनाते हैं तो कभी 'आ' और 'ऐ' मिलकर भी स्वर 'ऐ' ही बनाते हैं (मम तथा एव मिलकर ममैव, लता तथा एव मिलकर लतैव), इसी प्रकार दो स्वर उ और अ मिलकर व्यंजन व बना देते हैं और ई और उ मिलकर यु बना देते हैं। अतः वर्णों में जो संधियां की जाती हैं उसमें अनियम है। जबकि प्रकृति और विकार में स्पष्ट नियम प्रकट होता है।

विकार हमेशा एक दिशीय होता है जबकि यह संधि और संधि विच्छेद बनता बिगड़ता रहता हैं।

अब इस पर प्रतिपक्षी द्वारा शंका करते हुए कहा जाता है कि गौतम ऋषि ने जो यह कहा कि वर्ण विकारों में प्रकृति के विकार के जो नियम हैं वह दिखाई नहीं पड़ते तो इसका एक अर्थ यह भी हुआ कि वर्ण विकारों में प्रकृति विकारों के नियम लागू न होने का नियम है। यदि कोई नियम लागू नहीं होता तो इसे ही क्यों न नियम मान लिया जाय?

इस पर ऋषि कहते हैं कि नियमित होना और अनियमित होना, दोनों एक दूसरे के विरोधी हैं। अतः दोनों एक साथ किसी भी प्रकार से नहीं पाया जा सकता। यदि अनियम को नियम मान लेंगे तो फिर नियम को

क्या मानेंगे? ऐसी परिस्थिति में फिर तो नियम जैसे व्यवहार का लोप हो जाएगा क्यूंकि कोई नियम माने या ना माने सबको ही नियमित की संज्ञा दे दी जायेगी। अतः अभाव में भाव खोजना उचित नहीं है। अभाव में भाव तभी खोजा जा सकता है, जब एक वस्तु कई विकल्पों के साथ पायी जाती हो और कुछ एक लक्षणों से रहित विकल्प की मांग की जाय। अर्थात मोबाइल खरीदने गए और दो कंपनियों का नाम बताकर हमने कहा, इसके अलावा किसी अन्य कंपनी का मोबाइल चाहिए तो दुकानदार अवश्य मोबाइल दे देगा। पर ऐसी कल्पना की जाय कि मोबाइल एक ही कंपनी बनाती हो और यह कहा जाय कि उस एक कंपनी के अतिरिक्त किसी अन्य कंपनी का मोबाइल चाहिए तो मोबाइल दुकानदार नहीं दे पायेगा। नियमित होने में भी एक ही विकल्प है और वह है नियमों को मानने वाला, जो नहीं मानता वह नियम के अभाव से युक्त है, अतः उसमें नियम की प्राप्ति नहीं हो सकती है।

अब अंत में गौतम ऋषि इस विकार और आदेश पर अपना अंतिम मत प्रकट करते हैं। उसको समझने से पूर्व कुछ मूलभूत बातें जाननी आवश्यक हैं।

वर्ण दो प्रकार के हैं। प्रथम स्वर और द्वतीय व्यंजन।

वह वर्ण जिनको उच्चारित करने के लिए किसी अन्य वर्ण के सहारे की आवश्यकता नहीं पड़ती वह स्वर है। स्वर तीन प्रकार के होते हैं।

पहला एक-मात्रिक स्वर जिसे ह्रस्व स्वर कहते हैं, जैसे- अ, इ, उ, ऋ, लृ।

दूसरा प्रकार दीर्घ स्वर कहलाता है, जिसमें दो मात्रा का समय लगे जैसे- आ, ए, ऐ, ओ, औ।

और तीसरा प्लुत स्वर जिसमें तीन मात्रा का समय लगे जैसे की मुर्ग की बाग़ में कूकड़ू कूँ के आखिर में जो कूँ हैं उसमें देखने को मिलता है।

वे वर्ण जो इन स्वरों के सहारे उच्चारित किये जाते हैं उन्हें व्यंजन कहते हैं। जैसे कि क, को, ख, खो आदि जिसमें अ, ओ आदि उपलब्ध सभी स्वरों का सहारा लेकर उच्चारित किया जाता है।

इसी प्रकार इन स्वरों के उच्चारण के भी तीन भेद होते हैं, जिन्हें क्रमशः उद्दात्त, अनुद्दात्त और स्वरित कहते हैं। उदाहरण के लिए एक स्वर है 'ए' अब इसको मोटी आवाज में अर्थात गले में जहां इसका साधारण रूप से स्थान होता है, उससे ऊपरी स्थान से बोल सकते, सामान्य स्थान से बोल सकते है, और पतली आवाज में इसके वास्तविक स्थान से नीचे उतारकर भी बोल सकते हैं। जब ऊपर से बोला जाता है तो वह उद्दात्त होता है, जब सामान्य स्थान से बोलते हैं तो स्वरित और जब नीचे से बोलते हैं तो अनुद्दात्त कहते हैं। इसी प्रकार से कुछ स्वर हैं जो नाक से संयुक्त करके बोलते हैं, जिसे अनुनासिक कहते हैं। जैसे ञ, म, ङ, ण, न, अँ, इँ।

गौतम ऋषि कहते हैं कि यह बात ठीक है कि वर्णों की जब संधियाँ होती हैं तो वह प्रकृतिपरक विकार जैसे दूध से दही जैसा स्थिर परिणाम भले न देते हों परन्तु फिर भी छ प्रकार के परिवर्तन अवश्य ही देखने को मिलते हैं। जैसे कि गुणान्तर अर्थात उद्दात्त स्वर का अनुद्दात्त हो जाना, उपमर्द अर्थात कुछ वर्णों का विनाश हो जाना, ह्रास अर्थात दीर्घ का ह्रस्व हो जाना, वृद्धि अर्थात ह्रस्व का दीर्घ हो जाना, लेश अर्थात कुछ हिस्सों का कम हो जाना एवं श्लेष अर्थात कुछ हिस्सों का बढ़ जाना देखा जाता है।

यह परिवर्तन वास्तव में विकार न होकर आदेश ही होते हैं अर्थात यह स्थानांतरण भर है। शब्दों के द्वारा जो अर्थ प्रकट हो रहे होते हैं उसमें कोई परिवर्तन नहीं आता है। इस प्रकार के संधियों से अर्थ बिगड़ अथवा बदल जायेगा, ऐसा मानना उचित नहीं है। जहां पर अर्थ बिगड़ सकते हैं, वहां संधि भी वर्जित है।

अब आगे गौतम ऋषि कहते हैं कि इन संधियों से शब्द बनते हैं और शब्दों में विभक्ति लगाकर उन्हें अर्थबोधक पद में बदल लेते हैं।

मुँह से निकलने वाली सबसे छोटी ध्वनि को वर्ण कहते हैं। वर्णों की व्यवस्थित एवं वैज्ञानिक सूची को वर्णमाला कहते हैं। जब वर्ण आपस में मिलकर किसी अर्थ को बताने लगते हैं, तो उसे शब्द कहते हैं। उन शब्दों को व्याकरण के नियमों में बांधकर जब वाक्य बनाया जाता है तो

वह शब्द पद में बदल जाते हैं। पद में बदलते समय व्याकरण के नियमों के अनुसार इन शब्दों में विभक्ति लगाई जाती है। वह विभक्ति उस कर्तापद का क्रियापद से सम्बन्ध बताने लगता है। यह विभक्ति भी दो प्रकार की होती है, पहली वह जो कर्तापद के साथ लगती है और दूसरी वह जो क्रिया पद के साथ लगती है। प्रथम, द्वितीय, तृतीय यह विभक्तियाँ हैं, जो एकवचन, द्विवचन एवं बहुवचन को बतलाते हैं। जैसे रामरक्षासूत्र का यह प्रसिद्ध श्लोक सभी विभक्तियों को बतलाता है।

रामो राजमणिः सदा विजयते रामं रमेशं भजे।

रामेण अभिहता निशाचरचमू रामाय तस्मै नमः।

रामात् नास्ति परायणं परतरं रामस्य दासोस्म्यहम्।

रामे चित्तलयः सदा भवतु मे भो राम! मामुद्धर।।

यह र, आ, म तीन वर्ण हैं जो राम शब्द का निर्माण करते हैं।

राम में प्रत्यय लगाकर रामो, रामेण आदि पद का निर्माण हुआ जो क्रिया से राम के सम्बन्ध को स्पष्ट रूप से बतलाता है अर्थात विभक्ति से सजे शब्द को पद कहते हैं। यह ध्यान देना आवश्यक है कि जैसे-जैसे खड़ी बोली का विकास होता गया धीरे-धीरे विभक्ति समाप्त होता गया। शब्द ही स्वयं में पद बन गया। फिर भी सर्वनाम जैसे 'वह', 'मैं' आदि में प्रयोग जारी है अर्थात 'वह' एक शब्द है परन्तु जब वाक्य में पद के रूप में बदलता है तो उसे 'वह', 'वे', 'वे दोनों' आदि अलग-अलग पदों के माध्यम से व्यक्त करते हुए अलग-अलग अर्थ देते हैं।

अब जो यह कहा गया कि पद से अर्थ का ज्ञान होता है, इस पर चर्चा करते हुए कहा जाता है कि जैसे कहीं पर कोई शब्द लिखा अथवा बोला जाय तो उससे तीन अर्थ का भान होता है प्रथम व्यक्ति, द्वितीय आकृति और तीसरी जाति।

आकृति, व्यक्ति और जाति में भेद क्या है, यह भी जान लेना आवश्यक है।

आकृति लक्षण है, व्यक्ति उस लक्षण का धर्मी अर्थात मालिक है, समान लक्षणों के धर्मी का समूह जाति है।

अब चर्चा को आगे बढ़ाते हुए जो व्यक्तिवादी है, वह कहता हैं कि वास्तव में पद व्यक्तिबोधक ही है क्यूंकि उसका व्यवहार व्यक्ति के इकाई पर निर्भर रहता है। अतः व्यक्ति (इकाई) ही पद का अर्थ अर्थात पदार्थ है। जैसे गाय एक पद है। अब इस पद को शब्द के रूप में अलग से लिख दिया जाय तो यह गाय जाति का बोध कराता है, जो एक-एक गाय के इकट्ठा होने से बनता है। समूह के रूप में गाय का समूह बन गया। त्याग के रूप में गाय का दान हो गया। ग्रहण के रूप में गाय को ले लेना। संख्या के रूप में दस गाय अथवा 20 गाय। वृद्धि के रूप में गाय बढ़ रही है, गाय मोटी है। ह्रास के रूप में गाय पतली है। वर्ण के रूप में गाय काली है, भूरी है अथवा सफ़ेद है। समास के रूप में गाय बैठ रही है, गाय चल रही है। अनुबंधन के रूप में अर्थात गाय का मुँह, पूँछ आदि। अर्थात जो भी व्यवहार हो रहा है, वह गाय नामक प्राणी के एक इकाई को मूल मानकर हो रहा है। अतः इसे जाति अथवा आकृति मानना सशंकित करता है।

अब दूसरा कोई इस बात में शंका जताते हुए तर्क रखता है कि यदि हम एक गाय को गाय पदार्थ के रूप में ग्रहण कर लें तो अवस्था दोष आ जायेगा। अर्थात जब यह पुछा जाय कि गाय कौन है तो उत्तर मिलेगा कि जैसी एक गाय होती है। ऐसी परिभाषा किसी भी प्रकार से उचित नहीं है। अतः गाय बिना अपने विशेष आकृति और जाति के ठहर ही नहीं सकती। अर्थात जब गाय कौन है, पुछा जाय तो यह बताया जाय कि जिसमें गौपना अर्थात गाय के अमुक-अमुक लक्षण पाए जाते हों और वह अमुक-अमुक लक्षण गाय की आकृति ही होगी। अतः गाय पद का अर्थ उसकी जाति अथवा आकृति ही होनी चाहिए।

अब तीसरा व्यक्ति कहता है कि पदार्थ तो जाति के रूप में ग्रहण होता है। इसका उदाहरण देते हुए वह कहता है कि जैसे किसी सभा में सम्मानित मंच कहा जाय तो स्वयं ही मंचस्थ व्यक्ति के बारे में विचार

आ जाता है, राजा भी यम की भाति दंड विधान से युक्त होता है तो यम कहने पर राजा का विचार आ जाता है, इसी प्रकार किसी महान कुल के बारे में चर्चा करें तो स्वयं ही उस कुल के मुखिया को समझ जाते हैं। कहने का अर्थ यह है कि लक्षणों का निरूपण तो जाति के रूप में ही होता है और हम उससे व्यक्ति की प्राप्ति कर लेते हैं।

अर्थात जो-जो मंच पर बैठा था उसमें मंच पर बैठना समान लक्षण था, हमने केवल मंच शब्द को कहा, मंच शब्द 'समूह' अर्थात 'जाति' का प्रतीक था पर उससे हमें स्वयं ही व्यक्ति की भी प्राप्ति हो गयी। इसका अर्थ यह है कि लक्षण जाति का होता है, यह बात अलग है कि उससे व्यक्ति की प्राप्ति हो जाती है। अतः जब कोई गाय कहे तो हमें गाय में जो गायपना है अर्थात उसके जाति के जो-जो लक्षण हैं वहीँ ग्रहण करना चाहिए।

अब चौथा व्यक्ति कहता है कि यह बात उचित नहीं है, क्यूंकि गाय में जो गायपना है, वह तो उसकी आकृति पर निर्भर करता है। किसी भी जाति के बारे में जो ज्ञान अथवा विचार बनता है वह तो उसके आकृति के कारण ही बनता है। गाय घोड़े से अलग है, घोड़ा मनुष्य से अलग है, तो आखिर उस अलगाव का कारण उनकी आकृति ही तो है। घोडा और गधा में कुछ एक समानता है तभी तो संशय उत्पन्न होता है। आखिर घोड़े और पक्षी में संशय क्यों नहीं उत्पन्न होता है? इसी कारण गाय में जो गाय कहने पर ज्ञान हमें ग्रहण होता है, वह है गाय की आकृति।

आकृतिवादी की बात को काटते हुए उसके विरोधी कहते हैं कि यदि आकृति ही पदार्थ है, तब तो कोई मिट्टी की गाय बनाकर उसे चरा ले और दूध निकाल ले या फिर कोई लकड़ी का घोड़ा बनाकर उस पर सवारी कर ले। यह कहना किसी भी प्रकार से उचित नहीं है कि आकृति पदार्थ है। पदार्थ या तो जाति है अथवा व्यक्ति, क्यूंकि आकृति में लक्षण तो है पर उन लक्षणों के धर्मी (मालिक/ जीवात्मा) के बिना उसका व्यवहार नहीं मिल पायेगा।

अब आकृतिवादी फिर से अपना पक्ष रखते हुए कहता है कि आखिर जब हम एक गाय देखकर, बाद में अन्य उसी लक्षणों से युक्त जीव को

देखकर जान जाते हैं कि यह गाय जाति का ही जीव है, तो वह आधार कौन सा है जिसके माध्यम से यह अर्थ निकाल लेते हैं? निश्चय ही हमें गाय की आकृति पता रहती है, उस आकृति का जिस-जिस जीव में निरूपण हो गया, वह गाय हो गयी और जहाँ-जहाँ निरूपण नहीं हुआ, उसे अन्य जाति का मान लिया।

वस्तुतः इस सारी चर्चा का मूल आधार यह है कि वास्तविक सत्य क्या है? यह शरीर अथवा इस शरीर के भीतर का प्राणतत्व या फिर आत्मा? आकृतिवादी भौतिक शरीर को ही सब कुछ मानता है, व्यक्तिवादी शरीर के अंदर बसने वाले प्राणतत्व को ही सब कुछ मानता है, जबकि जातिवादी आत्मा को ही सब कुछ मानना चाहता है। भौतिक शरीर और प्राण अनित्य हैं जबकि आत्मा जाति के समान नित्य है।

इन सभी वाद-विवादों को सुनने के बाद अंत में गौतम ऋषि अपना सम्यक मत रखते हैं। वह कहते हैं कि आकृति, व्यक्ति और जाति यह तीनों ही पद के अर्थ हैं अर्थात पदार्थ हैं। अलग-अलग समय इनमें से अलग-अलग अर्थों का उभार हो जाता है।

जब कभी किसी वस्तु विशेष की चर्चा हो रही हो तो वह व्यक्ति प्रधान हो जाएगा, जब कभी विभिन्नताओं की बात हो रही हो तो आकृति प्रधान हो जाएगा, जबकि समानता की चर्चा होने पर जाति प्रधान हो जाएगा अर्थात तीनों ही सत्य हैं चाहे वह शरीर हो, प्राण हो अथवा जाति के समान नित्य तत्व आत्मा।

आगे व्यक्ति की परिभाषा देते हुए कहते हैं कि वह मूर्तिमान स्थूल द्रव्य जिसके सहारे विशिष्ट गुण पाए जाते हैं, वह व्यक्ति है अर्थात जिस प्राण के आसरे किसी के लक्षण उपस्थित रहते हैं, वह व्यक्ति है। जैसे- कोई गाय है, गाय में जो गाय का लक्षण है वह गाय के प्राणतत्व के सहारे उपस्थित है, जब तक वह प्राणतत्व होगा तब तक गाय की आकृति उसमें बनी रहेगी पर जैसे ही वह नष्ट होगा उसका लक्षण भी उससे समाप्त हो जाएगा। कुछ लक्षण जैसे गाय का रम्भाना, चारा खाना आदि तुरंत नष्ट हो जाएंगे जबकि कुछ लक्षण जैसे उसका शरीर कुछ दिवस बाद नष्ट हो जाएगा।

वैसे तो गुण आत्मा में भी पाए जाते हैं और आकाश में भी, पर उसे व्यक्ति नहीं मान सकते क्यूंकि व्यक्ति होने की दो शर्ते हैं, प्रथम तो जिसके सहारे गुण पाए जाते हों जबकि दूसरा जो मूर्तिमान स्थूल द्रव्य हो। परन्तु आकाश एवं आत्मा गुणवान तो हैं पर मूर्तिमान नहीं हैं।

अब आकृति की परिभाषा बतलाते हुए ऋषि कहते हैं कि जिससे जाति के चिन्ह प्रकट हों वह आकृति है। जैसे गाय एक जाति है, गाय में अमुक-अमुक लक्षण पाए जाते हैं, वह अमुक-अमुक लक्षण समूह आकृति है। यदि किसी में वह गाय के लक्षण अथवा चिन्ह पाए जाएंगे तो उसे गाय जाति का कहेंगे वरना उसे अन्य जाति का स्वीकार कर लेंगे।

अलग-अलग द्रव्य होते हुए भी जिनकी उत्पत्ति एक जैसे तरीके से हुई वह जाति है अर्थात वह द्रव्य समूह जिनकी उत्पति के लिए समान प्रकार के प्रयास किये जाते हों, जिससे उनमें लक्षणों की समानता पायी जाती हो, उसे जाति कहते हैं। जैसे कि गाय बनाने के लिए गाय और साँड़ का ही संयोग आवश्यक है अथवा घोड़ा बनाने के लिए घोड़ा और घोड़ी का ही संयोग आवश्यक है। लेकिन यदि संयोग अलग तरह से किया, उदाहरण के लिए संयोग घोड़े और गधी के बीच हो गया तो जो जाति पैदा होगी उसमें उत्पत्ति की भिन्नता के कारण न उसे घोड़ा कह सकते हैं और न ही गधा, वह एक अलग प्रजाति अर्थात खच्चर की श्रेणी में आएगा। जाति समानता के लिए प्रसव की समानता आवश्यक तत्व है।

भारत के अद्वैत दर्शन में परमात्मा के अतिरिक्त जहाँ सब कुछ माया और मिथ्या समझ लिया गया है वहीं न्याय दर्शन ज्यादा प्रायोगिक दर्शन बनकर उभरता है। वह आत्मा के अस्तित्व को अस्वीकार किये बिना शरीर और प्राण के महत्व को मानता है। यह चार्वाक दर्शन की भाति शरीर को ही सब कुछ नहीं मान लेता। यह बात सही है कि आत्मा से शरीर और फिर शरीर से आत्मा के रूप में पहुंचकर यात्रा को पूर्ण करना है, पर जब तक आत्मा शरीर के भीतर है तब तक शरीर आत्मा का आवास है। अतः अनित्य मानते हुए भी शरीर को स्वीकार कर उसका भी हर प्रकार से संरक्षण करना चाहिए।

अध्याय - 13

न्याय दर्शन

इस पुस्तक के शुरूआती अध्यायों में इस बात पर चर्चा हुई थी कि न्याय क्या है, उसके साधन क्या हैं, उसको पाने का तरीका क्या है, तर्क कैसे करते हैं, प्रमाण कितने प्रकार के होते हैं, आध्यात्मिक रूप से प्रमेय कितने प्रकार के होते हैं। बाद के अध्यायों में प्रमाणों के बारे में विस्तृत चर्चा की गयी। उसके बाद प्रमेयों को सिद्ध किया गया।

लेकिन जब किसी न्यायालय में किसी मध्यस्थ अथवा न्यायाधीश के समक्ष मुकदमा चल रहा होता है, तब दोनों पक्ष अपनी-अपनी बात रख रहे होते हैं। दोनों पक्ष, किसी एक ही विषय पर दो अलग-अलग राय रख रहे होते हैं तो उसमें से कोई एक ही पक्ष सत्य के साथ खड़ा होगा, जबकि दूसरा पक्ष असत्य के साथ। जो पक्ष असत्य होगा वह येन-केन-प्रकारेण स्वयं को भी छल से मंडित करना चाहेगा। इसके लिए वह गलत उदाहरण, गलत तर्क आदि प्रस्तुत कर सकता है। इस अध्याय में इन गलत हेतुओं (उदाहरणों) एवं गलत तर्कों की पहचान के बारे में ठीक प्रकार से बताया जाएगा, जिसका उदाहरण हम पूर्व के अध्यायों में प्रतिवादियों के खंडन में पहले ही पढ़ चुके हैं। यहाँ पर उनका विधिवत वर्णन एवं वर्गीकरण किया गया है।

हमने पहले ही अध्याय में पढ़ा था कि जब कोई प्रतिवादी अपने मत का मंडन करते समय गलत हेतु अथवा दुष्ट हेतु रखकर उसका समर्थन करे तो उसे विप्रतिपत्ति कहते हैं, जबकि मंडन में ऐसा हेतु कह दिया जो स्वयं ही अपने ही बात का खंडन कर दे अथवा जवाब ही न सूझे उसे अप्रतिपत्ति कहते हैं। अप्रतिपत्ति तो स्पष्ट होता है, सो उसे पकड़ना आसान होता है। जबकि विप्रतिपत्ति को पकड़ने के लिए बेहद चौकन्ना रहना जरुरी है।

कहने का तात्पर्य यह है कि जब अनुचित उदाहरण से कोई स्वयं के गलत पक्ष को सही साबित करने की कोशिश करे तो उसे विप्रतिपत्ति कहते हैं जबकि कोई गलती से ऐसा उदाहरण रख दे, जो स्वयं ही उसके गलत मत का खंडन कर दे तो उसे अप्रतिपत्ति कहते हैं। हेतु में जो जाति अथवा प्रसंग लिया गया, यदि वह प्रतिज्ञा के समान धर्म वाला है तो वह साधर्म्य हेतु है, जबकि विपरीत धर्म वाला है तो वह वैधर्म्य हेतु है। इस अध्याय में इन्हीं जातियों के बारे में विस्तार से वर्णित है। प्रतिपक्षी जब अपने असत्य अथवा गलत प्रतिज्ञा को साबित करना चाहता है अथवा आपके सही मत को खंडित करना चाहता है तो वह विभिन्न ऐसे उदाहरण अथवा हेतु रखता है जो एक बार में उसके पक्ष को साबित करते हुए दिखते तो हैं, पर वह वास्तव में छलावे से भरे होते हैं।

जाति का अर्थ होता है समान प्रसव धर्म अर्थात समान उत्पत्ति धर्म वाले। जब दो वस्तु समान ढंग से प्रकट होते हैं तो उनकी जाति एक होती है। इनमें से किसी एक के बारे में जान गए तो बाकी सबके बारे में स्वयं जान जाते हैं। पर कई बार दो वस्तुएं समान जाति की नहीं होती पर छलावे से उन्हें एक साबित करने का प्रयास किया जाता है अथवा वास्तव में दो अलग-अलग वस्तुओं में झूठी समता स्थापित करके दोनों को एक समान गुण धर्म वाला बताने का प्रयास होता है।

ये जातियां 24 प्रकार की होती हैं।

1- साधर्म्यसम 2- वैधर्म्यसम 3- उत्कर्षसम 4- अपकर्षसम

5- वर्ण्यसम 6- अवर्ण्यसम 7- विकल्पसम 8- साध्यसम

9- प्राप्तिसम 10- अप्राप्तिसम 11- प्रसंगसम 12- प्रतिदृष्टांतसम

13- अनुपत्तिसम 14- संशयसम 15- प्रकरणसम 16- हेतुसम

17- अर्थापत्तिसम 18- अविशेषसम 19- उपपत्तिसम

20- उपलब्धिसम 21- अनुपलब्धिसम 22- नित्यसम 23- अनित्यसम

24- कार्यसम

सबसे पहले साधर्म्यसम और वैधर्म्यसम को समझते हैं।

दो बिलकुल अलग-अलग वस्तुओं में कोई एक गुण के मिल जाने भर से उन दोनों को एक साबित करने का प्रयास साधर्म्यसम जाति है। जैसे- साइकिल और कार दो भिन्न वस्तुएं हैं, पर केवल पहिया और हैंडल की समानता दिखाकर दोनों को एक समान साबित कर सायकिल में भी कार जैसा इंजन होने की बात सिद्ध करने का प्रयास साधर्म्यसम दोष है। वास्तव में हैंडल और पहिया कार अथवा सायकिल दोनों का अविशिष्ट हेतु है और व्याभिचार दोष से युक्त है। ऐसे अविशिष्ट समानता को सिद्ध करके दो वस्तुओं को एक समान बता देना मिथ्या है।

जब दो, एक ही प्रकार के वस्तुओं में किसी एक गुण के न मिलने से दोनों को अलग-अलग साबित करने का प्रयास किया जाय तो उसे वैधर्म्यसम दोष कहते हैं। जैसे- कही पर लैपटॉप रखा हुआ है, किसी ने कहा की चूँकि इसमें सीपीयु दिखाई नहीं दे रहा है, अतः यह कंप्यूटर नहीं है। जबकि वास्तव में लैपटॉप भी कंप्यूटर ही है। सीपीयू का अलग से होना कंप्यूटर का विशिष्ट गुण नहीं है, बल्कि व्याभिचार से युक्त है पर फिर भी इस अविशिष्ट असमानता से लैपटॉप को कंप्यूटर से अलग साबित करने का मिथ्या प्रयास किया गया, सो यह वैधर्म्यसम दोष है।

ऋषि इसको समझाते हुए कहते हैं कि दो वस्तुओं में किसी एक गुण के उपस्थिति अथवा अनुपस्थिति से उसकी सिद्धि अथवा असिद्धि नहीं हो सकती। किसी वस्तु की सिद्धि अथवा असिद्धि के लिए जो उसका विशिष्ट गुण है अर्थात जो कहीं और न पाया जाता हो (अथवा व्याभिचार दोष से मुक्त हो), उसी की सिद्धि अथवा असिद्धि से वस्तु की सिद्धि अथवा असिद्धि हो सकती है।

गाय को सिद्ध अथवा असिद्ध करने के लिए केवल उसके कान, पूछ, सींग आदि में से किसी एक की उपस्थिति अथवा अनुपस्थिति बताना ठीक नहीं है। कान, पूंछ तो अन्य कई जीवों में भी है। सींग कम उम्र के गाय में नहीं होगा, जबकि अधिक उम्र की गाय में होगा, सो उसकी अनुपस्थिति से भी गाय असिद्ध नहीं हो सकती है। अतः गाय में जो

उसके तमाम गुणों का समुच्चय है अर्थात गायपना है, वह उसका विशिष्ट गुण है, जिसकी सिद्धि से गाय सिद्ध होगी और असिद्धि से गाय असिद्ध हो जायेगी।

इन दो दोषपूर्ण जातियों के बाद ऋषि अन्य 06 जाति दोषों उत्कर्षसम, अपकर्षसम, वर्णसम, अवर्ण्यसम, विकल्पसम और साध्यसम के बारे में बताते हैं।

सर्वप्रथम साध्यसम का उदाहरण:-

प्रतिज्ञा ली गयी कि

पर्वत (पक्ष) में आग (साध्य) है।

साध्य (आग) को साबित करने के लिए हेतु खोजा गया 'धुंआ'।

अब इसको साबित करने के लिए कहा गया क्यूंकि पर्वत में धुंआ हैं।

यह तर्क दोषपूर्ण है क्यूंकि आग में धुंआ होता है, अभी तक तो यहीं सिद्ध नहीं हुआ है। पहले किसी दृष्टांत से यह सिद्ध हो जाय कि जहाँ-जहाँ आग होता है, वहां-वहाँ धुंआ होता है। उसके बाद यदि यह कहा जाए कि पर्वत में धुंआ है, इसलिए वहां आग है, तब जाकर इसे सही माना जाएगा।

अब विकल्पसम का उदाहरण:-

प्रतिज्ञा ली गयी कि

शब्द (पक्ष) में अनित्यता (साध्य) है।

इसको सिद्ध करने के लिए हेतु लिया गया 'क्यूंकि वह उत्पत्ति धर्म वाला है'।

इस हेतु के लिए दृष्टांत दिया गया कि 'घट (घड़ा) भी उत्पत्ति धर्म वाला है और वह अनित्य है'।

अब सिद्ध कर दिया गया कि 'शब्द भी घट के समान अनित्य है'।

इतनी चर्चा तो उचित थी, पर अब प्रतिपक्षी ने और आगे बढ़ते हुए कह दिया कि जिस तरह से शब्द घट के उत्पत्तिधर्म से युक्त होने से अनित्य सिद्ध हुआ है, उसी प्रकार वह घट की ही भाति रूपवान और ठोस वस्तु है। हेतु था उत्पत्ति धर्म से युक्त होना, जिससे केवल नित्य और अनित्य होने का फैसला हो सकता है। प्रतिपक्षी ने जो अन्य विकल्प भी दृष्टांत में मौजूद था, उसे भी अपने पक्ष में डाल दिया जबकि उस विशिष्ट विकल्प का नित्यता-अनित्यता से कोई लेना-देना नहीं था। अतः ऐसे जाति दोष को विकल्पसम कहते हैं।

अब जो चर्चा घड़े पर विकल्पसम तक पहुंच गयी अर्थात

शब्द अनित्य है उत्पत्तिमान होने से, जैसे कि घड़ा अनित्य है उत्पत्तिमान होने से।

उसी प्रकार शब्द अनित्य और रूपवान भी है घड़े की भाति।

इतने पर ही दूसरे पक्ष को विकल्पसम जाति को पकड़ कर खंडन कर देना चाहिए था, पर वह उसी असत्य के आधार अपने असत्य को साबित करने लगता है एवं तर्क को और चढ़ाते (उत्कर्ष) हुए कहता है 'चूँकि यह तो प्रत्यक्ष ही है कि शब्द में रूप नहीं होता सो वह अनित्य भी नहीं होता'। इसी को उत्कर्षसम दोष कहते हैं।

अपकर्षसम दोष में इससे कुछ विशेष अलग नहीं होता। दृष्टांत में जो गुण नहीं हैं, उस गुण की अनुपस्थिति को अनायास ही अपने पक्ष में स्वीकार कर लेना या धोखे से बताना अपकर्षसम दोष है। उदाहरण के लिए

पर्वत (पक्ष) में आग (साध्य) है।

साध्य (आग) को साबित करने के लिए हेतु खोजा गया 'धुंआ'।

अब इसको साबित करने के लिए दृष्टांत दिया गया कि जब रसोई में आग होती है तभी वहां धुंआ दिखता है।

अतः जहाँ आग होगा वहीं धुँआ दिखेगा।

अब अपनी बात सिद्ध करते हुए अंत में प्रतिज्ञा की सिद्धि हुई कि अतः पर्वत में भी धुआं होने से वहाँ पर आग है।

यहां तक तो तर्क बिलकुल सही तरीके से चल रहा था। पर एक ने आगे बढ़कर दृष्टांत में जिस गुण की अनुपस्थिति थी, उसे भी पक्ष पर थोपते हुए कह दिया कि जैसे रसोई में वृक्ष नहीं होता, वैसे ही पर्वत में भी वृक्ष नहीं होता, यह दोष अपकर्षसम जाति दोष है।

वर्ण्य और अवर्ण्यसम दोष का पता बुद्धि विवेचन से किया जाता है अर्थात किस हेतु का चयन हमें करना है और किस हेतु का नहीं करना है। इसी प्रकार प्रतिपक्षी ने जिस हेतु का चयन किया, वह सही है अथवा गलत, इसका पता सहज ज्ञान अर्थात कॉमन सेन्स से करते हैं।

इन सभी जाति दोषों को निरर्थक और अस्वीकार्य क्यों माना गया है इसका वर्णन करते हुए ऋषि कहते हैं कि जहाँ कुछ साधर्म्य मिलता है, वहीं हमारे प्रतिज्ञा के साध्य (अग्नि) की सिद्धि होती है। साधर्म्य जिस दृष्टांत में मिला उसमें कई सारे गुण अलग होने से न तो प्रतिज्ञा का खंडन हो सकता है और न ही उसके सभी गुणों का अपने पक्ष पर हम आरोपण कर सकते हैं। वास्तव में किन्हीं दो वस्तुओं के सभी गुण सभी प्रकार से तभी मिल सकते हैं, जब वह दोनों एक ही हों। इस प्रकार तो हम किसी भी प्रकार से नए वस्तु के बारे में अनुमान, उपमान आदि नहीं लगा पाएंगे और सदैव अज्ञानी बने रहेंगे।

जब हमने पर्वत में आग के बारे में संशय कर के चर्चा शुरू की तो अब सारी चर्चा आग से सम्बंधित ही रहेगी। उसके साथ पानी, पेड़, झरना आदि की चर्चा नहीं की जा सकती है। उसी तरह शब्द के अनित्यता की चर्चा में जब घड़े के उत्पत्तिमान होने से अनित्यता को सिद्ध किया जा

रहा है तो अन्य विषय जैसे रूपवान होना, ठोस होना आदि की चर्चा न जोड़ी जा सकती है, न घटाई जा सकती है।

इस प्रकार 24 जाति दोषों में से 08 के बारे में चर्चा समाप्त होती है।

अब आगे जो 02 जाति दोष हैं, वह कार्य-कारण सिद्धांत की हर स्थिति में स्थिरता के कारण हैं। यह दोष क्रमशः प्राप्तिसम एवं अप्राप्तिसम हैं।

उदाहरण के लिए किसी ने निम्न पांच अवयव के रूप में अपनी बात रखकर उसकी सिद्धि की

1- प्रतिज्ञा - सुदूर पर्वत में आग है।
2- हेतु - पर्वत में धुआं दिख रहा है।
3- उदाहरण - रसोई आदि में भी धुआं दिखता है और वहां भी आग पायी जाती है।
4- उपनयन - जहाँ-जहाँ धुआँ होगा, वहां-वहां आग होगा।
5- निगमन - अतः पर्वत में भी आग है।

अब प्रतिपक्षी ने कहा कि कई बार जहां आग होता है, वहाँ धुआं की प्राप्ति नहीं होती और कई बार आग के साथ धुंआ होता भी है। प्राप्त का मतलब संयुक्त और अप्राप्त का मतलब असंयुक्त होता है। जब प्रतिपक्षी इन दोनों तरह की शंकाओं को जताये तो जब वह आग और धुआं को संयुक्त कहे तो यह प्राप्तिसम दोष है और जब वह आग को धुआं से अलग कहें तो यह अप्राप्तिसम दोष होगा। वास्तव में एक बार में प्रतिपक्षी की बात सुनने पर धुआं का जो हेतु है, वह व्याभिचार से युक्त लग रहा है। पर वास्तव में ऐसा होता नहीं है। प्रतिपक्षी का यह तर्क गलत है।

इसके बारे में बताते हुए गौतम ऋषि कहते हैं कि दोनों प्रकार की आपत्ति निरर्थक है। कार्य-कारण सिद्धांत के अनुसार कार्य हुआ है तो कारण अवश्य रहा होगा, जबकि कारण है तो यह आवश्यक नहीं की कार्य हुआ

ही हो। अतः जब हम कार्य की उपस्थिति पूर्ण रूप से साबित कर देते हैं तो अलग से कारण की उपस्थिति साबित करने की आवश्यकता नहीं होती है। जैसे- कोई नया घड़ा देखा, उसके अलग-बगल न कुम्हार दिखाई दे रहा है, न चकरी और न आग, तो इसका अर्थ यह कतई नहीं है कि वह घड़ा बिना कुम्हार, अग्नि या चकरी के बन गया होगा। घड़ा की उपस्थिति मात्र यह सिद्ध करने के लिए पर्याप्त है कि उनको बनाने में कुम्हार, अग्नि, चकरी आदि लगा ही होगा। इसी प्रकार धुआं अग्नि का कार्य है। अग्नि है तो आवश्यक नहीं की धुआं होगा ही, पर यदि धुआं है तो अलग से अग्नि की साबित करने की कोई आवश्यकता नहीं है।

कार्य हमेशा अपने कारण के साथ संयुक्त होता है, जबकि कारण कभी कार्य के साथ संयुक्त हो सकता है और कभी कार्य से मुक्त। अतः प्रतिपक्षी की बात को कार्य-कारण सिद्धांत पर तौलकर ही स्वीकार किया जाना चाहिए। वह कार्य के साक्षात उपस्थित होने पर भी कारण को अस्वीकार करे तो इस प्रकार का तर्क दोषपूर्ण है।

इसके बाद अगले 02 जाति दोषों के बारे में चर्चा शुरू होती है, जिसमें से प्रथम को प्रसंगसम और दूसरे को प्रतिदृष्टांतसम जाति दोष कहते हैं। ये दोनों दोष, हेतु को साबित करने के लिए जो दृष्टांत अथवा उदाहरण दिए जाते हैं, उसमें पाया जाता है।

इनके बारे में ऋषि कहते हैं कि जब हेतु को सिद्ध करने के लिए जो सामान्य दृष्टांत दिया गया, उसी का प्रमाण मांग लिया जाय तो ऐसी स्थिति में अनवस्था दोष उत्पन्न हो जाएगा। जैसे- किसी ने पर्वत में आग को साबित करने के लिए रसोई का उदाहरण दिया तो प्रतिपक्षी ने इसी पर सवाल उठा दिया कि क्या प्रमाण है कि रसोई में धुंआ उठने के पीछे का कारण आग ही है? अब जब उसे ले जाकर आग में से धुंआ उठता दिखा देंगे तो वह ये कह सकता है कि क्या प्रमाण है की यह धुँआ इस आग से ही निकल रही है? हो सकता है जमीन के भीतर से निकल रही हो। इस प्रकार जो दृष्टांत सामान्य से सामान्य मनुष्य को भी समझ आता है, उस पर भी प्रमाण मांग लेना प्रसंगसम दोष है।

जिस प्रकार दीपक से अन्य वस्तुओं की उपस्थिति को प्रमाणित करते हैं और उसका प्रकाश ही उसका प्रमाण है, उसी प्रकार दृष्टांत में जो प्रसंग दिया जाता है, वह स्वयं में प्रमाणित होता है। उसे अलग से प्रमाण की आवश्यकता नहीं होती है।

प्रतिदृष्टांत दोष पर कहते हैं कि किसी ने साध्य को सिद्ध करने के लिए जो उदाहरण दिया, उसको सही-गलत साबित करने के बजाय प्रतिपक्षी अपना एक अलग उदाहरण प्रस्तुत करने लगे और पहले पक्ष के उदाहरण पर चुप्पी लगा जाय तो इसे प्रतिदृष्टांत दोष कहते हैं।

इसको समझाते हुए ऋषि कहते हैं कि यदि पहले पक्ष का दृष्टांत गलत था तो उससे उसका स्वयं खंडन हो गया और उसका दृष्टांत सही था तो उसे काटने के बजाय अपना नया दृष्टांत लाने से क्या लाभ? अर्थात जब उसका दृष्टांत गलत नहीं है तो अपना नया दृष्टांत देने से किस प्रकार पहले पक्ष के दृष्टांत का खंडन हो सकता है?

जब दो अलग-अलग दृष्टांत दो अलग-अलग दिशाओं में चले जांय तो न्याय किस प्रकार होगा और दूसरे के दृष्टांत को पहले के दृष्टांत से बड़ा कैसे मान लिया जाय? अंततः इस संशय का लाभ प्रथम पक्ष को ही दिया जाएगा। इस प्रकार हेतु के लिए जो प्रसंग होता हैं, उसमें 'प्रसंगसम और प्रतिदृष्टांतसम' यह दो प्रकार के जाति दोष उत्पन्न किये जाते हैं।

अब अनुपत्तिसम दोष की चर्चा शुरू की जाती है। इस पर ऋषि कहते हैं कि कार्य की उत्पत्ति से पूर्व कारण का अभाव बताकर कार्य के उत्पत्ति का खंडन करना अनुपत्तिसम दोष है।

कहने का तात्पर्य यह है कि जैसे कोई यह कहे कि घड़ा जब उत्पन्न हुआ तो उसके उत्पन्न होने से पूर्व उसका कारण अर्थात मिट्टी विराजमान था सो घड़ा तो उत्पत्तिमान है, परन्तु शब्द का कोई कारण अथवा रूप शब्द बोलने से पूर्व विराजमान नहीं था, सो शब्द को उत्पत्तिमान नहीं मान सकते। यह अनुचित तर्क उत्पत्तिमान दोष है। वस्तुतः ब्रह्माण्ड में उत्पत्तिमान वस्तुएं कई प्रकार की हैं, कुछ द्रव्य अर्थात मास से युक्त

स्थूल वस्तुएं हैं जबकि कुछ तरंग आदि के रूप में ऊर्जा अर्थात एनर्जी से युक्त वस्तुएं हैं। ये ऊर्जायुक्त वस्तुएं अतिसूक्ष्म होती हैं, अतः यह कारण रूप में दिखाई नहीं पड़ती बल्कि यह सीधे कार्य रूप में प्रकट होती हैं। लेकिन इसका अर्थ यह नहीं है कि वह अकारण हैं। जैसे- कोई बैटरी है, उसमें पहले से चार्ज के रूप में ऊर्जा संग्रहित है, पर वह दिखाई अथवा महसूस नहीं हो रही है। जैसे ही उसको पंखे या बल्ब आदि से जोड़ा उसका चार्ज कार्यरूप में प्रकट हो गया। यह जो चलता हुआ पंखा या जलता हुआ बल्ब कार्यरूप में प्रकट हुआ, वह अकारण ही नहीं प्रकट हुआ, बल्कि चार्ज के कारण हुआ। यदि ऐसा न होता तो किसी भी बैटरी से चाहे वो चार्ज हो न हो, जोड़ने मात्र से बल्ब या पंखा चालु हो जाता। इसी तरह शब्द है, उसका कारण वायु, वायु में लैरिंक्स के द्वारा कम्पन, उस कम्पन में बुद्धि द्वारा बनाया गया क्रम है। यह सब वैसे तो बैटरी के चार्ज में कारण रूप प्रयुक्त सूक्ष्म कणों की भांति दिखाई तो नहीं दे रहे पर जब शब्द बोलने का प्रयास हुआ तो इन तीनों कारणों ने तुरंत संयोग करके शब्द की उत्पत्ति कर डाली। अतः कारणों के दृष्टिगत न होने से किसी को अकारण मानकर नित्य सिद्ध करना अनुपत्तिसम दोष है।

अब संशयसम दोष के बारे में ऋषि बताते हुए कहते हैं कि जब संशय को ही हेतु बनाकर किसी बात का खंडन-मंडन कर दिया जाय तो इस प्रकार के दोष को संशयसम दोष कहते हैं। ऋषि आगे कहते हैं कि वास्तव में किन्हीं दो वस्तुओं में संशय तभी होता है, जब उनमें ढेर सारे साधर्म्य अर्थात समान धर्म पाए जाते हों।

किसी वस्तु के बारे में संशय अथवा मिथ्या ज्ञान, इन दोनों का कारण उसका किसी और वस्तु से तमाम प्रकार की समानताओं का होना है। अब हम उन समानताओं के आधार पर ही यदि उन दो वस्तुओं के बीच अंतर करने लगेंगे तो यह अनुचित है। हर वस्तु का अपना कुछ विशिष्ट धर्म होता है जो कि बाकी से बिलकुल अलग होता है। यही विशिष्ट गुणधर्म जो उसको बाकी से अलग बनाता है, उसी को हेतु बनाकर उसको सिद्ध कर सकते हैं। अतः उस विशिष्ट धर्म के बजाय वह धर्म जो खुद संशय पैदा करने वाले हैं, उनको हेतु बनाना संशयसम दोष है। जैसे- किसी ने

रात में खेत में एक मानव जैसी आकृति को देखा। रात्रि में मानव जैसी यह आकृति पशु पक्षियों को डराने के लिए लगाया गया पुतला भी हो सकता है और वास्तव में मनुष्य भी हो सकता है। पुतले और मनुष्य में ढेर सारे साधर्म्य उसके आकृति के कारण, हवा चलने पर हिलने के कारण उत्पन्न हुआ जिससे संशय हुआ। किसी ने कहा की अँधेरे में दिखने वाली अमुक वस्तु मनुष्य है क्यूंकि उसकी आकृति मनुष्य जैसी है, तो यह तर्क संशयसम दोष से युक्त है। कहने का तात्पर्य यह है की मनुष्य की आकृति वह समान धर्म है जो कि पुतले और वास्तविक मनुष्य दोनों में समान है। उसी कारण संशय हुआ, तो भला वहीँ समाधान कैसे बनेगा? अतः सबसे पहले हमें मनुष्य अथवा पुतले में से किसी एक के विशिष्ट गुण धर्म की खोज करनी पड़ेगी, फिर उसको हेतु बनाकर ही हम सिद्ध कर सकते हैं। जैसे- किसी ने कहा कि अँधेरे में मनुष्य की आकृति दिख रही है और यह आकृति अपने स्थान से आगे पीछे गति कर रही है और फिर भी खड़ी है, न कि गिर पड़ी। अतः यह मनुष्य ही है। यह तर्क उचित होगा क्यूंकि मनुष्य जैसी आकृति होने पर दो ही संभावना थी, पहला पुतले की और दूसरा वास्तविक मनुष्य की। वास्तविक मनुष्य का पुतले से वैधर्म्य या विशिष्ट गुण यह है कि वह चल फिर सकता है और फिर भी नहीं गिरेगा जबकि पुतला सबसे पहले तो चलेगा नहीं और यदि हवा से चला भी, तो गिर जाएगा।

प्रकरणसम दोष के बारे में कहते हैं की जब किसी वस्तु अथवा घटना की साधर्म्यता दोनों पक्ष दो अलग-अलग दृष्टांत से करके उन्हें दो अलग-अलग वस्तु बताने लगें तो यह प्रकरणसम दोष है।

ऐसी स्थिति में निर्णय कैसे हो, को समझाते हुए ऋषि कहते हैं कि अब दोनों पक्ष ने अलग-अलग दृष्टांत देकर किसी वस्तु अथवा घटना को दो अलग-अलग तरीके से न्यायपूर्ण ठहराने के कोशिश की तो यह किसी भी प्रकार से मानने वाली बात नहीं होगी। ऐसी स्थिति में दोनों पक्ष को अब नया दृष्टांत देना होगा। अब फिर से दो अलग-अलग वस्तु अथवा घटना साबित हो गया तो फिर से नया दृष्टांत। ऐसा करते करते धीरे-धीरे दोनों पक्ष एक दूसरे को सत्य के पास पहुंचाने के लिए तत्पर हो जाएंगे। अंत

में एक ऐसा विशिष्ट धर्म आ ही जाएगा जो किसी एक ही पक्ष में घटित होगा और वह आखिरी विशिष्ट धर्म जिस पक्ष में घटेगा वहीं सत्य के रूप में स्वीकार किया जाएगा।

कहने का तात्पर्य यह है कि इस ब्रह्माण्ड में हर जाति भिन्न-भिन्न है, हर जाति के वस्तु भी एक दूसरे से भिन्न-भिन्न हैं। उनमें लाखों समानताओं के होने के बावजूद भी कोई न कोई ऐसी विशिष्टता होती है, जो उस विशेष वस्तु को बाकी से अलग करती है। चर्चा में एक-एक समानता को मिलाते-मिलाते हम कभी न कभी ऐसे बिंदु पर पहुंच जाएंगे जहाँ सभी प्रकार की अन्य वस्तु से उसकी समानता समाप्त हो जायेगी और केवल उसकी ऐसी विशेषता बचेगी जिससे उसका निर्धारण हो जाएगा।

प्रकरणसम दोष तभी घटित होता है जब दोनों पक्ष किसी पदार्थ में दो विरोधी गुण पर चर्चा कर रहे हों, न की अलग-अलग गुण पर। कहने का तात्पर्य यह है कि कोई कहे कि यह गाड़ी पेट्रोल से चलती है और कोई कहे कि यह गाड़ी लाल रंग की है तो यहाँ प्रकरणसम दोष घटित नहीं होगा क्यूंकि दोनों पक्ष अलग-अलग गुण पर चर्चा कर रहे हैं। अब यदि एक पक्ष यह कहे कि यह गाड़ी डीज़ल से चलती है और दूसरा कहे कि यह पेट्रोल से चलती है, तभी प्रकरणसम दोष की स्थिति बनेगी।

अब गौतम ऋषि हेतुसम जाति के बारे में बताते हुए कहते हैं कि जब प्रतिपक्षी किसी वस्तु अथवा घटना को सिद्ध करने के लिए पक्ष द्वारा जो हेतु दिया गया उसको भूत, वर्तमान और भविष्य तीनों में खारिज कर डाले और यह कहे कि हेतु से साध्य अथवा साधन की पुष्टि नहीं हो सकती तो यह हेतुसम जाति दोष है।

कहने का तात्पर्य यह है कि जब हेतु को खंडित करने के लिए प्रतिपक्षी यह कहे कि साध्य को साबित करने के लिए जो साधन अर्थात हेतु दिया गया वह तो साध्य से पहले आया था, तो भला वह साध्य को कैसे सिद्ध कर सकता है और साध्य के बाद आया तो उसका साधन किस प्रकार बन सकता है और साथ-साथ है तो भला कौन किसका साधन और कौन

किसका साध्य? जैसे-किसी ने कहा कि दूर-दूर तक ज़मीन गीला और कीचड़युक्त है, अतः यहाँ बारिश हुई होगी। इस पर प्रतिपक्षी कहे कि ज़मीन गीला अभी हुआ है और बारिश पहले हो गयी, अतः इन दोनों का आपस में कोई रिश्ता नहीं है। इसी तरह कोई कहे कि वहां धुआ उठ रहा है, अतः आग होगा। इस पर प्रतिपक्षी कहे कि धुआं और आग दो अलग-अलग वस्तु होनी चाहिए क्यूंकि दोनों जब साथ में हैं तो कौन कार्य होगा और कौन कारण?

इस पर ऋषि कहते हैं कि इस तरह से हेतु को तीनों काल में असिद्ध करना हेतुसम दोष है जो अनुचित है। अब इसके अनुचित होने का कारण बताते हुए कहते हैं कि हेतु से साध्य की सिद्धि होने से उपरोक्त तर्क ठीक नहीं है क्यूंकि ब्रह्माण्ड में कोई भी कार्य बिना कारण के और कोई भी साध्य बिना साधन के नहीं रह सकता है। अतः कार्य-कारण और साध्य-साधन के बीच जो अटूट सम्बन्ध होता है, उस कारण यदि हेतु अथवा साधन को तीनों काल में असिद्ध कर दें तो वह स्वीकार नहीं किया जा सकता।

अब एक कदम और बढ़कर कहते हैं कि यदि प्रतिपक्षी की बात को हम स्वीकार भी करना चाहें तो उसे अपने पक्ष में भी कुछ तर्क देना पड़ेगा और उसके लिए भी हेतु की आवश्यकता पड़ेगी और जब वह हेतु को मानता ही नहीं तो फिर भला वह अपने पक्ष को बिना हेतु कैसे सिद्ध कर पायेगा?

इस प्रकार 16 जातियों का वर्णन अब तक किया जा चुका है। अब शेष 08 जातियों की चर्चा की जाती है।

अर्थापत्तिसम दोष के बारे में कहते हैं कि जब अर्थापत्ति से प्रतिपक्ष अपना गलत पक्ष साबित करने लगे तो यहाँ अर्थापत्ति दोष होता है।

अर्थापत्ति का अर्थ होता है एक बात से दूसरे बात का अनुमान, जैसे-किसी ने कहा कि गोली लगी है तो बन्दूक जरूर इस्तेमाल हुआ होगा तो इससे यह अर्थापत्ति हुई कि बिना बन्दूक के गोली नहीं चल सकती। वहीं कुछ लोग यह अनुमान भी लगा सकते हैं कि बन्दूक है तो गोली जरूर

चली होगी, जो कि गलत है क्यूंकि यह कार्य-कारण सिद्धांत का विरोधी है। इस प्रकार कुछ लोग कार्य-कारण सिद्धांत से इतर और भी प्रकार से अर्थापत्तिसम दोष उत्पन्न करते हैं, जैसे- किसी ने कहा कि शब्द नश्वर और अनित्य है क्यूंकि वह घड़े की भातिं उत्पत्ति धर्म वाला है। इसके जबाब में प्रतिपक्षी ने शब्द का एक दूसरा गुण पकड़ लिया और कहने लगा कि शब्द को हम स्पर्श नहीं कर सकते जैसे कि आकाश को, अतः शब्द भी अमर और नित्य है। एक बार में देखने पर दोनों पक्ष बराबरी में सही प्रतीत हो रहे हैं पर वास्तव में ऐसा नहीं है। इसका कारण यह है कि इस ब्रह्माण्ड में ऐसा कोई पदार्थ नहीं है जिसकी उत्पत्ति होने के बावजूद नाश न हो अर्थात वह हर पदार्थ जो उत्पन्न होता है, वह नष्ट भी होता है। लेकिन प्रतिपक्षी ने जो अस्पर्शवान होने पर अमर अथवा नित्य होने का तर्क दिया वह व्याभिचार दोष से ग्रसित है क्यूंकि एक तरफ आकाश अस्पर्शवान होने पर नित्य है, वहीं दूसरी तरफ ज्ञान, कर्मफल, बुद्धि आदि अस्पर्शवान होने पर भी नाशवान हैं।

अतः अर्थापत्ति वहीं स्वीकार हो सकता है जो न तो कार्य-कारण सिद्धांत का विरोधी हो और न ही व्याभिचार दोष से युक्त हो। ऋषि कहते हैं कि अर्थापत्ति के अनुक्त और अनेकान्तिक (व्याभिचारी) होने से उसका खंडन हो जाता है।

अब अविशेषसम दोष के बारे में ऋषि कहते हैं कि साध्य को सिद्ध करने के लिए जो हेतु लिया गया, उस हेतु का दृष्टांत में मिलान करने के बाद दृष्टांत के सभी गुणों का साध्य पर आरोपण अविशेषसम जाति दोष है।

कहने का तात्पर्य यह है कि जब वादी ने कहा

"पर्वत में आग है क्यूंकि उसमें धुंआ है, रसोई की भाति"

अब इस पर प्रतिवादी कहे कि

"तब तो पर्वत में भी अनाज, बर्तन और चूल्हा आदि होगा रसोई की भाति"

तो यह अविशेषसम दोष है।

इसको दोष मानने के कारणों के बारे में ऋषि कहते हैं कि सिद्धांत और दृष्टांत दो अलग-अलग वस्तु हैं। दृष्टांत और सिद्धांत में केवल कुछ विशेष धर्मों की समानता होती है जबकि बाकी सब धर्मों में असमानता होती है। अतः दृष्टांत के बाकी धर्मों का भी सिद्धांत पर आरोपण अनुचित है। किसी वस्तु के सभी गुण तो केवल उसी वस्तु विशेष में ही मिलेंगे, बाकी किसी अन्य वस्तु में सारे के सारे गुण नहीं मिल सकते।

उपपत्तिसम दोष के बारे में ऋषि कहते हैं कि जब किसी वस्तु अथवा घटना की चर्चा में वादी के दृष्टांत से उत्पन्न मत के विरुद्ध प्रतिवादी ने कोई अन्य दृष्टांत देकर अपना विपरीत मत स्थापित करना चाहा तो यह उपपत्तिसम दोष है। जैसे- शब्द के नित्यता पर तर्क करते समय एक ऐसी स्थिति बन गयी थी की जब वादी ने कहा

"शब्द अनित्य है, घड़े की भाति, उत्पत्तिमान होने से"

और प्रतिवादी ने कहा

"घड़ा नित्य है आकाश की भाति अस्पर्शवान होने से"

अब मान लेते हैं कि उस समय वादी ने प्रतिवादी के अर्थापत्ति दोष पर ध्यान नहीं दिया कि उपरोक्त तर्क अनेकान्तिक और व्याभिचार दोष से युक्त है तो भी प्रतिवादी का मत स्थापित नहीं हो सकता है। इसका कारण यह है कि प्रतिवादी ने अपने मत का मंडन तो अवश्य किया पर वादी के मत का खंडन नहीं किया जबकि दोनों के विचार एक ही गुण के सम्बन्ध में ठीक विपरीत हैं। अतः प्रतिवादी का ही मत क्यों माना जाय और वादी का क्यों न माना जाय?

अतः वह कहते हैं कि प्रतिवादी के मत के स्वीकार्य होने से भी वादी का निषेध नहीं हो सकता। अतः ऐसे तर्क को उपपत्तिसम दोष कहते हैं।

इसके बाद उपलब्धिसम एवं अनुपलब्धिसम जाति दोषों की चर्चा की जाती है।

सबसे पहले उपलब्धिसम के बारे में ऋषि कहते हैं कि वादी ने कार्य होने के लिए जो कारण बताया, उसके अभाव में भी प्रतिवादी ने उक्त कार्य का होना सिद्ध कर दिया तो इसे उपलब्धिसम दोष कहते हैं। यह दोष क्यों है, इसके कारणों को बताते हुए कहते हैं कि एक कार्य में अनेक कारण शामिल होते हैं। अतः किसी एक कारण के अभाव में कार्य के हो जाने से वादी की बात गलत साबित नहीं हो सकती है। उदाहरण के लिए, वादी ने कहा कि उक्त सड़क दुर्घटना कार के तेज़ रफ़्तार से हुई है, इस पर प्रतिवादी कहे कि यह बात असत्य है, दुर्घटना तो कार के धीमे होने पर भी हो सकती है यदि सड़क खराब हो अथवा ड्राइवर शराब पिए हुए हो। इस तरह के तर्क से प्रतिवादी ने दुर्घटना अर्थात कार्य को वादी द्वारा बताये कारण अर्थात तेज़ रफ़्तार की अनुपस्थिति में सिद्ध कर दिया, परन्तु फिर भी इससे न्यायालय में वादी का यह पक्ष की दुर्घटना तेज़ रफ़्तार से हुई है, खंडित नहीं हो सकता।

अनुपलब्धिसम दोष के बारे में गौतम ऋषि कहते हैं कि यदि वादी किसी वस्तु अथवा व्यक्ति की किसी स्थान पर अनुपलब्धि बताकर उसका अभाव सिद्ध कर दे, लेकिन प्रतिवादी तब यह कहे कि उस वस्तु अथवा व्यक्ति के अनुपलब्धि की अनुपलब्धि भी तो नहीं है तो ऐसा बेतुका तर्क अनुपलब्धिसम दोष कहा जाता है।

इसको इस प्रकार समझें, वादी ने कहा कि जब अमुक व्यक्ति को गोली मारी गयी तब हमारे मुवक्किल के उस स्थान पर होने के कोई भी सबूत नहीं है, अतः यह साबित होता है कि हमारा मुवक्किल उक्त स्थान पर नहीं था। इस बात पर प्रतिपक्षी ने कहा कि यह बात तो सही है कि उक्त व्यक्ति के वहाँ होने का कोई सबूत नहीं है पर आपके पास इस बात का भी तो सबूत नहीं है कि वह वहां नहीं ही था, इसलिए हो सकता है कि आपका मुवक्किल घटना स्थल पर रहा ही हो।

इसके कारणों पर विचार रखते हुए ऋषि कहते हैं कि अनुपलब्धि को अनुपलम्भात्मक होने से ऐसा बेतुका तर्क स्वीकार नहीं कर सकते हैं अर्थात जो वस्तु जहाँ होती है वहां उसकी उपलब्धि होती है और जो जहाँ

नहीं होती वहां उसकी उपलब्धि नहीं होती है। अतः अभाव के भाव को सिद्ध करने की मांग करना मूर्खतापूर्ण है। भाव की उपलब्धि होती है, अभाव की नहीं, अतः सबूत भाव का माँगा जा सकता है अभाव का नहीं।

वह कहते हैं कि आत्मा हमेशा उसका विचार करता है, जो होता है। जो होता है, उसी कार्य और कारण को स्वीकार करता है। अर्थात प्रमाण जितने भी प्रकार के होते हैं वह किसी न किसी प्रकार से प्रत्यक्ष पर आधारित होते है अर्थात प्रत्यक्ष प्रमाण स्वयं प्रत्यक्ष निर्विकल्पक अनुभव पर आधारित है, अनुमान में जितना भाग दिखाई देता है उसी के अनुसार बाकी का पता करते हैं, उपमान में जितना दिखाई पड़ता है उसी को पूर्व के ज्ञान से तुलना कर के पता करते हैं। जब कोई वस्तु है ही नहीं तो भला उस अभाव के भाव के प्रमाण की क्या आवश्यकता और जब उसका अभाव ही है तो भला प्रमाण कहाँ से इकट्ठा होंगे और उससे भी बढ़कर उसका भाव ही कैसे उत्पन्न हो सकता है।

अदर्शनीय अदर्शनीय है और दर्शनीय दर्शनीय, अदर्शनीय का दर्शन नहीं हो सकता।

इसके उपरान्त अनित्यसम और नित्यसम जाति दोष की चर्चा की जाती है।

अनित्यसम दोष के बारे में ऋषि कहते हैं, अपवाद को नियम बनाकर चर्चा करना अनित्यसम दोष है अथवा थोड़ा सा साधर्म्य देख सबको अनित्य बतला देना अनित्यसम दोष है।

चर्चा में कहा गया

"शब्द अनित्य अर्थात नाशवान है घड़े की भाति उत्पत्तिधर्म वाला होने से"

प्रतिवादी ने केवल अब घड़ा शब्द पकड़ लिया और कहने लगा

"घड़ा तो पदार्थवान है, अतः जितने भी पदार्थ हैं सब नाशवान अर्थात अनित्य हैं"

इस तरह की चर्चा तर्क के बजाय स्वरुप से होती है। घड़े के स्वरुप को पकड़ लिया गया है और बिना तर्क के सब पर उसका निरूपण कर दिया गया।

यह अनित्यसम जाति दोष क्यों है?

जब प्रतिवादी चर्चा में तर्क को भूलकर घड़े के स्वरुप पर चर्चा करने लगा और उसका अन्य पर निरूपण करने लगा और सबको अनित्य बताया तो शब्द भी स्वयं अनित्य हो गया और वादी का तर्क सही साबित होने से प्रतिवादी की हार हो गयी।

अब यदि इस बात पर प्रतिवादी मुकर जाय और कहे कि शब्द अनित्य नहीं बल्कि नित्य है तो वह बाकी सब पदार्थों को घड़े से समानधर्मिता दिखाकर कैसे अनित्य घोषित कर रहा था? अब यदि उसके बात को न भी काटा जाय तो भी हम जानते हैं की आत्मा, आकाश, परमाणु आदि सत्ताएं नित्य हैं।

इसी पर ऋषि कहते हैं कि दृष्टांत में उसी गुणधर्म और लक्षणों को स्वीकार किया जाता है जो कार्य-कारण और साधन-साध्य भाव से एक दूसरे से जुड़े होते हैं। बाकी गुण धर्मों से दृष्टांत और सिद्धांत का कोई लेना देना नहीं होता है। अर्थात आग और धुआं, कार्य-कारण की तरह एक दूसरे से जुड़े हुए हैं। जब हम रसोई के दृष्टान्त को पर्वत के सिद्धांत से जोड़ते हैं तो उस समय हम केवल आग नामक गुणधर्म पर ही चर्चा कर रहे होते हैं सो उसी से साधर्म्य और वैधर्म्य खोजा जाता है, न की रसोई और पर्वत दोनों को एक कर दिया जाएगा।

उसी प्रकार जब शब्द के अनित्यत्व की चर्चा में शब्द और घड़े दोनों के उत्पत्तिमान होने का जिक्र किया जाता है तब केवल उत्पत्तिमान धर्म से साधर्म्य और वैधर्म्य खोजा जाता है, न कि दोनों को एक बता दिया जाएगा। जो प्रतिवादी दोनों को एक समझकर सबको नाशवान सिद्ध करना चाहता है, वह अनित्यसम दोष से ग्रसित हो जाता है।

अनित्यसम दोष में इस प्रकार दो तरह के दोष आते हैं पहला यह कि अपवाद को नियम समझकर चर्चा करना एवं दूसरा उत्पत्तिमान पदार्थों से थोड़ी समता होने पर नित्य पदार्थों को भी अनित्य कह देना।

अब नित्यसम दोष की चर्चा करते हुए ऋषि कहते हैं कि नित्य में अनित्य और अनित्य में नित्य को दर्शाना नित्यसम दोष है। इसका

कारण बताते हुए कहते हैं कि किसी विषय की नित्यता में अनित्यता और अनित्यता में नित्यता स्वीकार करते समय ही प्रतिपक्षी ने वादी का मत स्वीकार कर लिया, न की खंडित किया।

कहने का तात्पर्य यह है कि किसी व्यक्ति ने कहा

"यह संसार अनिश्चितताओं से भरा हुआ है क्यूंकि इसमें लगातार परिवर्तन हो रहे हैं"

इस पर प्रतिपक्षी ने कहा

"नहीं ऐसी बात नहीं है, यह संसार निश्चित है क्यूंकि लगातार परिवर्तन के कारण अनिश्चितता की निश्चितता बनी हुई है"

अब जब प्रतिपक्षी ने अनिश्चितता को मान ही लिया तो भला वादी का तर्क खंडित कैसे हुआ और दूसरी बात अभाव में भाव की कल्पना, परिवर्तन में निश्चितता की कल्पना करना, अनित्यता के नित्यता की कल्पना करना मूर्खतापूर्ण है क्यूंकि भाव-अभाव, परिवर्तन-निश्चितता, अनित्यता-नित्यता आदि विरोधी गुण हैं, न की अलग-अलग गुण।

आगे कार्यसम दोष के विषय में चर्चा करते हुए ऋषि कहते हैं कि किसी प्रयत्न से दृष्टिगत कार्य में भिन्न-भिन्न परिणाम की संभावना जताकर वादी का खंडन करना कार्यसम दोष है। अब इसका उदाहरण देते हुए ऋषि कहते हैं कि जैसे शब्द को वादी ने प्रयत्नपूर्वक होने से उत्पत्तिवान और उस कारण अनित्य कहा, पर इस पर प्रतिवादी यह कहे कि शब्द रूपी कार्य जो हमें प्रयत्नपूर्वक दिख रहा है, वह उत्पत्ति के अलावा अभिव्यक्ति भी हो सकता है। अभिव्यक्ति भर हुआ तो शब्द नित्य भी हो सकता है। लेकिन प्रतिवादी यदि शब्द को अभिव्यक्ति सिद्ध करना चाहता है तो इस स्थिति में उसे यह बताना होगा की आखिरकार जब शब्द नित्य था तो वह किस आवरण अथवा खोल में छिपा था? और वह खोल अथवा आवरण नहीं मिल रहा है तो उसकी बात क्यों मान ली जाय और वादी की ही बात क्यों न मान ली जाय?

अर्थात एक जगह पर एक दिन हमें एक कार दिखाई दी। अब यह भी हो सकता है कि किसी ने असेम्बल कर के वह कार उत्पन्न किया हो और यह भी संभावना है कि कार पहले से ही थी और वह ढकी हुई थी, अब किसी ने उसके ऊपर का कवर हटा दिया सो वह दिखने लगी। एक व्यक्ति ने कहा कि यहाँ पर जो कार अचानक दिख रही है यह असेम्बल करके उत्पन्न की गयी है, उसकी बात काटते हुए विपक्षी कहने लगा कि यह तो पहले से ही थी, बस कवर हटा देने से अभिव्यक्त भर हो गयी अथवा किसी अन्य जगह से लाकर यहाँ पार्क कर दी गयी। विपक्षी के इस तर्क को तभी माना जा सकता है जब विपक्षी यह सिद्ध कर दे कि अमुक स्थान पर अथवा किसी अन्य स्थान पर हूबहू ऐसी ही कार पहले से थी। कहने का तात्पर्य यह है कि प्रतिवादी का खंडन भर कर देने से किसी की बात सही सिद्ध नहीं हो जाती बल्कि अपने पक्ष में भी तर्क और प्रमाण देने होंगे।

कार्यसम जाति के समीक्षा के माध्यम से आलोचक अब यह चर्चा करते हैं कि कोई भी परिचर्चा अथवा शास्त्रार्थ कैसी कराई जानी चाहिए?

एक आलोचक कहता है कि यदि वादी अपने विरोध में प्रतिवादी द्वारा उठायी भिन्न संभावना का खंडन करने के बजाय खुद प्रतिवादी को दोषपूर्ण बताकर खंडित कर दे तो क्या यह भी उचित है?

अर्थात कहा गया की शब्द अनित्य है कार्य होने से। दूसरे पक्ष ने कहा कि कार्य अनेक प्रकार के होते हैं सो शब्द उत्पन्न होने से अनित्य भी हो सकता है और अभिव्यक्त होने से नित्य भी। इस पर पहले ने कहा कि हमारा तर्क गलत हो सकता है तो तुम्हारा भी तो पक्ष गलत हो सकता है। अब इस स्थान को कार्यसम दोष मानकर यदि वादी को सही मान लें तो यह उचित नहीं है।

यह तो ऐसा हुआ, किसी ने कहा कि मेरे पास बहुत पैसा है और इतना पैसा मेहनत से ही कमाया जा सकता है। इस पर विरोधी ने कहा कि हो सकता है कि तुम चोर हो, इसलिए इतना पैसा बनाया। इस बात पर

अब पहले व्यक्ति ने यह कहा कि हो सकता है की तुम झूठे हो इसलिए ऐसा कह रहे हो। अब इसी स्थान पर कार्यसम दोष निकालकर पहले पक्ष को मेहनती मानकर चर्चा बंद कर दी जाय तो बड़ा अन्याय होगा क्यूंकि यदि वादी के बात के सही होने की संभावना है तो विपक्षी ने जो संशय दिया है, वह भी तो सही हो सकता है।

अब दूसरा आलोचक कहता है की वास्तव में इस तरह से दूसरे के पक्ष में संशय भर निकाल देने से अपने पक्ष को जीता हुआ बताना सभी 24 जाति भेदों में पाया जाता है।

अब आलोचक कहता है कि प्रतिवादी और वादी दोनों के पक्ष का खंडन करने वाला कोई तीसरा पक्ष उपस्थित हो और कहे कि दोनों पक्ष में व्यभिचार भाव प्रकट हो रहा है अतः दोनों पक्ष गलत हैं तो यह तीसरा पक्ष भी असत्य हैं क्यूंकि दोनों में से कोई एक पक्ष तो सही ही होगा।

ऐसी स्थिति में चर्चा मतानुज्ञा नामक निग्रह स्थान पर पहुंच जायेगी जहाँ पर अपने-अपने मतों का मंडन करने के बजाय हर पक्ष केवल दूसरे का खंडन करने में व्यस्त हो जाएगा। ऐसी स्थिति में तो चर्चा ही बंद हो जायेगी।

अब इन सभी आलोचकों को बताते हुए गौतम ऋषि कहते हैं कि चर्चा के दौरान हम अपने-अपने पक्ष को सिद्ध करें अर्थात प्रतिपक्षी ने यदि हमसे किसी भिन्न संभावना के बारे में उचित संशय किया है और उसके और हमारे दोनों पक्ष में तराजू का कांटा बराबरी पर अटक गया है तो यह कहने के बजाय कि हमारा ही पक्ष सही क्यों न मान लिया जाय, दोनों पक्षों को पुनः अपने अपने पक्ष में और तर्क रखना चाहिए। चर्चा का लक्ष्य सत्य का अचूक निर्धारण है। उसके लिए दोनों पक्ष एक दूसरे में कमी निकालने के बजाय अपने अपने पक्ष का मंडन करें।

आगे कहते हैं कि दूसरे पर दोषारोपण से अपना दोष कम नहीं हो जाता है।

दूसरे पक्ष को खंडित करके हम अपने आपको न्यायालय से प्रमाणों के अभाव में तो मुक्त करा सकते हैं पर निर्दोष साबित नहीं हो सकते। निर्दोष मुक्त होने के लिए तो स्वयं के पक्ष में प्रमाण देना होगा।

इस प्रकार सभी 24 प्रकार के जातियों, उनकी आलोचना एवं समीक्षा के साथ यह अध्याय समाप्त होता है।

अध्याय - 14

न्याय दर्शन

पिछले अध्याय में हमने विभिन्न प्रकार के जाति दोषों के बारे में पढ़ा और यह समझा कि खंडन करते समय प्रतिपक्षी केवल समानता अथवा विशेषता दिखलाकर किस प्रकार से एक भ्रमजाल तैयार करके स्वयं के पक्ष में ऐसा तर्क जुटा सकता है जो वास्तव में तर्क है ही नहीं।

चर्चा करते समय प्रतिपक्षी एक समय ऐसी स्थिति में पहुंच जाता है जब वह या तो अपने ही पक्ष का खंडन कर देता है, या फिर दूसरे के पक्ष का खंडन करने में असमर्थ हो जाता है अथवा उसे समझ में ही नहीं आता कि वह क्या कर और कह रहा है। ऐसी स्थिति में जय-पराजय का निर्णय हो जाता है। चर्चा का वह बिन्दु जहाँ पर उपरोक्त स्थिति बन जाती है उसे निग्रह स्थान कहते हैं अर्थात चर्चा को उस स्थिति में मध्यस्थ अथवा न्यायाधीश बंद करके निर्णय सुना देता है।

अपने ही पक्ष का खंडन कर देना अर्थात स्वयं के पक्ष के विपरीत चले जाना विप्रतिपत्ति है, जबकि दूसरे के पक्ष का खंडन न कर पाना अथवा दूसरे के पक्ष को समझने में अक्षम हो जाना अप्रतिपत्ति है। चर्चा के दौरान जब ऐसी स्थिति बने तो निग्रह स्थान आ जाता है, जिसके बाद चर्चा का कोई औचित्य नहीं बचता।

यह निग्रह स्थान कुल 22 प्रकार के होते हैं।

सर्वप्रथम गौतम ऋषि इसका विभाजन बताते हैं।

1- प्रतिज्ञाहानि, 2- प्रतिज्ञान्तर, 3- प्रतिज्ञाविरोध, 4- प्रतिज्ञा संन्यास

5- हेत्वांतर, 6- अर्थान्तर

7- निरर्थक, 8- अविज्ञातार्थ, 9- अपार्थक

10- अप्राप्तकाल, 11- न्यून

12- अधिक, 13- पुनरोक्त

14- अननुभाषण, 15- अज्ञान, 16- अप्रतिभा, 17- विक्षेप

18- मतानुज्ञा, 19- पर्यनुयोज्योपेक्षण, 20- निरनुयोज्यानुयोग, 21- अपसिद्धान्त

22- हेत्वाभास

अब हम इन सबके बारे में एक-एक कर समझेंगे।

सर्वप्रथम गौतम ऋषि प्रतिज्ञाहानि के बारे में बताते हुए कहते हैं कि अपने पक्ष में, दूसरे पक्ष द्वारा बताये धर्म को स्वीकार करना प्रतिज्ञाहानि है। कहने का तात्पर्य यह है कि तमाम चर्चाओं के बाद अंत में यह स्वीकार कर लेना कि दूसरा पक्ष जो कह रहा था, वहीँ सही है और मेरा पक्ष गलत, यह प्रतिज्ञा हानि है।

दो वकीलों के बीच किसी व्यक्ति के मृत्यु के बाद मुकदमे की चर्चा शुरू हुई। एक पक्ष ने कहा कि अमुक व्यक्ति ने इस व्यक्ति की हत्या की है। अब आरोपी पक्ष का वकील तमाम दलील रखता रहा और यह साबित करने का प्रयास करता रहा कि मेरे मुवक्किल ने हत्या नहीं की है। लेकिन पीड़ित पक्ष के वकील में इतने सबूत दिखा दिए कि अंत में अपराधी पक्ष का वकील यह मान लिया की हाँ, मेरे मुवक्किल ने ही हत्या की है, यह स्थिति प्रतिज्ञाहानि की होती है।

अपने प्रतिज्ञा का खंडन होने पर नयी प्रतिज्ञा लेकर उसका मंडन करने लग जाना प्रतिज्ञान्तर है।

बलात्कार के मामले में दो वकीलों ने चर्चा शुरू की। पीड़ित पक्ष ने कहा कि अमुक व्यक्ति ने बलात्कार किया है, जबकि आरोपी के पक्ष ने कहा कि आरोपी निर्दोष है। पीड़ित पक्ष के वकील ने ढेर सारे सबूत दे दिए

और आरोपी का पक्ष गलत साबित कर दिया। जबाब में आरोपी के वकील ने इस बात पर कोई टिप्पणी नहीं की कि उसका मुवक्किल बलात्कार में शामिल था अथवा नहीं। अब उसने बात ही बदल दी और कहना शुरू कर दिया कि जिस महिला का बलात्कार हुआ है उसके कई पुरुषमित्र हैं, उसका व्यवहार ही ठीक नहीं है। उपरोक्त तर्क का बलात्कार की घटना से कोई विशेष लेना-देना नहीं है, फिर भी वह अपने मूल विषय को छोड़कर इधर-उधर की बातों पर तर्क रख रहा है। असली प्रतिज्ञा थी कि आरोपी ने बलात्कार नहीं किया, पर अब प्रतिज्ञा बदल कर पीड़िता को चरित्रहीन दिखाना कर दिया गया। यह प्रतिज्ञान्तर है।

अपने प्रतिज्ञा के विरोध में हेतु देना प्रतिज्ञा विरोध है।

किसी चोरी के मामले में दो पक्षों के वकीलों में चर्चा शुरू हुआ। चोरों के पक्ष के वकील ने कहा कि हमारे मुवक्किल पाक-साफ हैं। जहाँ चोरी की घटना हुई है वहां तो ये कभी गए भी नहीं, न विश्वास हो तो अदालत इनके मोबाइल के लोकेशन को चेक कर ले। अब जब लोकेशन को चेक किया गया तो पता चला की आरोपी का लोकेशन वहीं मिला जहाँ चोरी हुई थी। इस प्रकार वकील ने अपने ही पक्ष के विरोध में सबूत देकर स्वयं को प्रतिज्ञा विरोध के माध्यम से निग्रहीत कर लिया।

अपने प्रतिज्ञा का खंडन होते ही अपने प्रतिज्ञा से पलट जाना प्रतिज्ञा संन्यास है।

जैसे- पहले आदमी ने कहा की मेरा भाई बहुत सच्चा आदमी है। दूसरे ने कहा कि तुम्हारा भाई बेहद बेईमान आदमी है, यह खबर देखो, उसने फलां स्थान पर चोरी की थी और पकड़ा गया था। अब पहला आदमी कहने लगा कि सच कह रहे हो, मैं तो पहले ही कह रहा था की मेरे भाई जैसा चोर और बेईमान कोई नहीं है। इस प्रकार अपने बात का खंडन होते ही दूसरे पक्ष को अपना पक्ष बना लेना प्रतिज्ञा संन्यास है।

किसी ने अपने पक्ष को सिद्ध करने के लिए जो हेतु लिया था उसके खंडित हो जाने पर हेतु बदलने का प्रयास करना हेत्वांतर है।

जैसे- चोरों के वकील ने सबसे पहले मोबाइल लोकेशन के आधार पर यह साबित करने का प्रयास किया कि उनका मुवक्किल चोरी वाले स्थान पर तो कभी गया ही नहीं। परन्तु जब यह बात साबित हो गयी तो वह कहने लगा कि चोर किसी अन्य स्थान पर काम करने जाते हैं, वहां के रजिस्टर पर इनकी उपस्थिति चेक की जाय। यदि ये अपने काम की जगह पर उपस्थित थे तो फिर उसी समय चोरी कैसे कर सकते हैं। जबकि पहले ही मोबाइल लोकेशन से चोरों के चोरी के स्थान पर होने की पुष्टि हो चुकी है। अतः एक हेतु खंडित होने पर दूसरा हेतु को लेना हेत्वांतर है।

प्रतिज्ञा से भिन्न किसी अन्य विषय की चर्चा करना अर्थान्तर है।

चर्चा शुरू हुई कि चोरी किसने की, पर चोरों के वकील ने इस पर चर्चा करने के की उनका मुवक्किल पाक-साफ है, यह बात आरम्भ कर दी कि अदालत में तारीख बहुत समय बाद मिल रही है, जिससे न्यायिक प्रक्रिया धीमी हो गयी है, इसे तेज़ करने के आवश्यकता है, इसके लिए अधिक जजों की नियुक्ति होनी चाहिए। इन सब तर्कों का चोर और चोरी की घटना से कोई लेना-देना नहीं है। बस वह अपने पक्ष को खंडित होने के भय से इधर-उधर की बात करने लगा। यह अर्थान्तर है।

अपना पक्ष के खंडित होने का निश्चय होने पर ऐसे शब्द कहना जिनका कोई अर्थ ही न हो, निरर्थक निग्रह स्थान है।

इसमें व्यक्ति बड़बड़ाने लगता है, ऐसे शब्द बोलता है जिसका वास्तव में कोई अर्थ नहीं होता। जैसे- हरलम गमसन केपासीली आदि। इन शब्दों का कोई अर्थ नहीं है पर धूर्ततावश ऐसे शब्दों का प्रयोग किया जाता है। ताकि ऐसा प्रतीत हो जैसे एक मात्र इन शब्दों को बड़बड़ाने वाला ही ऐसा विद्वान है जो इसका अर्थ समझ रहा है।

प्रतिवादी और सभा द्वारा तीन बार समझे जाने पर भी वादी द्वारा ऐसे अप्रसिद्ध शब्द, बहुअर्थी शब्द अथवा जल्दबाज़ी में बोले गए शब्द कहे गए जो किसी को समझ ही नहीं आये तो यह अविज्ञातार्थ निग्रह स्थान है।

धूर्त व्यक्ति को जब अपने पक्ष का खंडन होना निश्चित लगने लगे तो ऐसे ऐसे शब्दों का प्रयोग करता है जिसके बारे में वादी और आमसभा नहीं जानती अथवा जिनके कई अर्थ हो सकते हैं अथवा इस प्रकार जल्दबाज़ी में उच्चारण करता है कि कोई समझ ही नहीं पाए। ऐसी स्थिति में उसको तीन बार अपनी बात रखने का मौका मिलता है। यदि वह अपनी धूर्तता जारी रखता है तो उसे तुरंत निग्रहीत करके हारा हुआ पक्ष घोषित किया जाता है।

जब कोई वादी ऐसे कथनों को बोलना शुरू कर दे जिसमें से एक कथन स्वयं में तो पूर्ण हो मगर आगे के कथन से उसका कोई लेना-देना न हो तो ऐसे निग्रह स्थान को अपार्थक कहते हैं।

जैसे- किसी ने कहना शुरू किया कि मेरा मुवक्किल चोर नहीं है क्यूंकि वह कल जयपुर जाने वाला है। जयपुर बहुत सुन्दर शहर है जबकि ठेले पर का सामान खरीदने में हमें सावधानी बरतनी चाहिए। इसी प्रकार साइकिल चलना स्वास्थ्य के लिए लाभदायक है जबकि इस बार गर्मी ठीक से नहीं पड़ी। इसलिए मेरा मुवक्किल चोर नहीं है। उपरोक्त वक्तव्य में एक-एक पंक्ति स्वयं में तो ठीक है पर उनका एक दूसरे से कोई लेना-देना नहीं है। इस प्रकार की चर्चा अपार्थक निग्रह स्थान कही जाती है।

अवयव के विपरीत क्रम में बात को रखना अप्राप्तकाल निग्रह स्थान है।

तात्पर्य यह है कि किसी भी बात को सिद्ध करने के लिए सर्वप्रथम प्रतिज्ञा लेना होगा, फिर एक विशिष्ट हेतु, उसके उपरान्त हेतु की सिद्धि के लिए लोक प्रसिद्ध दृष्टान्त, दृष्टांत के बाद उपनयन और अंत में निगमन द्वारा सिद्धांत को सिद्ध किया जाना चाहिए। पर सुविधावादी लोग जिनका अपना कोई पक्ष नहीं होता वह सबसे पहले उदाहरण लेंगे और उदाहरण जिस पक्ष में जाता दिखेगा वैसा प्रतिज्ञा लेने लगेंगे। सिद्धि के लिए क्रम निश्चित है। अतः पहले प्रतिज्ञा लेनी होगी उसके बाद हेतु और उसके उपरांत उदाहरण (दृष्टांत)।

पाँचों अवयवों में से किसी एक को भूल जाना अथवा यथा अवसर प्रयोग न कर पाना प्रतिज्ञा को तोड़ देता है। यह न्यून निग्रह स्थान है।

जैसे- किसी ने कहा कि पहाड़ में आग है क्यूंकि वहां धुआं है। अतः पहाड़ में आग है। यहाँ प्रतिज्ञा भी लिया गया और हेतु भी, परन्तु दृष्टांत तो प्रस्तुत ही नहीं हुआ अतः यह पक्ष निग्रहीत हो जाएगा।

जहाँ एक ही हेतु अर्थात उदाहरण से काम चल जाय वहां अनेक हेतु को बताना या सिद्ध करने का प्रयास करना अधिक नामक निग्रह स्थान है। इससे सभा का समय भी खराब होता है और स्वपक्ष की हानि भी होती है।

जब बिना प्रयोजन के एक ही बात बार बार दोहराई जाय तो यह पुनरोक्त नामक निग्रह स्थान है।

जैसे- चोरों की लोकेशन चोरी के स्थान पर पाए जाने के बावजूद चोरों का वकील यह दलील दे की वह जहां पर नौकरी करते हैं, वहां पर रजिस्टर में उनकी उपस्थिति दर्ज है। उसे फिर एक वीडियो फुटेज भी दिखाया जाय कि चोर उस रास्ते की तरफ जाते दिखे तो भी वह दोहराये की रजिस्टर में उनकी उपस्थिति दर्ज है। यह पुनरोक्त नामक निग्रह स्थान है।

यहाँ यह ध्यान रखना आवश्यक है कि किसी कारण से एक बात को बार-बार दोहराना पुनरोक्त दोष नहीं है। उसे अनुवाद माना जाएगा। इसकी चर्चा शुरुआत में ही शब्द परीक्षा के समय हो चुकी है।

लगातार तीन मौक़ा दिए जाने पर जब वादी अपने पक्ष में कोई भी दलील प्रस्तुत न कर सके तो यह अनुनभाषण है।

यह अपने आप में इस बात की पहचान है कि अब उसके पास कहने के लिए कुछ बचा ही नहीं है। इसी कारण वह अपना मौन नहीं तोड़ रहा है सो यह अनुनभाषण निग्रह स्थान है। उसे अनंत समय तक दलील रखने का समय नहीं दिया जा सकता है।

जब प्रतिपक्षी अपनी बात तीन बार समझाए (जो की सभा को आसानी से समझ आ रही है) उसके बाद भी वादी को वह बात न समझ आये तो इसे अज्ञान निग्रह स्थान कहते हैं।

कहने का तात्पर्य यह है कि जो बात सबको समझ में आ रही है वह बात वादी को समझ नहीं आ रही है तो वह या तो अज्ञानी है अथवा धूर्त है, जो जान बूझकर न समझने का नाटक कर रहा है। इन दोनों स्थितियों में उसे अज्ञानी घोषित करके उसका पक्ष हारा हुआ घोषित कर दिया जाएगा।

प्रतिपक्षी के आक्षेप का खंडन न कर पाना अर्थात उत्तर न दे पाना अप्रतिभ नामक निग्रह स्थान है।

प्रतिपक्षी के आक्षेप के उत्तर देने से ही अपना पक्ष स्थिर रहता है परन्तु किसी भी कारण जैसे नशे, भय, अज्ञानता आदि के कारण कोई भी उत्तर न सूझ पाना अप्रतिभ निग्रह स्थान कहलाता है।

किसी काम का बहाना बनाकर चर्चा को टालने का प्रयास विक्षेप है।

जब कोई पक्ष अपनी हार सुनिश्चित होने पर किसी आवश्यक कार्य, बीमारी, समय की कमी आदि का बहाना बनाकर बीच चर्चा और सभा से उठकर जाने लगे तो वह पक्ष निग्रहीत हो जाता है।

अपने पक्ष में दोष पाए जाने पर दूसरे पक्ष में भी दोष खोजने लग जाना मतानुज्ञा दोष है।

जब स्वयं के पक्ष में प्रतिपक्षी ने कोई दोषारोपण किया तो तुरंत उस दोष का खण्डन करना चाहिए, न की दूसरे के पक्ष में दोष खोजने का प्रयास करना चाहिए। क्यूंकि दूसरे पक्ष के दोषी सिद्ध होने मात्र से अपना पक्ष सही नहीं हो सकता है। कहने का तात्पर्य है कि एक व्यक्ति ने कार को लाल रंग का बताया और दूसरे ने हरे रंग का, ऐसे में हरे रंग का खंडन भर कर देने से कार लाल रंग की नहीं हो जायेगी बल्कि उसका लाल होना सिद्ध करना पड़ेगा। हो सकता है वास्तव में कार नीले रंग की हो

और दोनों पक्ष एक साथ बराबरी से गलत हों। अतः अपना पक्ष साबित किया जाता है, न कि दूसरे के पक्ष का खंडन भर पर्याप्त है।

चर्चा के समय जब एक पक्ष निग्रहीत हो चुका है पर दूसरा पक्ष यह बात समझ ही नहीं पाया तो यह मानकर कि दूसरे पक्ष को वाद का नियम ही नहीं पता है निग्रहीत कर दिया जाता है। इसे पर्यनुयोज्योपेक्षण निग्रह स्थान कहते हैं।

कहने का अर्थ यह है कि कोई व्यक्ति यदि कोई गलत वक्तव्य, उदाहरण आदि कह भी गया तो वह स्वयं से स्वयं को तो निग्रहीत करेगा नहीं। अतः ऐसी स्थिति में दूसरे पक्ष को ही यह बताना पड़ेगा कि उस व्यक्ति ने यह बात गलत कही है। सभा अथवा न्यायाधीश अपनी तरफ से बहस में निग्रह स्थान की दलील नहीं रख सकता। निग्रह स्थान आया है, इसकी सूचना वादी प्रतिवादी को ही सभा और न्यायाधीश को देना है। पर जब निग्रह स्थान आने पर भी दूसरा पक्ष उसको पकड़ न पाए तो इसका तात्पर्य यह होता है कि दूसरा पक्ष अयोग्य है और जब एक बार निग्रह स्थान नहीं पकड़ पाया तो भला आगे क्या पकड़ पायेगा। अब जब निग्रह स्थान ही नहीं पकड़ पा रहा है तो चर्चा समाप्त किस प्रकार होगी? अतः यह अनंत तक खींचती जायेगी। ऐसी स्थिति में दूसरे पक्ष को वाद के नियम से अज्ञान मानकर सभा और न्यायाधीश ही उसे निग्रहीत कर देते हैं।

यदि वादी प्रतिवादी में से कोई एक चर्चा के समय दूसरे पर निग्रहीत होने का आक्षेप कर दे जबकि सभा और न्यायाधीश यह निर्णय करें की नियमानुसार यह निग्रह स्थान तो था ही नहीं, तो ऐसे में जिसने बिना वजह निग्रह स्थान होने का आक्षेप लगा दिया था उसे नियमों से अनजान समझकर अयोग्य मान लिया जाता है और उसे ही निग्रहीत कर देते हैं। इसे निरनुयोज्यानुयोग नामक निग्रहस्थान कहते हैं। अतः किस स्थान पर निग्रह स्थान कहना है, इसकी सावधानी बेहद जरुरी है।

किसी सिद्धांत को स्वीकार कर उसके उलटा प्रसंग कहना अपसिद्धांत नामक निग्रह स्थान है।

कहने का अर्थ यह है कि जो सिद्धांत लिया था, जब उस सिद्धांत पर कोई प्रसंग लिया गया तो वह प्रसंग स्पष्ट तौर पर सिद्धांत का विरोधी निकल आया। किसी ने कार्य-कारण सिद्धांत को तो स्वीकार कर लिया और फिर अलग-अलग लोगों के जीवन में अलग-अलग भोग को स्वाभाविक बताना शुरू कर दिया तो यह अपसिद्धान्त नामक निग्रह स्थान है। यदि कार्य-कारण सिद्धांत से बात शुरू की गयी है तो किसी घटना को अकारण स्वाभाविक कह कर प्रसंग नहीं चला सकते। अतः विरोधपूर्ण बातों के होने के कारण यह अपसिद्धान्त निग्रह स्थान बनता है।

चर्चा करने वाला कोई पक्ष जब अपनी बात को साबित करने के लिए गलत आधार (हेतु) का प्रयोग करे और ऐसा आभाष कराये की उसने सही आधार दिया है तो इसे हेत्वाभास कहते हैं।

यह हेत्वाभास 05 प्रकार के होते हैं।

1- सव्यभिचार 2- विरुद्ध 3- प्रकरणसम 4- साध्यसम 5- कालातीत

इन सभी की चर्चा अध्याय 02 में पहले ही विस्तार से किया जा चुका है।

प्रमाण, प्रमेय, प्रमाता, जाति एवं निग्रहस्थानों की विस्तृत चर्चा के साथ गौतम ऋषि द्वारा रचित यह महान न्याय सूत्र पूर्ण होता है। जो भी व्यक्ति इस दर्शन को बार बार पढ़ता है, उसकी बुद्धि तीव्र होती है, तार्किक शक्ति बढ़ती जाती है, तत्व का ज्ञान होता है और जीवन में नित्यानंद का द्वार खुलता है।

डॉ भूपेंद्र सिंह

जन्म - 29 दिसंबर 1987
माता - पिता - श्रीमति अमलेश कुमारी एवं श्री सियाराम सिंह
निवास - रेहियाँ, कंदवा, चुनार, मिर्ज़ापुर, उत्तर प्रदेश

शिक्षा - M.B.B.S. (King George's Medical University), M.D. (M.L.N.M.C., Prayagraj), Ex Senior Resident - Clinical Hematology (King George's Medical University), Fellowship in Clinical Oncology (A.H.E.R.F.)

British Medical Journal समेत दुनिया के प्रसिद्ध शोध पत्रिकाओं में 06 शोधपत्र प्रकाशित

रुचि - लोक संस्कृति, समाज, धर्म, दर्शन, विज्ञान, तर्कशास्त्र

वर्तमान में लखनऊ स्थित एक निजी संस्थान में क्लिनिकल हिमैटोलॉजिस्ट के रूप में सेवारत

Contact- singh2007bhupendra@gmail.com,
Whats app - 7905338390